2004

中国国民经济核算年鉴

CHINA NATIONAL ACCOUNTS YEARBOOK

国家统计局国民经济核算司　编

Compiled by Department of National Accounts,
National Bureau of Statistics of China

(京)新登字041号

图书在版编目(CIP)数据

中国国民经济核算年鉴.2004/国家统计局核算司编.
-北京：中国统计出版社，2004.12
ISBN 7-5037-4587-8

Ⅰ.中…
Ⅱ.国…
Ⅲ.国民经济－经济核算－中国－2004－年鉴
Ⅳ.F222.33-54

中国版本图书馆CIP数据核字(2004)第135379号

中国国民经济核算年鉴—2004

作　者/国家统计局国民经济核算司
责任编辑/徐　颖
装帧设计/智道工作室·黄俊杰
出版发行/中国统计出版社
通信地址/北京市西城区月坛南街75号　邮政编码/100826
办公地址/北京市丰台区西三环南路甲6号
电　话/(010)63459084　63266600-22500(发行部)
印　刷/科伦克三莱印务（北京）有限公司
经　销/新华书店
开　本/880×1230mm　1/16
字　数/650千字
印　张/22
印　数/1-1700册
版　别/2005年5月第1版
版　次/2005年5月第1次印刷
书　号/ISBN 7-5037-4587-8/F·2008
定　价/120.00元

编 者 说 明

《中国国民经济核算年鉴—2004》首次与广大读者见面了。它汇集了我国近几年全国国内生产总值、投入产出表、资金流量表、国际收支平衡表、国民经济账户、能源账户、地区生产总值、美国、日本和欧元区的国内生产总值等国民经济核算主要数据，同时附有主要指标解释。由于资产负债表的编制方法尚不完善，因此本书没有包括资产负债表和国民经济账户中有关存量部分。

应该指出的是，由于各种表式编制的时间和频率及公布时间不尽相同，加上篇幅的限制，因此相应数据的起止日期有所不同。例如，国内生产总值为2000-2003年数据；投入产出表为2000年数据；资金流量表为1997-2002年数据；国际收支平衡表为1997-2003年数据；国民经济账户为1997-2002年数据；能源账户为1987年、1995年和1997年数据。

由于国民经济核算数据需经多次修订，本资料汇集的数据以后可能会有变化。原则上，以最新编印的资料为准，希望读者使用时注意。

为了更好地开展国际比较，我们收录了美国、日本和欧元区的国内生产总值数据，国家统计局国际统计信息中心给予了大力支持，在此表示衷心的感谢。

从2004年开始，今后每年将定期出版一本国民经济核算年鉴，并且随着国民经济核算工作的不断发展和逐步完善，资料将会不断充实和丰富。欢迎广大读者批评指正。

目　录

第一部分 国内生产总值

第二部分 投入产出表

第三部分 资金流量表

第四部分 国际收支平衡表

第五部分 国民经济账户

第一部分

国内生产总值

1－1　年度国内生产总值

单位:亿元

	2000 年	2001 年	2002 年	2003 年
国民总收入	88254.0	95727.9	103935.3	116741.4
国内生产总值	89468.1	97314.8	105172.3	117390.2
第一产业	14628.2	15411.8	16117.3	16928.1
第二产业	44935.3	48750.0	52980.2	61274.1
工　业	39047.3	42374.6	45975.2	53092.9
建筑业	5888.0	6375.4	7005.0	8181.2
第三产业	29904.6	33153.0	36074.8	39188.0
交通运输、仓储及邮电通信业	5408.6	5968.3	6420.3	6644.3
交通运输和仓储业	3413.3	3597.9	3705.5	3431.5
邮电通信业	1995.3	2370.4	2714.8	3212.8
批发和零售贸易餐饮业	7316.0	7918.8	8476.7	9238.4
金融、保险业	5217.0	5585.9	5948.9	6467.3
房地产业	1690.4	1885.4	2098.2	2377.6
农、林、牧、渔服务业	228.5	265.1	298.4	313.4
地质勘查业水利管理业	328.6	343.1	356.7	348.8
社会服务业	3249.8	3855.7	4366.4	4879.6
卫生体育和社会福利业	826.1	986.3	1068.4	1158.8
教育、文化艺术及广播电影电视业	2391.2	2768.7	3090.5	3415.1
科学研究和综合技术服务业	626.1	702.7	802.1	884.2
国家机关、政党机关和社会团体	2347.8	2584.6	2844.5	3138.5
其他行业	274.5	288.4	303.8	322.0
人均国内生产总值(元)	7086	7651	8214	9111
人均国民总收入(元)	6990	7527	8117	9061

本表按当年价格计算。

1－2 年度国内生产总值构成

单位:%

	2000 年	2001 年	2002 年	2003 年
国内生产总值	100.0	100.0	100.0	100.0
第一产业	16.4	15.8	15.3	14.4
第二产业	50.2	50.1	50.4	52.2
工　业	43.6	43.5	43.7	45.2
建筑业	6.6	6.6	6.7	7.0
第三产业	33.4	34.1	34.3	33.4
交通运输、仓储及邮电通信业	6.0	6.1	6.1	5.6
交通运输和仓储业	3.8	3.7	3.5	2.9
邮电通信业	2.2	2.4	2.6	2.7
批发和零售贸易餐饮业	8.2	8.1	8.1	7.9
金融、保险业	5.8	5.7	5.7	5.5
房地产业	1.9	1.9	2.0	2.0
农、林、牧、渔服务业	0.3	0.3	0.3	0.3
地质勘查业水利管理业	0.4	0.4	0.3	0.3
社会服务业	3.6	4.0	4.2	4.2
卫生体育和社会福利业	0.9	1.0	1.0	1.0
教育、文化艺术及广播电影电视业	2.7	2.9	2.9	2.9
科学研究和综合技术服务业	0.7	0.7	0.8	0.7
国家机关、政党机关和社会团体	2.6	2.7	2.7	2.7
其他行业	0.3	0.3	0.2	0.3

本表按当年价格计算。

1－3　年度国内生产总值发展速度

单位:%

	2000年	2001年	2002年	2003年
国民总收入	108.4	107.2	108.9	110.2
国内生产总值	108.0	107.5	108.3	109.5
第一产业	102.4	102.8	102.9	102.5
第二产业	109.4	108.4	109.8	112.7
工　业	109.8	108.7	110.0	112.8
建筑业	105.7	106.8	108.8	112.1
第三产业	108.1	108.4	108.7	107.8
交通运输、仓储及邮电通信业	111.5	109.5	107.9	106.3
交通运输和仓储业	105.0	104.8	104.5	101.6
邮电通信业	120.4	117.5	112.9	112.9
批发和零售贸易餐饮业	108.2	107.5	108.1	109.1
金融、保险业	106.5	106.4	106.9	107.0
房地产业	107.1	111.0	109.9	109.8
农、林、牧、渔服务业	103.0	111.7	112.0	103.2
地质勘查业水利管理业	104.1	103.7	104.8	96.6
社会服务业	108.7	110.9	111.2	109.3
卫生体育和社会福利业	106.3	111.6	109.2	107.2
教育、文化艺术及广播电影电视业	105.3	108.6	111.0	107.5
科学研究和综合技术服务业	106.9	107.4	112.1	107.8
国家机关、政党机关和社会团体	107.7	107.3	108.4	107.9
其他行业	105.6	104.4	105.7	104.5
人均国内生产总值	107.1	106.7	107.6	108.8
人均国民总收入	107.6	106.4	108.1	109.5

本表按不变价格计算。

1－4　按支出法计算的年度国内生产总值及其构成

	2000年	2001年	2002年	2003年
	绝对额(亿元)			
支出法计算的国内生产总值	**89340.9**	**98592.9**	**107897.6**	**121511.4**
一、最终消费	54600.9	58927.4	62798.5	67442.5
居民消费	42895.6	45898.1	48881.6	52678.5
农村居民	19196.9	20307.4	21265.7	21819.3
城镇居民	23698.7	25590.7	27615.9	30859.2
政府消费	11705.3	13029.3	13916.9	14764.0
二、资本形成总额	32499.8	37460.8	42304.9	51382.7
固定资本形成总额	32623.8	36813.3	41918.3	51248.3
存货增加	－124.0	647.5	386.6	134.4
三、净出口	2240.2	2204.7	2794.2	2686.2
出口	23143.2	24782.2	30243.8	40142.7
进口	20903.0	22577.5	27449.6	37456.6
四、统计误差(支出法GDP－生产法GDP)	－127.2	1278.1	2725.3	4121.2
	构　　成(%)			
支出法计算的国内生产总值	**100.0**	**100.0**	**100.0**	**100.0**
一、最终消费	61.1	59.8	58.2	55.5
居民消费	48.0	46.6	45.3	43.4
农村居民	21.5	20.6	19.7	18.0
城镇居民	26.5	26.0	25.6	25.4
政府消费	13.1	13.2	12.9	12.2
二、资本形成总额	36.4	38.0	39.2	42.3
固定资本形成总额	36.5	37.3	38.9	42.2
存货增加	－0.1	0.7	0.4	0.1
三、净出口	2.5	2.2	2.6	2.2

本表按当年价格计算。

1－5　年度居民消费

	2000 年	2001 年	2002 年	2003 年
	绝对额(亿元)			
居民消费	**42895.6**	**45898.1**	**48881.6**	**52678.5**
农村居民	19196.9	20307.4	21265.7	21819.3
商品性消费	11277.9	11949.0	12745.0	13077.6
文化生活服务消费	3115.5	3428.8	3728.3	3903.4
房租水电煤气消费	344.9	402.2	378.6	406.6
自有住房折旧	826.4	902.8	977.0	1043.1
自给性消费	3632.3	3624.6	3436.8	3388.7
城镇居民	23698.7	25590.7	27615.9	30859.2
商品性消费	17649.4	18803.9	19615.9	21624.8
文化生活服务消费	3066.8	3863.2	4582.7	5212.4
房租水电煤气消费	1096.2	912.2	1261.8	1542.6
自有住房折旧	817.1	946.3	871.7	1137.5
实物收入消费	41.3	37.0	769.7	809.2
公费医疗消费	752.2	752.2	514.2	532.6
其他	275.8	275.8		
	构　成(%)			
居民消费	**100.0**	**100.0**	**100.0**	**100.0**
农村居民	44.8	44.2	43.5	41.4
商品性消费	26.3	26.0	26.1	24.8
文化生活服务消费	7.3	7.5	7.6	7.4
房租水电煤气消费	0.8	0.9	0.8	0.8
自有住房折旧	1.9	2.0	2.0	2.0
自给性消费	8.5	7.9	7.0	6.4
城镇居民	55.2	55.8	56.5	58.6
商品性消费	41.1	41.0	40.1	41.1
文化生活服务消费	7.1	8.4	9.4	9.9
房租水电煤气消费	2.6	2.0	2.6	2.9
自有住房折旧	1.9	2.1	1.8	2.2
实物收入消费	0.1	0.1	1.6	1.5
公费医疗消费	1.8	1.6	1.1	1.0
其他	0.6	0.6		

本表按当年价格计算。

1－6　年度居民消费水平

单位：元/人

	2000 年	2001 年	2002 年	2003 年
一、居民消费水平	3397	3609	3818	4089
农村居民	2037	2156	2269	2361
城镇居民	7402	7761	8047	8471
二、居民年平均人口(万人)	126264	127186	128040	128840
农村居民	94249	94210	93722	92410
城镇居民	32015	32976	34318	36430

本表按当年价格计算。

1－7 季度国内生产总值

单位：亿元

	2000年				2001年			
	1季度	1－2季度	1－3季度	1－4季度	1季度	1－2季度	1－3季度	1－4季度
国内生产总值	17882.0	38929.2	61161.1	89468.1	19828.9	42872.8	67052.1	97314.8
第一产业	1586.8	4631.8	8708.9	14628.2	1641.6	4763.7	9175.9	15411.8
第二产业	9805.5	21102.0	32183.0	44935.3	10905.1	23401.2	35305.8	48750.0
工　业	8984.8	18753.6	27989.0	39047.3	10007.1	20811.5	30670.6	42374.6
建筑业	820.7	2348.4	4194.0	5888.0	898.0	2589.7	4635.2	6375.4
第三产业	6489.7	13195.4	20269.2	29904.6	7282.2	14707.9	22570.4	33153.0
交通运输、仓储及邮电通信业	1191.6	2581.9	3967.6	5408.6	1396.7	2964.4	4539.0	5968.3
批发和零售贸易餐饮业	1669.9	3441.9	5216.8	7316.0	1809.9	3730.4	5646.7	7918.8
金融、保险业	1153.8	2405.8	3696.8	5217.0	1241.2	2569.8	3958.2	5585.9
房地产业	426.3	792.6	1210.2	1690.4	479.8	883.5	1347.8	1885.4
其他服务业	2048.1	3973.2	6177.8	10272.6	2354.6	4559.8	7078.7	11794.6

	2002年				2003年			
	1季度	1－2季度	1－3季度	1－4季度	1季度	1－2季度	1－3季度	1－4季度
国内生产总值	21192.6	45998.8	72366.9	105172.3	23856.2	51073.5	80421.2	117390.2
第一产业	1723.4	5017.4	9702.3	16117.3	1749.6	5098.4	10174.3	16928.1
第二产业	11554.7	25084.4	38165.3	52980.1	13445.4	28870.4	44050.0	61274.1
工　业	10548.6	22174.8	32951.0	45975.1	12287.4	25519.0	37897.1	53092.9
建筑业	1006.1	2909.6	5214.3	7005.0	1158.0	3351.5	6152.9	8181.3
第三产业	7914.5	15897.0	24499.3	36074.9	8661.2	17104.6	26197.0	39188.0
交通运输、仓储及邮电通信业	1516.6	3137.6	4887.3	6420.3	1635.6	3197.4	5054.0	6644.3
批发和零售贸易餐饮业	1933.0	3988.7	6041.2	8476.7	2086.9	4245.0	6448.0	9238.4
金融、保险业	1311.7	2720.3	4193.9	5948.9	1444.4	2968.3	4580.4	6467.3
房地产业	529.8	976.3	1498.8	2098.2	601.4	1124.4	1696.7	2377.6
其他服务业	2623.4	5074.1	7878.1	13130.8	2892.9	5569.5	8417.8	14460.2

本表按当年价格计算。

1－8 季度国内生产总值构成

单位：%

	2000年				2001年			
	1季度	1－2季度	1－3季度	1－4季度	1季度	1－2季度	1－3季度	1－4季度
国内生产总值	100.0	100.0	100.0	100.0	100.0	100.0	100.0	100.0
第一产业	8.9	11.9	14.2	16.4	8.3	11.1	13.7	15.8
第二产业	54.8	54.2	52.7	50.2	55.0	54.6	52.6	50.1
工　业	50.2	48.2	45.8	43.6	50.5	48.6	45.7	43.5
建筑业	4.6	6.0	6.9	6.6	4.5	6.0	6.9	6.6
第三产业	36.3	33.9	33.1	33.4	36.7	34.3	33.7	34.1
交通运输、仓储及邮电通信业	6.7	6.6	6.5	6.0	7.0	6.9	6.8	6.1
批发和零售贸易餐饮业	9.3	8.9	8.5	8.2	9.1	8.7	8.4	8.1
金融、保险业	6.5	6.2	6.0	5.8	6.3	6.0	5.9	5.8
房地产业	2.4	2.0	2.0	1.9	2.4	2.1	2.0	2.0
其他服务业	11.4	10.2	10.1	11.5	11.9	10.6	10.6	12.1

	2002年				2003年			
	1季度	1－2季度	1－3季度	1－4季度	1季度	1－2季度	1－3季度	1－4季度
国内生产总值	100.0	100.0	100.0	100.0	100.0	100.0	100.0	100.0
第一产业	8.1	10.9	13.4	15.3	7.3	10.0	12.7	14.4
第二产业	54.5	54.5	52.7	50.4	56.4	56.5	54.8	52.2
工　业	49.8	48.2	45.5	43.7	51.5	50.0	47.1	45.2
建筑业	4.7	6.3	7.2	6.7	4.9	6.5	7.7	7.0
第三产业	37.4	34.6	33.9	34.3	36.3	33.5	32.6	33.4
交通运输、仓储及邮电通信业	7.2	6.8	6.8	6.1	6.9	6.3	6.3	5.7
批发和零售贸易餐饮业	9.1	8.7	8.3	8.1	8.7	8.3	8.0	7.9
金融、保险业	6.2	5.9	5.8	5.6	6.1	5.8	5.7	5.5
房地产业	2.5	2.1	2.1	2.0	2.5	2.2	2.1	2.0
其他服务业	12.4	11.1	10.9	12.5	12.1	10.9	10.5	12.3

本表按当年价格计算。

1－9 季度国内生产总值发展速度

单位 :%

	2000年				2001年			
	1季度	1－2季度	1－3季度	1－4季度	1季度	1－2季度	1－3季度	1－4季度
国内生产总值	108.1	108.2	108.2	108.0	108.4	108.2	107.8	107.5
第一产业	103.0	101.5	102.2	102.4	103.0	102.4	102.5	102.8
第二产业	109.1	109.5	109.6	109.4	109.2	109.5	109.1	108.4
工　业	109.3	109.7	109.8	109.8	109.4	109.6	109.1	108.7
建筑业	105.9	107.2	107.3	105.7	107.0	108.8	109.0	106.8
第三产业	107.9	108.5	108.5	108.1	108.4	108.1	108.1	108.4
交通运输、仓储及邮电通信业	109.0	110.6	110.9	111.5	111.6	109.9	109.8	109.5
批发和零售贸易餐饮业	109.1	109.0	108.5	108.2	107.4	107.3	107.3	107.5
金融、保险业	106.3	106.3	106.6	106.5	106.2	106.1	106.3	106.4
房地产业	107.9	107.9	108.0	107.1	112.5	111.5	111.4	111.0
其他服务业	106.9	107.8	107.8	106.8	107.9	108.0	108.1	109.0

	2002年				2003年			
	1季度	1－2季度	1－3季度	1－4季度	1季度	1－2季度	1－3季度	1－4季度
国内生产总值	108.0	108.2	108.3	108.3	110.3	109.2	109.3	109.5
第一产业	103.3	102.6	103.0	102.9	103.5	102.7	102.8	102.5
第二产业	109.1	109.5	109.8	109.8	112.5	111.8	112.6	112.7
工　业	109.0	109.3	109.7	110.0	112.3	111.7	112.2	112.8
建筑业	110.5	110.8	110.9	108.8	113.9	112.3	115.1	112.1
第三产业	107.5	107.9	108.0	108.7	108.4	106.9	106.6	107.8
交通运输、仓储及邮电通信业	104.7	105.9	106.2	107.9	108.1	104.4	106.0	106.3
批发和零售贸易餐饮业	108.2	108.3	108.2	108.1	108.2	106.8	107.2	109.1
金融、保险业	105.5	105.6	105.7	106.9	109.8	108.3	107.6	107.0
房地产业	108.0	108.5	109.1	109.9	111.2	111.4	110.2	109.8
其他服务业	109.7	110.0	110.0	110.1	107.4	106.8	105.3	107.7

本表按不变价格计算。

1－10　各地区年度生产总值

	地区生产总值(亿元)				人均地区生产总值(元)			
	2000年	2001年	2002年	2003年	2000年	2001年	2002年	2003年
北　京	2478.76	2845.65	3212.71	3663.10	22460	25523	28449	32061
天　津	1639.36	1840.10	2051.16	2447.66	17993	20154	22380	26532
河　北	5088.96	5577.78	6122.53	7098.56	7663	8362	9115	10513
山　西	1643.81	1779.97	2017.54	2456.59	5137	5460	6146	7435
内蒙古	1401.01	1545.79	1756.29	2150.41	5872	6463	7333	8975
辽　宁	4669.06	5033.08	5265.66	6002.54	11226	12041	12528	14258
吉　林	1864.84	2032.48	2246.12	2522.62	7012	7640	8334	9338
黑龙江	3253.00	3561.00	3882.16	4430.00	8562	9349	10184	11615
上　海	4551.15	4950.84	5408.76	6250.81	34547	37382	40646	46718
江　苏	8582.73	9511.91	10631.75	12460.83	11773	12922	14391	16809
浙　江	6036.34	6748.15	7796.00	9395.00	13309	14655	16838	20147
安　徽	3038.24	3290.13	3553.56	3972.38	4867	5384	5791	6455
福　建	3920.07	4253.68	4682.01	5232.17	11601	12362	13497	14979
江　西	2003.07	2175.68	2450.48	2830.46	4851	5221	5829	6678
山　东	8542.44	9438.31	10552.06	12435.93	9555	10465	11645	13661
河　南	5137.66	5640.11	6168.73	7048.59	5444	5924	6630	7570
湖　北	4276.32	4662.28	4830.98	5401.71	7188	7813	8077	9011
湖　南	3691.88	3983.00	4140.94	4638.73	5639	6054	6750	7554
广　东	9662.23	10647.71	11735.64	13625.87	12885	13730	14986	17213
广　西	2050.15	2231.19	2455.36	2735.13	4319	4668	5396	5969
海　南	518.48	545.96	597.50	670.93	6894	7135	7475	8316
重　庆	1589.34	1749.77	1971.30	2250.56	5157	5654	6347	7209
四　川	4010.25	4421.76	4875.12	5456.32	4784	5250	5766	6418
贵　州	993.53	1084.90	1185.04	1356.11	2662	2895	3153	3603
云　南	1955.09	2074.71	2232.32	2465.29	4637	4866	5179	5662
西　藏	121.73	142.95	161.42	184.50	4724	5307	6093	6871
陕　西	1660.92	1844.27	2101.60	2398.58	4549	5024	5701	6480
甘　肃	983.36	1072.51	1161.43	1304.60	3838	4163	4493	5022
青　海	263.59	300.95	341.11	390.21	5087	5735	6426	7277
宁　夏	265.57	298.38	329.28	385.34	4839	5340	5804	6691
新　疆	1364.36	1485.48	1598.28	1877.61	7377	7913	8382	9700

本表按当年价格计算。除京、津、沪、渝、川采用户籍人口外,其他地区都采用常住人口计算人均地区生产总值。

1－11　各地区年度分行业增加值

单位:亿元

	第一产业				第二产业			
	2000 年	2001 年	2002 年	2003 年	2000 年	2001 年	2002 年	2003 年
北　京	89.97	93.08	89.00	95.64	943.51	1030.60	1116.52	1311.86
天　津	73.54	78.55	84.00	89.66	820.17	904.64	1001.90	1245.29
河　北	824.55	913.90	957.01	1064.33	2559.96	2767.41	3046.00	3657.19
山　西	179.86	171.09	197.80	215.19	827.59	917.98	1083.79	1389.33
内蒙古	350.80	358.89	366.67	420.10	556.28	626.47	728.34	973.94
辽　宁	503.44	544.44	556.90	615.80	2344.40	2440.55	2488.88	2898.89
吉　林	398.73	409.10	456.17	486.90	800.28	880.84	968.37	1143.39
黑龙江	357.00	409.30	471.20	500.80	1868.55	1998.74	2144.95	2532.45
上　海	83.20	85.50	88.24	90.64	2163.68	2355.53	2564.69	3130.72
江　苏	1031.17	1082.43	1054.63	1106.35	4435.89	4907.46	5604.49	6787.11
浙　江	664.16	667.40	694.00	728.00	3183.47	3487.50	3982.00	4941.00
安　徽	732.19	750.07	719.04	732.81	1296.31	1415.32	1528.99	1780.60
福　建	640.57	651.11	664.78	692.94	1711.16	1904.21	2159.94	2492.73
江　西	485.14	506.00	535.98	560.00	700.76	788.12	951.77	1227.38
山　东	1268.57	1359.49	1390.00	1480.67	4244.40	4654.51	5309.54	6656.85
河　南	1161.58	1234.34	1246.44	1239.70	2413.78	2659.04	2896.05	3551.94
湖　北	662.30	692.17	707.00	798.35	2123.70	2313.66	2301.40	2580.58
湖　南	784.92	825.73	822.77	886.47	1461.86	1573.00	1556.51	1794.21
广　东	1000.06	1004.35	1032.79	1093.52	4868.75	5341.61	5935.63	7307.08
广　西	538.70	562.52	595.68	652.28	748.00	791.85	863.96	1007.96
海　南	196.56	201.79	220.66	248.33	102.45	111.25	123.92	151.16
重　庆	283.00	293.03	315.78	336.36	657.51	727.66	827.55	977.30
四　川	945.58	981.68	1047.62	1128.61	1580.49	1756.86	1982.44	2266.06
贵　州	270.99	274.17	280.98	298.37	387.85	419.74	474.53	579.31
云　南	436.26	450.54	470.50	502.84	843.24	881.49	951.48	1069.29
西　藏	36.32	37.47	39.68	40.62	27.21	32.18	32.93	47.99
陕　西	279.12	287.24	288.55	320.03	731.90	816.34	947.84	1133.56
甘　肃	193.36	207.05	214.45	236.61	439.88	481.07	530.36	607.62
青　海	38.53	42.79	44.90	46.15	114.00	132.18	154.01	184.26
宁　夏	45.95	49.57	52.84	55.50	120.04	134.37	151.16	192.00
新　疆	288.18	288.12	305.00	412.90	586.84	630.37	668.04	796.84

本表按当年价格计算(续表同)。

1－11　各地区年度分行业增加值(续1)

	工业				建筑业			
	2000年	2001年	2002年	2003年	2000年	2001年	2002年	2003年
北　京	745.32	816.24	874.14	1032.03	198.19	214.36	242.38	279.83
天　津	747.28	821.18	909.24	1136.24	72.89	83.46	92.66	109.05
河　北	2246.73	2439.56	2695.69	3212.96	313.23	327.85	350.31	444.23
山　西	706.39	779.78	921.99	1192.74	121.20	138.20	161.80	196.59
内蒙古	455.21	506.69	573.30	721.59	101.07	119.78	155.04	252.35
辽　宁	2114.89	2190.12	2210.98	2556.82	229.51	250.43	277.90	342.07
吉　林	655.68	724.73	793.53	929.28	144.60	156.11	174.84	214.11
黑龙江	1664.35	1767.79	1891.84	2248.59	204.20	230.95	253.11	283.86
上　海	1956.66	2121.19	2312.77	2865.85	207.02	234.34	251.92	264.87
江　苏	3848.52	4270.90	4880.09	6004.65	587.37	636.56	724.40	782.46
浙　江	2883.37	3134.04	3580.00	4381.00	300.10	353.46	402.00	560.00
安　徽	1100.45	1191.62	1267.30	1445.60	195.86	223.70	261.69	335.00
福　建	1470.07	1645.34	1882.55	2147.00	241.09	258.87	277.39	345.73
江　西	539.78	595.55	693.18	849.32	160.98	192.57	258.59	378.06
山　东	3737.38	4092.24	4629.54	5860.63	507.02	562.27	680.00	796.22
河　南	2078.94	2279.89	2476.71	3034.14	334.84	379.15	419.34	517.80
湖　北	1903.28	2066.47	2023.77	2254.50	220.42	247.19	277.63	326.08
湖　南	1230.71	1309.50	1260.11	1452.86	231.15	263.50	296.40	341.35
广　东	4295.03	4732.41	5288.53	6532.98	573.72	609.20	647.10	774.10
广　西	619.84	648.19	699.16	813.81	128.16	143.66	164.80	194.15
海　南	65.76	71.59	82.37	102.52	36.69	39.66	41.55	48.64
重　庆	527.48	576.58	651.00	768.37	130.03	151.08	176.55	208.93
四　川	1273.84	1407.81	1551.48	1771.41	306.65	349.05	430.96	494.65
贵　州	314.73	335.00	370.34	457.12	73.12	84.74	104.19	122.19
云　南	697.69	723.98	780.33	872.14	145.55	157.51	171.15	197.15
西　藏	10.13	10.84	11.61	13.77	17.08	21.34	21.32	34.22
陕　西	549.58	606.12	691.07	834.76	182.32	210.22	256.77	298.80
甘　肃	328.41	356.51	390.61	449.81	111.47	124.56	139.75	157.81
青　海	80.55	89.20	100.19	120.77	33.45	42.98	53.82	63.49
宁　夏	93.00	102.23	114.80	143.31	27.04	32.14	36.36	48.69
新　疆	422.08	450.00	468.94	571.00	164.76	180.37	199.10	225.84

1－11　各地区年度分行业增加值(续2)

	第三产业				农、林、牧、渔服务业			
	2000 年	2001 年	2002 年	2003 年	2000 年	2001 年	2002 年	2003 年
北　京	1445.28	1721.97	2007.19	2255.60	2.25	2.49	2.17	2.66
天　津	745.65	856.91	965.26	1112.71	1.68	1.70	2.46	2.54
河　北	1704.45	1896.47	2119.52	2377.04	7.12	8.16	8.24	32.23
山　西	636.36	690.90	735.95	852.07	7.67	8.51	9.36	12.76
内蒙古	493.93	560.43	661.28	756.38	4.68	4.97	5.43	6.12
辽　宁	1821.22	2048.09	2219.88	2487.85	14.01	16.02	18.01	20.10
吉　林	665.83	742.54	821.58	892.33	3.41	3.76	4.57	4.52
黑龙江	1027.45	1152.96	1266.01	1396.75	10.06	10.68	11.05	12.00
上　海	2304.27	2509.81	2753.86	3029.45	4.55	4.83	2.23	2.34
江　苏	3115.67	3522.02	3972.63	4567.37	37.17	42.05	55.81	56.10
浙　江	2188.71	2593.25	3120.00	3726.00	6.40	7.11	7.44	8.88
安　徽	1009.73	1124.74	1305.53	1458.97	9.76	10.70	30.79	31.00
福　建	1568.34	1698.36	1857.29	2046.50	6.14	6.84	7.65	9.01
江　西	817.17	881.56	962.73	1043.08	7.23	8.51	7.74	8.25
山　东	3029.47	3424.31	3852.52	4298.41	15.52	23.18	25.50	28.38
河　南	1562.30	1746.73	2026.24	2256.95	6.10	6.70	39.33	41.00
湖　北	1490.32	1656.45	1822.58	2022.78	5.38	6.38	7.16	10.29
湖　南	1445.10	1584.27	1761.66	1958.05	9.12	9.30	14.84	15.14
广　东	3793.42	4301.76	4767.22	5225.27	18.97	21.89	23.06	24.65
广　西	763.45	876.82	995.72	1074.89	5.21	5.66	6.93	7.31
海　南	219.47	232.92	252.92	271.44	1.05	1.07	2.82	3.02
重　庆	648.83	729.08	827.97	936.90	4.83	5.70	6.06	5.51
四　川	1484.18	1683.22	1845.06	2061.65	15.42	18.05	10.33	19.37
贵　州	334.69	390.99	429.53	478.43	3.44	4.32	4.67	5.34
云　南	675.59	742.68	810.34	893.16	8.08	10.79	11.70	12.61
西　藏	58.20	73.30	88.81	95.89	2.23	2.18	3.23	1.51
陕　西	649.90	740.69	865.21	944.99	6.32	6.93	12.97	14.34
甘　肃	350.12	384.39	416.62	460.37	5.08	5.59	5.79	6.39
青　海	111.06	125.98	142.20	159.80	1.59	1.95	2.41	2.32
宁　夏	99.58	114.44	125.28	137.84	1.59	1.80	1.90	1.99
新　疆	489.34	566.99	625.24	667.87	5.83	7.67	12.05	13.33

1-11 各地区年度分行业增加值(续3)

	地质勘查业水利管理业				交通运输、仓储及邮电通信业			
	2000年	2001年	2002年	2003年	2000年	2001年	2002年	2003年
北京	5.33	5.31	6.42	5.95	190.12	218.53	235.57	253.80
天津	9.17	9.82	11.66	13.60	178.83	203.98	230.88	244.48
河北	21.61	22.04	26.13	29.28	415.79	498.81	554.91	611.96
山西	12.97	14.40	15.84	17.15	146.01	157.20	177.60	203.77
内蒙古	6.27	7.01	7.73	8.94	142.59	162.79	188.08	216.76
辽宁	8.29	8.43	8.18	9.66	350.46	394.50	425.41	495.67
吉林	4.21	4.52	4.87	4.98	119.10	129.06	138.92	152.27
黑龙江	13.93	14.46	15.30	16.68	203.13	239.10	264.89	278.32
上海	8.55	9.36	10.70	10.85	315.42	344.85	382.82	420.53
江苏	22.90	27.06	29.14	33.29	557.37	644.87	717.76	821.48
浙江	7.16	7.84	9.94	13.16	428.30	503.68	602.00	700.88
安徽	12.35	12.46	25.76	28.23	179.85	195.30	219.44	254.32
福建	6.18	6.79	7.38	8.13	444.13	468.49	491.00	532.04
江西	8.22	8.41	8.73	9.04	194.98	216.10	243.61	261.11
山东	17.85	23.21	25.47	28.22	553.17	668.49	667.75	724.62
河南	30.30	31.60	36.20	38.49	391.88	442.07	491.57	561.17
湖北	8.89	9.73	10.55	11.56	256.94	282.45	306.43	334.59
湖南	15.00	15.23	15.53	14.60	277.69	294.90	322.58	359.83
广东	25.19	27.76	30.68	33.45	908.45	1073.82	1157.75	1207.67
广西	4.30	4.88	4.72	4.85	160.87	187.66	225.81	248.22
海南	2.69	2.92	3.15	3.32	46.97	50.76	54.62	58.19
重庆	3.07	2.83	3.45	4.06	98.19	109.48	123.97	136.56
四川	12.24	14.11	15.93	16.02	281.39	313.78	348.78	381.25
贵州	1.93	2.71	2.83	3.01	64.59	75.37	84.35	93.11
云南	6.65	6.04	6.05	6.52	119.77	139.01	150.56	172.52
西藏	1.30	2.33	2.71	2.54	2.12	9.01	10.93	19.21
陕西	11.86	12.90	4.81	5.02	156.18	188.91	210.43	226.01
甘肃	9.53	10.91	11.30	12.00	50.07	56.55	64.25	70.91
青海	4.11	4.39	4.75	5.72	19.19	23.11	27.53	32.58
宁夏	2.75	2.77	3.56	3.72	19.31	22.95	25.58	27.84
新疆	13.12	15.12	15.87	13.43	121.79	118.60	131.43	121.24

1－11 各地区年度分行业增加值(续4)

	批发和零售贸易餐饮业				金融、保险业			
	2000年	2001年	2002年	2003年	2000年	2001年	2002年	2003年
北京	218.54	237.83	256.32	279.69	378.89	441.22	469.44	537.32
天津	158.56	178.25	196.38	215.89	55.80	63.38	73.08	107.02
河北	459.00	501.66	550.06	603.20	183.77	171.62	184.25	205.04
山西	135.19	146.00	157.98	173.93	103.59	110.00	95.50	88.82
内蒙古	133.45	148.18	164.12	180.79	24.27	25.40	26.62	27.84
辽宁	631.64	696.51	726.00	803.21	127.91	131.32	137.18	145.38
吉林	237.55	267.37	287.78	327.67	21.99	24.17	23.63	20.40
黑龙江	320.00	350.20	385.57	424.51	32.04	33.74	35.39	37.46
上海	485.30	550.35	602.29	649.11	685.03	619.99	584.67	624.74
江苏	857.57	955.07	1066.77	1204.61	430.68	450.64	487.57	537.77
浙江	827.78	908.83	1035.26	1159.25	209.25	243.94	323.26	416.97
安徽	315.00	340.80	364.35	405.49	100.00	106.50	114.33	126.31
福建	384.17	411.51	444.20	492.59	187.85	201.52	227.94	252.01
江西	181.96	192.06	214.19	243.06	98.84	92.70	91.93	82.15
山东	785.68	891.34	1047.83	1161.55	450.94	465.38	457.20	514.54
河南	380.66	422.14	520.38	578.37	125.30	128.13	132.50	135.32
湖北	442.82	473.35	510.53	558.52	205.99	232.78	250.35	283.37
湖南	348.10	382.40	422.55	465.83	140.70	143.16	145.63	157.40
广东	968.99	1044.40	1140.87	1246.24	371.53	369.20	364.18	418.57
广西	277.73	295.15	318.46	344.78	20.42	25.76	32.20	56.15
海南	68.97	72.58	76.95	83.68	33.56	34.12	35.03	37.76
重庆	154.46	167.84	182.51	199.27	68.62	73.36	78.25	85.00
四川	426.63	474.79	519.46	575.13	170.46	186.34	200.48	229.25
贵州	77.62	84.08	92.12	101.86	33.12	34.53	37.49	41.58
云南	199.63	202.22	216.63	221.42	69.00	72.45	84.38	86.02
西藏	14.15	16.59	20.76	20.41	2.70	3.22	2.78	4.69
陕西	113.21	124.73	141.65	152.07	29.51	31.15	39.28	40.81
甘肃	114.24	123.04	132.03	142.73	55.87	57.53	59.20	61.82
青海	21.37	23.06	25.36	28.42	16.20	15.27	15.80	16.86
宁夏	21.60	23.45	25.29	27.96	15.49	14.72	14.18	15.73
新疆	118.08	128.16	135.21	155.60	42.23	48.88	52.57	65.43

1－11　各地区年度分行业增加值(续5)

	房地产业				社会服务业			
	2000年	2001年	2002年	2003年	2000年	2001年	2002年	2003年
北　京	77.37	111.03	163.12	190.55	191.18	220.20	322.60	365.40
天　津	69.35	85.61	97.66	125.43	104.98	119.64	135.59	166.28
河　北	99.53	106.80	115.16	136.85	115.47	130.79	154.54	178.50
山　西	29.39	31.00	33.50	37.45	43.36	48.16	52.97	67.34
内蒙古	17.63	21.02	22.79	24.92	43.20	49.58	54.27	64.33
辽　宁	103.56	114.96	167.18	188.49	237.97	277.66	344.03	386.12
吉　林	45.83	49.62	60.02	66.09	52.60	55.57	63.19	64.71
黑龙江	104.70	108.16	115.89	123.24	104.35	118.12	130.60	148.70
上　海	251.70	316.85	373.63	463.93	221.45	272.06	328.86	345.46
江　苏	351.92	393.75	456.56	549.50	265.25	308.83	353.52	424.97
浙　江	116.90	146.31	186.83	238.50	220.20	277.35	330.41	396.49
安　徽	114.29	126.44	142.31	166.66	98.19	110.72	124.78	129.64
福　建	118.02	128.52	142.17	158.21	159.83	179.57	200.81	221.45
江　西	89.76	114.84	125.27	138.02	52.76	54.45	61.62	69.38
山　东	309.99	376.26	429.32	490.88	174.51	218.14	300.49	364.06
河　南	154.71	171.71	185.60	201.17	119.72	128.98	199.29	216.28
湖　北	87.75	106.46	124.23	148.95	146.79	175.43	199.16	221.02
湖　南	97.14	108.00	125.46	137.71	82.87	91.98	172.19	193.86
广　东	515.52	559.66	633.87	731.57	477.01	616.07	732.83	767.02
广　西	46.12	60.83	69.43	81.67	54.16	66.75	76.21	66.13
海　南	9.32	10.12	11.07	12.45	23.68	25.49	29.43	30.07
重　庆	51.92	60.47	70.90	87.79	101.67	114.62	133.89	144.84
四　川	117.46	131.55	147.02	187.36	130.14	150.18	165.50	183.23
贵　州	27.58	33.19	37.22	38.85	26.71	28.96	35.18	41.02
云　南	71.09	79.57	84.11	90.04	44.00	44.28	46.27	63.29
西　藏	2.18	2.55	3.42	4.35	3.96	4.28	6.38	6.77
陕　西	35.85	52.63	108.65	117.37	65.61	71.06	79.16	74.98
甘　肃	24.77	27.44	29.91	33.40	14.92	17.08	20.15	23.22
青　海	4.06	4.34	5.38	5.94	6.26	7.79	9.07	10.10
宁　夏	5.46	7.65	7.35	8.66	5.43	6.70	7.59	8.81
新　疆	15.00	19.19	22.79	24.67	43.90	53.28	55.42	58.18

1-11 各地区年度分行业增加值(续6)

	卫生体育和社会福利业				教育、文化艺术及广播电影电视业			
	2000年	2001年	2002年	2003年	2000年	2001年	2002年	2003年
北京	43.19	51.50	56.38	63.10	148.42	191.60	215.70	242.66
天津	29.08	32.46	38.08	39.30	61.90	76.43	85.52	100.03
河北	47.79	53.87	61.88	70.05	113.93	129.95	154.27	170.97
山西	17.33	19.25	21.18	34.58	47.25	52.47	57.72	88.22
内蒙古	17.39	19.79	31.73	38.18	40.35	46.20	63.64	75.83
辽宁	75.34	88.40	76.81	89.50	111.75	131.85	146.19	157.38
吉林	24.27	29.45	34.77	37.52	53.43	63.78	74.80	80.63
黑龙江	41.90	47.90	51.90	59.10	74.43	86.70	98.85	114.91
上海	62.94	71.86	88.96	103.44	137.66	164.03	196.50	215.95
江苏	92.16	104.13	122.16	156.97	203.86	249.94	298.75	354.10
浙江	80.89	109.03	134.22	167.64	135.76	198.20	247.48	311.08
安徽	35.11	41.08	60.75	70.74	72.59	86.00	114.91	132.04
福建	41.82	47.07	52.58	58.49	100.96	114.84	131.54	147.04
江西	20.44	22.33	24.04	28.82	57.58	63.10	70.84	79.52
山东	111.41	133.64	149.27	153.81	209.50	249.32	298.76	331.09
河南	67.37	71.84	81.15	97.91	110.86	135.88	153.34	177.70
湖北	71.24	79.08	81.59	82.12	106.67	117.44	153.30	171.66
湖南	77.11	85.60	95.87	113.69	154.16	170.20	196.95	219.99
广东	94.36	118.69	136.06	158.02	183.81	198.23	232.79	264.50
广西	37.33	38.99	47.29	47.10	69.33	82.52	91.53	95.65
海南	5.14	5.54	6.12	6.62	14.89	16.10	17.94	19.37
重庆	23.40	27.91	30.37	33.40	51.09	62.46	83.79	91.41
四川	56.58	64.79	72.35	78.25	120.02	147.97	166.60	174.53
贵州	17.88	23.39	24.29	28.36	33.71	46.58	49.46	55.58
云南	35.50	40.14	47.83	54.36	60.45	74.60	83.26	94.04
西藏	4.13	4.67	5.76	4.34	8.16	9.22	10.97	10.64
陕西	24.55	27.42	31.20	42.91	71.68	83.92	96.03	118.01
甘肃	11.43	13.09	14.37	16.56	22.36	25.60	28.10	33.40
青海	4.07	5.03	5.72	6.40	11.98	14.56	15.85	17.53
宁夏	3.77	4.81	5.80	6.04	9.64	12.65	14.74	16.44
新疆	14.08	21.58	23.44	26.04	54.17	59.46	65.39	72.80

1－11 各地区年度分行业增加值(续7)

	科学研究和综合技术服务业				国家机关、政党机关和社会团体			
	2000 年	2001 年	2002 年	2003 年	2000 年	2001 年	2002 年	2003 年
北　京	102.87	147.71	173.85	197.73	70.01	76.77	85.67	96.52
天　津	25.54	28.11	30.37	31.52	46.27	52.48	57.98	59.69
河　北	19.25	21.92	23.64	26.15	169.25	188.93	223.74	247.68
山　西	7.31	8.17	8.99	10.11	83.26	92.44	101.68	113.85
内蒙古	5.87	6.88	7.98	8.99	45.48	54.02	72.69	85.46
辽　宁	40.19	45.86	36.69	41.35	107.01	127.20	134.20	150.99
吉　林	30.30	34.28	39.10	39.96	56.15	64.16	70.99	73.69
黑龙江	16.21	18.51	20.36	23.01	84.02	97.40	107.33	118.80
上　海	58.88	65.71	79.44	85.50	64.71	79.48	88.92	91.41
江　苏	30.42	37.53	41.76	58.79	235.08	267.08	299.05	315.49
浙　江	16.28	21.95	27.73	35.27	126.71	149.56	190.07	244.62
安　徽	8.43	9.70	11.68	14.10	59.51	78.20	89.43	93.44
福　建	11.75	13.27	15.35	16.75	98.21	109.98	126.16	139.51
江　西	6.50	6.74	7.39	9.51	82.50	92.09	99.55	111.20
山　东	28.75	34.50	40.69	42.90	243.84	301.72	344.35	375.58
河　南	16.40	18.20	22.54	25.42	146.54	175.65	188.26	208.41
湖　北	26.58	30.11	27.75	31.08	129.52	141.95	148.30	165.90
湖　南	17.38	17.90	19.69	23.28	203.67	241.35	203.36	228.04
广　东	32.15	37.97	43.97	47.21	162.23	189.10	218.14	263.16
广　西	6.14	7.96	9.31	11.08	65.86	83.58	92.07	97.30
海　南	1.56	1.66	1.82	1.95	11.29	12.19	13.56	14.58
重　庆	27.49	31.61	34.36	47.69	63.08	71.74	79.49	101.37
四　川	25.26	28.32	31.89	33.65	116.97	140.18	152.10	170.25
贵　州	4.09	4.14	4.22	4.94	38.41	48.13	51.88	58.46
云　南	10.00	11.40	12.45	13.18	44.51	55.49	60.25	72.11
西　藏	0.85	0.92	1.46	1.46	16.35	18.23	20.26	19.97
陕　西	15.39	17.88	19.40	21.46	66.36	80.45	89.33	96.38
甘　肃	9.17	10.50	11.52	13.00	23.21	26.57	29.15	35.59
青　海	1.58	1.77	2.02	2.22	19.14	23.05	26.22	29.33
宁　夏	1.23	1.66	1.68	1.83	9.15	10.81	12.73	14.32
新　疆	5.44	5.45	5.74	6.11	51.24	83.31	98.26	103.48

1－11 各地区年度分行业增加值(续8)

	其他行业			
	2000年	2001年	2002年	2003年
北　京	17.11	17.78	19.96	20.22
天　津	4.49	5.05	5.60	6.93
河　北	51.94	61.92	62.70	65.13
山　西	3.03	3.30	3.63	4.09
内蒙古	12.75	14.59	16.20	18.22
辽　宁	13.09	15.38		
吉　林	16.99	16.80	18.94	19.89
黑龙江	22.68	27.99	28.88	40.02
上　海	8.08	10.44	14.84	16.19
江　苏	31.29	41.07	43.78	54.30
浙　江	13.08	19.45	25.36	33.26
安　徽	4.65	6.84	7.00	7.00
福　建	9.28	9.96	10.51	11.27
江　西	16.40	10.23	7.82	3.02
山　东	128.31	39.13	65.89	82.78
河　南	12.46	13.83	15.41	16.71
湖　北	1.75	1.29	3.23	3.72
湖　南	22.16	24.25	27.01	28.68
广　东	35.21	44.99	53.01	63.19
广　西	15.98	17.08	21.76	14.65
海　南	0.35	0.37	0.41	0.43
重　庆	1.01	1.06	0.93	
四　川	11.61	13.16	14.62	13.36
贵　州	5.61	5.59	5.82	6.32
云　南	6.91	6.69	6.85	7.05
西　藏	0.07	0.10	0.15	
陕　西	53.38	42.71	32.30	35.63
甘　肃	9.47	10.49	10.85	11.35
青　海	1.51	1.66	2.09	2.38
宁　夏	4.16	4.47	4.88	4.50
新　疆	4.46	6.29	7.07	7.56

1－12　各地区年度生产总值构成

地区生产总值＝100　　　　单位:%

	第一产业				第二产业			
	2000 年	2001 年	2002 年	2003 年	2000 年	2001 年	2002 年	2003 年
北　京	3.6	3.3	2.8	2.6	38.1	36.2	34.7	35.8
天　津	4.5	4.3	4.1	3.7	50.0	49.1	48.8	50.9
河　北	16.2	16.4	15.6	15.0	50.3	49.6	49.8	51.5
山　西	10.9	9.6	9.8	8.7	50.4	51.6	53.7	56.6
内蒙古	25.0	23.2	20.9	19.5	39.7	40.5	41.4	45.3
辽　宁	10.8	10.8	10.6	10.3	50.2	48.5	47.3	48.3
吉　林	21.4	20.1	20.3	19.3	42.9	43.4	43.1	45.3
黑龙江	11.0	11.5	12.1	11.3	57.4	56.1	55.3	57.2
上　海	1.8	1.7	1.6	1.5	47.5	47.6	47.5	50.0
江　苏	12.0	11.4	9.9	8.9	51.7	51.6	52.7	54.5
浙　江	11.0	9.9	8.9	7.7	52.7	51.7	51.1	52.6
安　徽	24.1	22.8	20.2	18.4	42.7	43.0	43.1	44.8
福　建	16.3	15.3	14.2	13.2	43.7	44.8	46.1	47.6
江　西	24.2	23.3	21.9	19.8	35.0	36.2	38.8	43.4
山　东	14.8	14.4	13.2	11.9	49.7	49.3	50.3	53.5
河　南	22.6	21.9	20.2	17.6	47.0	47.1	46.9	50.4
湖　北	15.5	14.9	14.7	14.8	49.7	49.6	47.6	47.8
湖　南	21.3	20.7	19.9	19.1	39.6	39.5	37.6	38.7
广　东	10.3	9.4	8.8	8.0	50.4	50.2	50.6	53.6
广　西	26.3	25.2	24.3	23.8	36.5	35.5	35.2	36.9
海　南	37.9	36.9	36.9	37.0	19.8	20.4	20.8	22.5
重　庆	17.8	16.7	16.0	15.0	41.4	41.6	42.0	43.4
四　川	23.6	22.2	21.5	20.7	39.4	39.7	40.7	41.5
贵　州	27.3	25.3	23.7	22.0	39.0	38.7	40.1	42.7
云　南	22.3	21.7	21.1	20.4	43.1	42.5	42.6	43.4
西　藏	29.8	26.2	24.6	22.0	22.4	22.5	20.4	26.0
陕　西	16.8	15.6	13.7	13.3	44.1	44.3	45.1	47.3
甘　肃	19.7	19.3	18.4	18.1	44.7	44.9	45.7	46.6
青　海	14.6	14.2	13.2	11.8	43.3	43.9	45.1	47.2
宁　夏	17.3	16.6	16.1	14.4	45.2	45.0	45.9	49.8
新　疆	21.1	19.4	19.1	22.0	43.0	42.4	41.8	42.4

本表按当年价格计算(续表同)。

1－12　各地区年度生产总值构成(续1)

地区生产总值＝100

	工　业				建 筑 业			
	2000 年	2001 年	2002 年	2003 年	2000 年	2001 年	2002 年	2003 年
北　京	30.1	28.7	27.2	28.2	8.0	7.5	7.5	7.6
天　津	45.6	44.6	44.3	46.4	4.4	4.5	4.5	4.5
河　北	44.1	43.7	44.1	45.3	6.2	5.9	5.7	6.2
山　西	43.0	43.8	45.7	48.6	7.4	7.8	8.0	8.0
内蒙古	32.5	32.8	32.6	33.6	7.2	7.7	8.8	11.7
辽　宁	45.3	43.5	42.0	42.6	4.9	5.0	5.3	5.7
吉　林	35.2	35.7	35.3	36.8	7.7	7.7	7.8	8.5
黑龙江	51.1	49.6	48.8	50.8	6.3	6.5	6.5	6.4
上　海	43.0	42.9	42.8	45.8	4.5	4.7	4.7	4.2
江　苏	44.8	44.9	45.9	48.2	6.9	6.7	6.8	6.3
浙　江	47.7	46.5	45.9	46.6	5.0	5.2	5.2	6.0
安　徽	36.2	36.2	35.7	36.4	6.5	6.8	7.4	8.4
福　建	37.5	38.7	40.2	41.0	6.2	6.1	5.9	6.6
江　西	27.0	27.4	28.3	30.0	8.0	8.8	10.5	13.4
山　东	43.8	43.3	43.9	47.1	5.9	6.0	6.4	6.4
河　南	40.5	40.4	40.1	43.0	6.5	6.7	6.8	7.4
湖　北	44.5	44.3	41.9	41.8	5.2	5.3	5.7	6.0
湖　南	33.3	32.9	30.4	31.3	6.3	6.6	7.2	7.4
广　东	44.5	44.5	45.1	47.9	5.9	5.7	5.5	5.7
广　西	30.2	29.1	28.5	29.8	6.3	6.4	6.7	7.1
海　南	12.7	13.1	13.8	15.3	7.1	7.3	7.0	7.2
重　庆	33.2	33.0	33.0	34.1	8.2	8.6	9.0	9.3
四　川	31.8	31.8	31.8	32.4	7.6	7.9	8.9	9.1
贵　州	31.7	30.9	31.3	33.7	7.3	7.8	8.8	9.0
云　南	35.7	34.9	34.9	35.4	7.4	7.6	7.7	8.0
西　藏	8.3	7.6	7.2	7.5	14.0	14.9	13.2	18.5
陕　西	33.1	32.9	32.9	34.8	11.0	11.4	12.2	12.5
甘　肃	33.4	33.3	33.6	34.5	11.3	11.6	12.1	12.1
青　海	30.6	29.6	29.3	30.9	12.7	14.3	15.8	16.3
宁　夏	35.0	34.2	34.9	37.2	10.2	10.8	11.0	12.6
新　疆	30.9	30.3	29.3	30.4	12.1	12.1	12.5	12.0

1－12　各地区年度生产总值构成(续2)

地区生产总值＝100

	第三产业				农、林、牧、渔服务业			
	2000 年	2001 年	2002 年	2003 年	2000 年	2001 年	2002 年	2003 年
北　京	58.3	60.5	62.5	61.6	0.1	0.1	0.1	0.1
天　津	45.5	46.6	47.1	45.4	0.1	0.1	0.1	0.1
河　北	33.5	34.0	34.6	33.5	0.1	0.1	0.1	0.5
山　西	38.7	38.8	36.5	34.7	0.5	0.5	0.5	0.5
内蒙古	35.3	36.3	37.7	35.2	0.3	0.3	0.3	0.3
辽　宁	39.0	40.7	42.1	41.4	0.3	0.3	0.3	0.3
吉　林	35.7	36.5	36.6	35.4	0.2	0.2	0.2	0.2
黑龙江	31.6	32.4	32.6	31.5	0.3	0.3	0.3	0.3
上　海	50.7	50.7	50.9	48.5	0.1	0.1	…	…
江　苏	36.3	37.0	37.4	36.6	0.4	0.4	0.5	0.5
浙　江	36.3	38.4	40.0	39.7	0.1	0.1	0.1	0.1
安　徽	33.2	34.2	36.7	36.8	0.3	0.3	0.9	0.8
福　建	40.0	39.9	39.7	39.2	0.2	0.2	0.2	0.2
江　西	40.8	40.5	39.3	36.8	0.4	0.4	0.3	0.3
山　东	35.5	36.3	36.5	34.6	0.2	0.2	0.2	0.2
河　南	30.4	31.0	32.9	32.0	0.1	0.1	0.6	0.6
湖　北	34.8	35.5	37.7	37.4	0.1	0.1	0.1	0.2
湖　南	39.1	39.8	42.5	42.2	0.2	0.2	0.4	0.3
广　东	39.3	40.4	40.6	38.4	0.2	0.2	0.2	0.2
广　西	37.2	39.3	40.5	39.3	0.3	0.3	0.3	0.3
海　南	42.3	42.7	42.3	40.5	0.2	0.2	0.5	0.5
重　庆	40.8	41.7	42.0	41.6	0.3	0.3	0.3	0.2
四　川	37.0	38.1	37.8	37.8	0.4	0.4	0.2	0.4
贵　州	33.7	36.0	36.2	35.3	0.3	0.4	0.4	0.4
云　南	34.6	35.8	36.3	36.2	0.4	0.5	0.5	0.5
西　藏	47.8	51.3	55.0	52.0	1.8	1.5	2.0	0.8
陕　西	39.1	40.1	41.2	39.4	0.4	0.4	0.6	0.6
甘　肃	35.6	35.8	35.9	35.3	0.5	0.5	0.5	0.5
青　海	42.1	41.9	41.7	41.0	0.6	0.6	0.7	0.6
宁　夏	37.5	38.4	38.0	35.8	0.6	0.6	0.6	0.5
新　疆	35.9	38.2	39.1	35.6	0.4	0.5	0.8	0.7

1-12 各地区年度生产总值构成(续3)

地区生产总值=100

	地质勘查业水利管理业				交通运输、仓储及邮电通信业			
	2000年	2001年	2002年	2003年	2000年	2001年	2002年	2003年
北 京	0.2	0.2	0.2	0.2	7.7	7.7	7.3	6.9
天 津	0.6	0.5	0.6	0.6	10.9	11.1	11.3	10.0
河 北	0.4	0.4	0.4	0.4	8.2	8.9	9.1	8.6
山 西	0.8	0.8	0.8	0.7	8.9	8.8	8.8	8.3
内蒙古	0.4	0.5	0.4	0.4	10.2	10.5	10.7	10.1
辽 宁	0.2	0.2	0.2	0.2	7.5	7.8	8.1	8.3
吉 林	0.2	0.2	0.2	0.2	6.4	6.3	6.2	6.0
黑龙江	0.4	0.4	0.4	0.4	6.2	6.7	6.8	6.3
上 海	0.2	0.2	0.2	0.2	6.9	7.0	7.1	6.7
江 苏	0.3	0.3	0.3	0.3	6.5	6.8	6.8	6.6
浙 江	0.1	0.1	0.1	0.1	7.1	7.5	7.7	7.5
安 徽	0.4	0.4	0.7	0.7	5.9	5.9	6.2	6.4
福 建	0.2	0.2	0.2	0.2	11.3	11.0	10.5	10.2
江 西	0.4	0.4	0.4	0.3	9.7	9.9	9.9	9.2
山 东	0.2	0.2	0.2	0.2	6.5	7.1	6.3	5.8
河 南	0.6	0.6	0.6	0.5	7.6	7.8	8.0	8.0
湖 北	0.2	0.2	0.2	0.2	6.0	6.1	6.3	6.2
湖 南	0.4	0.4	0.4	0.3	7.5	7.4	7.8	7.8
广 东	0.3	0.3	0.3	0.2	9.4	10.1	9.9	8.9
广 西	0.2	0.2	0.2	0.2	7.8	8.4	9.2	9.1
海 南	0.5	0.5	0.5	0.5	9.1	9.3	9.1	8.7
重 庆	0.2	0.2	0.2	0.2	6.2	6.3	6.3	6.1
四 川	0.3	0.3	0.3	0.3	7.0	7.1	7.2	7.0
贵 州	0.2	0.2	0.2	0.2	6.5	6.9	7.1	6.9
云 南	0.3	0.3	0.3	0.3	6.1	6.7	6.7	7.0
西 藏	1.1	1.6	1.7	1.4	1.7	6.3	6.8	10.4
陕 西	0.7	0.7	0.2	0.2	9.4	10.2	10.0	9.4
甘 肃	1.0	1.0	1.0	0.9	5.1	5.3	5.5	5.4
青 海	1.6	1.5	1.4	1.5	7.3	7.7	8.1	8.3
宁 夏	1.0	0.9	1.1	1.0	7.3	7.7	7.8	7.2
新 疆	1.0	1.0	1.0	0.7	8.9	8.0	8.2	6.5

1－12　各地区年度生产总值构成(续4)

地区生产总值＝100

	批发和零售贸易餐饮业				金融、保险业			
	2000年	2001年	2002年	2003年	2000年	2001年	2002年	2003年
北京	8.8	8.4	8.0	7.6	15.3	15.5	14.6	14.7
天津	9.7	9.7	9.6	8.8	3.4	3.4	3.6	4.4
河北	9.0	9.0	9.0	8.5	3.6	3.1	3.0	2.9
山西	8.2	8.2	7.8	7.1	6.3	6.2	4.7	3.6
内蒙古	9.5	9.6	9.3	8.4	1.7	1.6	1.5	1.3
辽宁	13.5	13.8	13.8	13.4	2.7	2.6	2.6	2.4
吉林	12.7	13.2	12.8	13.0	1.2	1.2	1.1	0.8
黑龙江	9.8	9.8	9.9	9.6	1.0	0.9	0.9	0.8
上海	10.7	11.1	11.1	10.4	15.1	12.5	10.8	10.0
江苏	10.0	10.0	10.0	9.7	5.0	4.7	4.6	4.3
浙江	13.7	13.5	13.3	12.3	3.5	3.6	4.1	4.4
安徽	10.4	10.4	10.3	10.2	3.3	3.2	3.2	3.2
福建	9.8	9.7	9.5	9.4	4.8	4.7	4.9	4.8
江西	9.1	8.8	8.7	8.6	4.9	4.3	3.8	2.9
山东	9.2	9.4	9.9	9.3	5.3	4.9	4.3	4.1
河南	7.4	7.5	8.4	8.2	2.4	2.3	2.1	1.9
湖北	10.4	10.2	10.6	10.3	4.8	5.0	5.2	5.2
湖南	9.4	9.6	10.2	10.0	3.8	3.6	3.5	3.4
广东	10.0	9.8	9.7	9.1	3.8	3.5	3.1	3.1
广西	13.5	13.2	13.0	12.6	1.0	1.2	1.3	2.1
海南	13.3	13.3	12.9	12.5	6.5	6.2	5.9	5.6
重庆	9.7	9.6	9.3	8.9	4.3	4.2	4.0	3.8
四川	10.6	10.7	10.7	10.5	4.3	4.2	4.1	4.2
贵州	7.8	7.8	7.8	7.5	3.3	3.2	3.2	3.1
云南	10.2	9.7	9.7	9.0	3.5	3.5	3.8	3.5
西藏	11.6	11.6	12.9	11.1	2.2	2.3	1.7	2.5
陕西	6.8	6.8	6.7	6.3	1.8	1.7	1.9	1.7
甘肃	11.6	11.5	11.4	10.9	5.7	5.4	5.1	4.7
青海	8.1	7.7	7.4	7.3	6.1	5.1	4.6	4.3
宁夏	8.1	7.9	7.7	7.3	5.8	4.9	4.3	4.1
新疆	8.7	8.6	8.5	8.3	3.1	3.3	3.3	3.5

1-12 各地区年度生产总值构成(续5)

地区生产总值=100

	房地产业				社会服务业			
	2000年	2001年	2002年	2003年	2000年	2001年	2002年	2003年
北　京	3.1	3.9	5.1	5.2	7.7	7.7	10.0	10.0
天　津	4.2	4.7	4.8	5.1	6.4	6.5	6.6	6.8
河　北	2.0	1.9	1.9	1.9	2.3	2.3	2.5	2.5
山　西	1.8	1.7	1.7	1.5	2.6	2.7	2.6	2.7
内蒙古	1.3	1.4	1.3	1.2	3.1	3.2	3.1	3.0
辽　宁	2.2	2.3	3.2	3.1	5.1	5.5	6.5	6.4
吉　林	2.5	2.4	2.7	2.6	2.8	2.7	2.8	2.6
黑龙江	3.2	3.0	3.0	2.8	3.2	3.3	3.4	3.4
上　海	5.5	6.4	6.9	7.4	4.9	5.5	6.1	5.5
江　苏	4.1	4.1	4.3	4.4	3.1	3.2	3.3	3.4
浙　江	1.9	2.2	2.4	2.5	3.6	4.1	4.2	4.2
安　徽	3.8	3.8	4.0	4.2	3.2	3.4	3.5	3.3
福　建	3.0	3.0	3.0	3.0	4.1	4.2	4.3	4.2
江　西	4.5	5.3	5.1	4.9	2.6	2.5	2.5	2.5
山　东	3.6	4.0	4.1	3.9	2.0	2.3	2.8	2.9
河　南	3.0	3.0	3.0	2.9	2.3	2.3	3.2	3.1
湖　北	2.1	2.3	2.6	2.8	3.4	3.8	4.1	4.1
湖　南	2.6	2.7	3.0	3.0	2.2	2.3	4.2	4.2
广　东	5.3	5.3	5.4	5.4	4.9	5.8	6.2	5.6
广　西	2.2	2.7	2.8	3.0	2.6	3.0	3.1	2.4
海　南	1.8	1.9	1.9	1.9	4.6	4.7	4.9	4.5
重　庆	3.3	3.5	3.6	3.9	6.4	6.6	6.8	6.4
四　川	2.9	3.0	3.0	3.4	3.2	3.4	3.4	3.4
贵　州	2.8	3.1	3.1	2.9	2.7	2.7	3.0	3.0
云　南	3.6	3.8	3.8	3.7	2.3	2.1	2.1	2.6
西　藏	1.8	1.8	2.1	2.4	3.3	3.0	4.0	3.7
陕　西	2.2	2.9	5.2	4.9	4.0	3.9	3.8	3.1
甘　肃	2.5	2.6	2.6	2.6	1.5	1.6	1.7	1.8
青　海	1.5	1.4	1.6	1.5	2.4	2.6	2.7	2.6
宁　夏	2.1	2.6	2.2	2.2	2.0	2.2	2.3	2.3
新　疆	1.1	1.3	1.4	1.3	3.2	3.6	3.5	3.1

1-12 各地区年度生产总值构成(续6)

地区生产总值=100

	卫生体育和社会福利业				教育、文化艺术及广播电影电视业			
	2000年	2001年	2002年	2003年	2000年	2001年	2002年	2003年
北京	1.7	1.8	1.8	1.7	6.0	6.7	6.7	6.6
天津	1.8	1.8	1.9	1.6	3.8	4.2	4.2	4.1
河北	0.9	1.0	1.0	1.0	2.2	2.3	2.5	2.4
山西	1.1	1.1	1.0	1.4	2.9	2.9	2.9	3.6
内蒙古	1.2	1.3	1.8	1.8	2.9	3.0	3.6	3.5
辽宁	1.6	1.8	1.5	1.5	2.4	2.6	2.8	2.6
吉林	1.3	1.4	1.5	1.5	2.9	3.1	3.3	3.2
黑龙江	1.3	1.3	1.3	1.3	2.3	2.4	2.5	2.6
上海	1.4	1.5	1.6	1.7	3.0	3.3	3.6	3.5
江苏	1.1	1.1	1.1	1.3	2.4	2.6	2.8	2.8
浙江	1.3	1.6	1.7	1.8	2.2	2.9	3.2	3.3
安徽	1.2	1.2	1.7	1.8	2.4	2.6	3.2	3.3
福建	1.1	1.1	1.1	1.1	2.6	2.7	2.8	2.8
江西	1.0	1.0	1.0	1.0	2.9	2.9	2.9	2.8
山东	1.3	1.4	1.4	1.2	2.5	2.6	2.8	2.7
河南	1.3	1.3	1.3	1.4	2.2	2.4	2.5	2.5
湖北	1.7	1.7	1.7	1.5	2.5	2.5	3.2	3.2
湖南	2.1	2.1	2.3	2.5	4.2	4.3	4.8	4.7
广东	1.0	1.1	1.2	1.2	1.9	1.9	2.0	1.9
广西	1.8	1.7	1.9	1.7	3.4	3.7	3.7	3.5
海南	1.0	1.0	1.0	1.0	2.9	2.9	3.0	2.9
重庆	1.5	1.6	1.5	1.5	3.2	3.6	4.3	4.1
四川	1.4	1.5	1.5	1.4	3.0	3.3	3.4	3.2
贵州	1.8	2.2	2.0	2.1	3.4	4.3	4.2	4.1
云南	1.8	1.9	2.1	2.2	3.1	3.6	3.7	3.8
西藏	3.4	3.3	3.6	2.4	6.7	6.4	6.8	5.8
陕西	1.5	1.5	1.5	1.8	4.3	4.6	4.6	4.9
甘肃	1.2	1.2	1.2	1.3	2.3	2.4	2.4	2.6
青海	1.5	1.7	1.7	1.6	4.5	4.8	4.6	4.5
宁夏	1.4	1.6	1.8	1.6	3.6	4.2	4.5	4.3
新疆	1.0	1.5	1.5	1.4	4.0	4.0	4.1	3.9

1－12　各地区年度生产总值构成(续7)

地区生产总值＝100

	科学研究和综合技术服务业				国家机关、政党机关和社会团体			
	2000年	2001年	2002年	2003年	2000年	2001年	2002年	2003年
北　京	4.2	5.2	5.4	5.4	2.8	2.7	2.7	2.6
天　津	1.6	1.5	1.5	1.3	2.8	2.9	2.8	2.4
河　北	0.4	0.4	0.4	0.4	3.3	3.4	3.7	3.5
山　西	0.4	0.5	0.4	0.4	5.1	5.2	5.0	4.6
内蒙古	0.4	0.4	0.5	0.4	3.2	3.5	4.1	4.0
辽　宁	0.9	0.9	0.7	0.7	2.3	2.5	2.5	2.5
吉　林	1.6	1.7	1.7	1.6	3.0	3.2	3.2	2.9
黑龙江	0.5	0.5	0.5	0.5	2.6	2.7	2.8	2.7
上　海	1.3	1.3	1.5	1.4	1.4	1.6	1.6	1.5
江　苏	0.4	0.4	0.4	0.5	2.7	2.8	2.8	2.5
浙　江	0.3	0.3	0.4	0.4	2.1	2.2	2.4	2.6
安　徽	0.3	0.3	0.3	0.4	2.0	2.4	2.5	2.4
福　建	0.3	0.3	0.3	0.3	2.5	2.6	2.7	2.7
江　西	0.3	0.3	0.3	0.3	4.1	4.2	4.1	3.9
山　东	0.3	0.4	0.4	0.3	2.9	3.2	3.3	3.0
河　南	0.3	0.3	0.4	0.4	2.9	3.1	3.1	3.0
湖　北	0.6	0.6	0.6	0.6	3.0	3.0	3.1	3.1
湖　南	0.5	0.4	0.5	0.5	5.5	6.1	4.9	4.9
广　东	0.3	0.4	0.4	0.3	1.7	1.8	1.9	1.9
广　西	0.3	0.4	0.4	0.4	3.2	3.7	3.7	3.6
海　南	0.3	0.3	0.3	0.3	2.2	2.2	2.3	2.2
重　庆	1.7	1.8	1.7	2.1	4.0	4.1	4.0	4.5
四　川	0.6	0.6	0.7	0.6	2.9	3.2	3.1	3.1
贵　州	0.4	0.4	0.4	0.4	3.9	4.4	4.4	4.3
云　南	0.5	0.5	0.6	0.5	2.3	2.7	2.7	2.9
西　藏	0.7	0.6	0.9	0.8	13.4	12.8	12.6	10.8
陕　西	0.9	1.0	0.9	0.9	4.0	4.4	4.3	4.0
甘　肃	0.9	1.0	1.0	1.0	2.4	2.5	2.5	2.7
青　海	0.6	0.6	0.6	0.6	7.3	7.7	7.7	7.5
宁　夏	0.5	0.6	0.5	0.5	3.4	3.6	3.9	3.7
新　疆	0.4	0.4	0.4	0.3	3.8	5.6	6.1	5.5

1－12 各地区年度生产总值构成(续8)

地区生产总值＝100

	其他行业			
	2000年	2001年	2002年	2003年
北京	0.7	0.6	0.6	0.6
天津	0.3	0.3	0.3	0.3
河北	1.0	1.1	1.0	0.9
山西	0.2	0.2	0.2	0.2
内蒙古	0.9	0.9	0.9	0.8
辽宁	0.3	0.3		
吉林	0.9	0.8	0.8	0.8
黑龙江	0.7	0.8	0.7	0.9
上海	0.2	0.2	0.3	0.3
江苏	0.4	0.4	0.4	0.4
浙江	0.2	0.3	0.3	0.4
安徽	0.2	0.2	0.2	0.2
福建	0.2	0.2	0.2	0.2
江西	0.8	0.5	0.3	0.1
山东	1.5	0.4	0.6	0.7
河南	0.2	0.2	0.2	0.2
湖北	…	…	0.1	0.1
湖南	0.6	0.6	0.7	0.6
广东	0.4	0.4	0.5	0.5
广西	0.8	0.8	0.9	0.5
海南	0.1	0.1	0.1	0.1
重庆	0.1	0.1	…	
四川	0.3	0.3	0.3	0.2
贵州	0.6	0.5	0.5	0.5
云南	0.4	0.3	0.3	0.3
西藏	0.1	0.1	0.1	
陕西	3.2	2.3	1.5	1.5
甘肃	1.0	1.0	0.9	0.9
青海	0.6	0.6	0.6	0.6
宁夏	1.6	1.5	1.5	1.2
新疆	0.3	0.4	0.4	0.4

1－13　各地区年度生产总值发展速度

单位:%

	地区生产总值				人均地区生产总值			
	2000 年	2001 年	2002 年	2003 年	2000 年	2001 年	2002 年	2003 年
北　京	111.0	111.2	110.4	110.7	110.2	110.1	109.0	109.4
天　津	110.8	112.0	112.5	114.8	110.3	111.8	112.1	114.0
河　北	109.5	108.7	109.6	111.6	108.7	108.2	108.9	111.0
山　西	107.8	108.4	111.7	113.9	106.5	106.4	110.9	113.1
内蒙古	109.7	109.6	112.1	116.8	109.0	109.3	111.9	116.7
辽　宁	108.9	109.0	110.2	111.5	108.3	108.4	109.6	111.3
吉　林	109.2	109.3	109.5	110.2	108.1	109.3	108.1	109.9
黑龙江	108.2	109.3	110.3	110.3	107.7	109.0	110.2	110.2
上　海	110.8	110.2	110.9	111.8	110.2	109.6	110.4	111.2
江　苏	110.6	110.2	111.6	113.6	109.5	109.1	111.2	113.2
浙　江	111.0	110.5	112.5	114.4	110.3	108.9	111.9	113.6
安　徽	108.3	108.3	108.9	109.2	107.5	107.6	108.5	108.8
福　建	109.5	109.0	110.5	111.6	106.5	107.0	109.6	110.9
江　西	108.0	108.8	110.5	113.0	110.2	107.8	109.6	112.0
山　东	110.5	110.1	111.6	113.7	109.2	109.1	111.0	113.2
河　南	109.4	109.1	109.5	110.8	104.3	108.1	108.8	110.7
湖　北	109.3	109.1	109.1	109.4	109.0	108.7	108.8	109.1
湖　南	109.0	109.0	109.0	109.6	108.5	108.5	108.5	109.4
广　东	110.8	109.6	111.4	114.3	106.7	106.0	110.6	113.1
广　西	107.3	108.2	110.5	110.2	106.4	107.5	109.7	109.4
海　南	108.8	108.9	109.3	110.5	106.8	107.0	108.1	109.5
重　庆	108.5	109.0	110.3	111.5	107.9	108.5	109.9	110.9
四　川	109.0	109.2	110.6	111.8	108.4	108.7	110.2	111.2
贵　州	108.7	108.8	109.1	110.1	107.2	108.4	108.8	110.0
云　南	107.1	106.5	108.2	108.6	105.8	105.3	107.0	107.5
西　藏	109.4	112.8	112.9	112.1	107.6	111.2	111.4	110.5
陕　西	109.0	109.1	109.7	110.9	108.3	108.5	109.3	110.4
甘　肃	108.7	109.4	109.4	110.1	107.8	108.8	109.1	109.5
青　海	109.0	112.0	112.4	112.1	107.5	110.6	111.1	111.0
宁　夏	109.8	110.1	110.2	112.2	108.0	108.1	108.6	110.6
新　疆	108.2	108.1	108.1	110.8	106.8	106.5	106.4	109.1

本表按不变价格计算。

1－14　各地区年度分行业增加值发展速度

单位:%

	第一产业				第二产业			
	2000 年	2001 年	2002 年	2003 年	2000 年	2001 年	2002 年	2003 年
北　京	104.0	104.5	105.0	103.3	111.4	109.4	108.5	111.9
天　津	103.7	106.3	106.1	106.1	111.5	112.8	114.3	118.0
河　北	105.1	105.3	105.4	106.1	110.1	108.3	110.6	114.3
山　西	110.7	96.4	113.6	106.9	107.9	110.3	114.4	116.0
内蒙古	102.6	102.0	104.8	105.9	112.1	111.5	116.5	127.9
辽　宁	98.4	106.7	108.4	107.2	110.7	107.5	109.8	112.3
吉　林	97.0	104.6	106.3	105.9	113.4	110.9	110.5	114.3
黑龙江	96.8	108.0	106.9	102.4	109.8	109.8	110.9	111.9
上　海	103.4	103.0	103.0	99.8	109.8	112.0	112.1	116.1
江　苏	103.9	103.9	103.5	99.9	111.6	111.0	113.7	117.2
浙　江	104.5	104.8	104.5	103.6	111.7	111.0	113.4	116.7
安　徽	101.2	101.2	103.9	97.8	109.9	109.9	110.7	112.6
福　建	102.6	103.5	102.7	103.3	111.2	110.7	114.2	116.0
江　西	106.8	104.2	104.4	102.7	106.7	112.9	118.5	124.3
山　东	103.8	104.2	102.5	105.6	112.4	111.3	114.8	117.0
河　南	104.5	105.5	104.5	97.5	111.7	109.9	111.5	117.0
湖　北	102.5	102.5	102.0	105.8	110.8	110.2	110.3	110.2
湖　南	103.9	104.0	102.6	103.6	110.6	110.3	110.9	112.4
广　东	102.4	102.3	104.4	102.3	111.7	110.4	113.4	120.0
广　西	100.2	103.4	107.3	104.0	109.0	108.1	111.3	114.6
海　南	110.2	109.7	109.1	109.0	107.5	108.7	112.5	119.0
重　庆	101.5	102.2	104.1	104.2	110.5	111.8	113.8	116.0
四　川	103.3	102.2	104.8	105.5	111.1	112.3	114.3	116.5
贵　州	103.6	101.1	102.2	104.6	110.3	111.0	113.6	113.3
云　南	105.7	103.9	103.9	105.5	105.7	104.3	109.4	110.5
西　藏	102.1	103.1	104.4	103.4	114.1	117.6	118.1	134.7
陕　西	104.5	102.5	104.2	105.1	109.7	109.9	112.2	114.8
甘　肃	101.5	107.5	105.8	105.4	110.8	110.1	110.8	112.2
青　海	96.0	105.8	104.5	103.8	111.5	115.5	116.6	116.4
宁　夏	98.0	106.3	106.1	102.4	114.5	111.2	112.5	118.8
新　疆	104.8	102.8	105.0	108.2	109.0	108.7	107.8	112.1

本表按不变价格计算(续表同)。

1－14　各地区年度分行业增加值发展速度(续1)

	工业				建筑业			
	2000年	2001年	2002年	2003年	2000年	2001年	2002年	2003年
北京	113.2	110.2	107.8	112.2	102.1	106.6	110.9	110.7
天津	112.2	112.7	114.6	118.6	100.9	114.3	112.2	112.4
河北	110.8	108.9	111.0	113.9	103.3	104.0	107.1	117.2
山西	108.1	110.1	114.2	115.9	105.8	112.0	115.3	116.6
内蒙古	112.2	110.2	113.9	121.8	111.7	117.1	127.5	157.3
辽宁	110.8	107.4	109.8	111.6	109.3	108.7	110.3	117.5
吉林	112.8	112.1	110.3	113.2	118.8	105.2	111.6	119.7
黑龙江	110.0	109.5	111.2	112.2	109.0	112.6	108.5	109.2
上海	110.2	112.1	112.7	117.6	103.0	110.9	106.4	101.3
江苏	112.2	111.5	113.9	117.8	107.4	107.3	112.1	113.2
浙江	112.0	111.0	113.6	115.7	108.9	111.9	111.5	126.6
安徽	109.2	109.2	110.3	110.5	115.5	115.5	113.0	123.4
福建	112.5	111.2	115.5	115.5	100.6	107.7	106.3	119.6
江西	106.1	110.8	116.4	118.4	109.5	119.8	125.0	141.2
山东	112.6	111.6	114.2	117.5	109.9	109.3	119.3	113.3
河南	111.6	109.6	111.7	117.1	113.1	111.6	110.6	116.7
湖北	110.7	110.2	110.1	110.2	112.4	110.3	112.3	110.1
湖南	110.5	109.9	111.0	112.7	111.5	112.3	110.4	111.2
广东	113.0	111.0	114.6	120.8	99.5	106.5	103.9	113.6
广西	109.0	108.0	110.9	114.6	108.9	108.2	113.1	114.6
海南	109.5	110.3	115.9	123.2	104.1	105.8	106.2	110.6
重庆	110.4	111.2	113.8	116.4	111.0	114.4	113.9	114.1
四川	110.6	112.5	113.3	116.1	114.3	111.7	118.4	118.0
贵州	110.2	110.2	111.5	113.3	111.0	114.5	122.5	113.2
云南	107.0	103.9	109.8	110.2	98.1	106.2	107.7	111.7
西藏	107.6	106.7	105.7	109.1	119.0	124.1	125.4	147.5
陕西	109.4	109.5	113.5	115.2	111.8	111.1	108.4	113.9
甘肃	110.2	110.0	110.9	112.9	112.5	110.5	110.6	110.3
青海	110.0	111.0	115.1	117.1	116.6	126.4	119.7	115.2
宁夏	113.8	109.7	113.0	116.3	118.3	116.5	110.8	127.1
新疆	109.0	108.0	107.7	111.2	108.8	110.6	107.9	114.5

1－14　各地区年度分行业增加值发展速度(续2)

	第三产业				农、林、牧、渔服务业			
	2000 年	2001 年	2002 年	2003 年	2000 年	2001 年	2002 年	2003 年
北　京	111.1	112.8	112.0	110.3	95.6	107.6	88.8	115.3
天　津	110.5	111.7	111.2	111.8	131.6	103.0	127.2	102.7
河　北	110.4	111.0	110.2	110.0	104.1	114.2	102.0	195.9
山　西	106.7	109.4	107.7	112.8	106.5	105.5	117.8	133.7
内蒙古	111.8	112.8	111.8	111.2	106.9	105.3	108.3	110.3
辽　宁	109.6	111.5	111.3	111.7	110.6	97.1	113.7	108.0
吉　林	111.7	110.4	110.1	107.7	113.6	108.8	121.3	98.9
黑龙江	111.8	108.8	110.3	110.1	104.6	103.0	104.2	107.6
上　海	112.9	108.7	110.0	108.0	106.4	105.5	86.7	101.9
江　苏	111.2	111.1	111.2	111.9	110.9	112.2	107.7	102.6
浙　江	111.9	111.5	113.5	113.8	107.4	110.9	98.9	112.4
安　徽	110.3	110.3	109.9	111.4	109.3	109.3	105.1	101.1
福　建	110.2	109.3	109.5	109.6	108.7	109.8	110.7	116.8
江　西	110.4	107.9	106.9	107.4	101.4	118.3	90.9	92.7
山　东	110.3	110.7	110.6	112.0	117.8	146.4	111.1	111.5
河　南	109.3	110.4	110.0	109.9	104.8	109.0	116.1	106.9
湖　北	110.6	110.4	110.3	109.7	104.4	116.4	111.0	135.8
湖　南	110.6	110.5	110.5	109.7	108.0	102.2	104.0	102.8
广　东	111.8	110.5	110.5	109.5	100.6	115.6	106.8	106.3
广　西	111.5	111.8	111.9	109.9	106.0	107.9	123.7	104.3
海　南	108.2	108.3	108.1	107.7	106.3	102.9	103.7	107.9
重　庆	109.5	109.1	109.2	109.4	110.1	108.1	109.4	94.7
四　川	110.2	110.5	110.1	110.1	107.4	113.0	110.3	106.3
贵　州	110.5	112.6	109.1	110.2	127.3	123.3	109.2	113.2
云　南	109.7	110.9	109.4	108.3	110.9	134.8	108.6	105.6
西　藏	109.4	116.6	115.0	106.9	132.9	96.9	145.8	94.1
陕　西	110.3	111.0	109.2	108.5	112.0	108.5	108.3	108.8
甘　肃	109.6	109.4	109.6	109.8	112.6	105.9	104.5	103.0
青　海	111.3	110.6	110.4	109.7	107.4	119.5	120.5	94.8
宁　夏	110.3	110.5	109.4	108.4	115.8	111.3	105.6	102.7
新　疆	110.3	110.6	110.0	110.5	109.0	118.8	163.2	108.1

1－14 各地区年度分行业增加值发展速度(续3)

	地质勘查业水利管理业				交通运输、仓储及邮电通信业			
	2000年	2001年	2002年	2003年	2000年	2001年	2002年	2003年
北 京	111.9	96.6	115.1	92.6	110.9	107.3	105.2	107.4
天 津	117.0	107.0	113.8	109.1	110.7	111.3	111.8	112.4
河 北	117.1	101.6	119.7	110.6	111.3	116.8	108.8	108.4
山 西	103.4	111.3	111.8	106.4	108.4	110.3	110.6	110.8
内蒙古	116.0	111.0	110.2	113.0	114.5	113.8	116.2	114.1
辽 宁	93.6	98.7	98.1	94.9	108.5	111.0	108.6	116.9
吉 林	105.7	105.9	103.8	101.1	111.1	109.0	105.3	110.3
黑龙江	104.0	100.7	106.5	108.0	116.9	109.2	110.0	109.4
上 海	105.1	108.9	111.3	101.4	114.7	108.8	111.4	108.3
江 苏	111.4	117.2	108.8	112.0	112.4	113.8	109.2	109.6
浙 江	112.8	109.5	119.6	124.9	112.1	109.8	113.2	116.3
安 徽	112.8	112.8	105.6	108.1	111.4	111.4	112.5	113.7
福 建	104.3	108.3	107.5	109.3	110.0	108.3	105.8	109.1
江 西	104.7	102.8	103.9	103.2	117.4	110.5	110.2	108.3
山 东	124.6	127.7	106.2	112.8	111.2	120.0	100.4	111.8
河 南	124.5	103.6	114.4	104.7	110.8	110.4	110.2	112.0
湖 北	104.7	107.3	107.3	108.7	112.3	108.4	108.6	109.2
湖 南	111.0	102.5	102.5	91.8	114.5	110.2	109.9	110.3
广 东	100.6	110.4	112.1	108.4	117.0	113.7	106.1	105.9
广 西	106.8	112.8	97.5	101.7	112.1	107.2	110.6	112.5
海 南	104.8	109.7	107.1	106.6	111.2	110.6	109.2	109.0
重 庆	126.4	90.6	112.9	121.3	109.7	108.8	107.0	108.0
四 川	108.4	111.4	110.6	107.5	109.9	109.1	110.1	109.3
贵 州	99.0	137.8	105.6	105.0	114.2	107.5	108.2	110.9
云 南	86.1	91.6	100.5	106.4	107.4	119.1	107.4	111.3
西 藏	103.9	178.5	115.9	92.2	35.0	212.3	122.2	123.0
陕 西	110.6	107.7	104.4	102.7	114.9	115.3	111.5	109.6
甘 肃	110.0	110.2	103.5	111.9	113.2	113.8	113.5	111.1
青 海	111.0	104.1	105.8	117.9	120.9	119.3	115.5	114.1
宁 夏	116.0	99.3	127.8	102.6	115.1	111.2	113.2	109.9
新 疆	108.8	103.9	105.6	88.0	111.6	106.8	111.5	112.3

1-14　各地区年度分行业增加值发展速度(续4)

	批发和零售贸易餐饮业				金融、保险业			
	2000年	2001年	2002年	2003年	2000年	2001年	2002年	2003年
北　京	105.0	109.9	107.1	109.2	116.4	113.1	105.8	110.1
天　津	112.5	112.8	112.7	110.9	100.4	104.9	112.4	125.5
河　北	111.6	109.5	109.8	109.4	100.2	102.4	108.2	108.9
山　西	108.2	108.8	111.1	109.8	105.1	105.2	88.9	90.6
内蒙古	111.0	111.0	110.4	109.3	105.0	103.9	103.6	102.1
辽　宁	111.5	110.6	111.7	111.9	102.1	102.6	105.0	105.1
吉　林	112.8	111.6	110.7	111.3	104.0	108.5	90.1	90.0
黑龙江	109.7	109.0	112.0	110.4	106.0	104.8	105.0	104.4
上　海	111.1	115.6	110.4	106.7	116.3	92.3	100.3	107.6
江　苏	110.9	111.4	112.3	113.0	109.8	103.8	107.1	108.2
浙　江	110.5	110.8	112.2	110.6	105.0	111.0	119.4	124.0
安　徽	109.7	109.7	107.8	109.2	106.8	106.8	106.5	110.2
福　建	109.8	109.3	108.8	110.7	108.1	108.8	113.2	109.8
江　西	114.6	107.3	110.1	113.1	96.9	94.6	94.8	89.3
山　东	110.8	112.9	113.5	111.1	103.4	101.6	101.6	110.3
河　南	112.8	111.1	111.4	109.7	89.9	101.7	103.8	100.1
湖　北	111.1	109.7	109.2	108.2	108.6	112.1	108.1	110.4
湖　南	111.4	111.3	111.5	109.6	106.0	103.5	103.2	105.4
广　东	107.1	109.2	110.9	109.2	121.3	100.6	99.5	109.4
广　西	108.6	108.7	110.1	109.0	124.8	116.5	127.0	182.3
海　南	108.1	108.1	108.2	108.3	106.6	104.2	104.1	106.8
重　庆	110.3	109.8	109.8	109.0	100.2	102.3	107.0	106.8
四　川	111.7	109.6	109.6	109.7	109.8	107.4	107.8	109.3
贵　州	105.7	110.1	110.3	110.6	107.0	104.5	107.5	109.2
云　南	113.9	102.9	109.2	102.3	102.2	106.0	116.6	100.7
西　藏	116.5	117.0	126.0	98.9	107.1	109.3	93.6	166.3
陕　西	111.7	111.2	109.8	106.8	85.7	103.8	102.3	102.2
甘　肃	108.4	108.7	108.9	108.3	103.1	103.8	102.6	103.5
青　海	110.2	108.0	110.8	111.1	89.8	92.9	100.7	104.7
宁　夏	108.1	108.6	109.4	110.1	99.7	93.5	96.3	108.7
新　疆	110.5	105.9	111.3	111.9	80.0	112.1	107.8	122.2

1－14　各地区年度分行业增加值发展速度(续5)

	房地产业				社会服务业			
	2000年	2001年	2002年	2003年	2000年	2001年	2002年	2003年
北　京	109.5	140.8	136.8	112.1	111.1	105.2	130.6	108.1
天　津	125.9	121.8	113.3	117.6	105.3	112.5	108.9	108.1
河　北	112.1	103.5	105.5	117.2	109.8	112.7	114.8	113.0
山　西	107.6	104.2	105.1	109.6	105.3	111.3	111.8	124.6
内蒙古	118.0	118.2	107.3	105.2	113.1	114.0	108.9	107.8
辽　宁	115.0	110.1	110.1	110.1	105.8	112.3	112.9	110.4
吉　林	120.5	107.0	110.4	109.0	121.2	104.3	114.7	100.4
黑龙江	114.0	102.9	106.7	105.7	112.0	109.9	108.8	112.8
上　海	115.4	120.9	114.5	114.1	106.4	120.3	117.2	105.0
江　苏	107.5	109.7	112.6	112.0	108.1	112.0	112.8	116.4
浙　江	111.4	112.2	113.6	114.3	114.1	114.5	113.6	108.6
安　徽	115.6	115.6	110.0	117.4	107.8	107.8	112.0	100.4
福　建	113.4	110.0	109.3	109.1	111.9	109.4	111.5	108.8
江　西	111.0	123.3	108.0	109.0	111.1	103.7	110.0	111.5
山　东	110.4	116.9	112.8	111.9	116.2	122.8	124.9	124.3
河　南	107.5	110.5	108.0	107.7	117.5	105.1	110.9	108.4
湖　北	115.0	120.2	112.7	117.2	110.1	112.5	117.1	110.1
湖　南	109.2	109.3	111.2	109.0	111.2	111.5	111.1	110.0
广　东	114.0	107.4	110.5	113.9	112.1	113.2	117.7	104.6
广　西	112.2	125.4	111.9	116.7	114.9	122.5	116.1	90.1
海　南	109.5	107.2	107.8	108.5	106.9	108.7	108.5	103.3
重　庆	110.7	114.1	113.6	115.6	108.7	107.8	109.0	107.8
四　川	108.1	108.9	110.8	110.6	107.6	113.1	111.2	113.6
贵　州	131.5	115.1	117.0	102.3	74.5	106.5	107.0	112.4
云　南	129.1	110.8	105.7	104.8	102.8	101.5	104.7	135.1
西　藏	396.0	108.7	143.9	123.8	132.7	106.1	151.0	105.9
陕　西	119.2	115.0	110.9	107.0	105.6	107.2	103.9	93.1
甘　肃	113.1	113.0	106.9	110.4	108.6	105.5	118.0	111.0
青　海	113.7	106.2	122.7	109.3	165.7	121.2	113.6	109.4
宁　夏	116.8	135.3	94.2	115.5	106.9	109.8	109.1	109.5
新　疆	138.1	124.1	104.1	105.8	108.3	106.5	104.6	103.7

1－14　各地区年度分行业增加值发展速度(续6)

	卫生体育和社会福利业				教育、文化艺术及广播电影电视业			
	2000年	2001年	2002年	2003年	2000年	2001年	2002年	2003年
北　京	118.9	119.4	105.6	111.8	117.2	113.0	108.6	114.4
天　津	106.4	106.1	109.6	108.2	104.5	110.7	108.5	107.7
河　北	118.8	114.6	116.2	106.5	115.7	110.6	113.7	113.9
山　西	106.2	113.6	116.7	135.5	104.5	113.0	111.8	150.0
内蒙古	112.7	113.0	112.6	115.4	103.0	112.0	113.5	110.2
辽　宁	113.0	118.7	110.7	112.6	112.0	116.6	111.7	108.1
吉　林	110.1	114.7	123.5	107.2	112.3	117.7	114.3	108.9
黑龙江	112.5	111.0	110.4	114.6	108.6	113.1	114.7	114.1
上　海	106.0	114.2	120.6	116.2	109.7	114.4	114.1	107.4
江　苏	112.2	108.6	116.1	125.1	118.9	113.5	113.8	115.3
浙　江	117.5	112.3	111.4	113.0	125.1	115.4	113.0	113.8
安　徽	108.1	108.1	111.6	116.6	109.0	109.0	111.5	113.9
福　建	112.2	109.8	108.8	112.7	113.4	113.1	115.1	107.2
江　西	107.7	109.7	107.6	111.0	107.0	110.1	108.3	109.0
山　东	110.7	117.1	113.2	103.4	117.1	110.0	121.0	110.7
河　南	113.9	104.6	112.8	116.9	112.0	118.3	112.1	114.5
湖　北	109.7	108.9	102.1	99.8	111.9	108.0	129.2	111.1
湖　南	111.6	109.5	110.4	112.0	111.4	108.9	114.1	111.7
广　东	110.8	122.1	116.6	115.7	105.6	105.7	118.9	115.9
广　西	113.2	106.9	114.3	104.1	111.7	105.7	109.1	114.4
海　南	106.1	109.1	109.3	108.8	108.5	109.5	110.2	108.9
重　庆	114.8	117.0	109.5	111.8	106.5	106.5	111.0	108.9
四　川	110.5	111.0	112.1	110.3	108.3	114.1	112.1	110.4
贵　州	119.4	127.7	105.4	112.0	112.3	120.1	108.0	111.6
云　南	109.1	106.5	116.6	114.4	106.3	125.2	111.7	106.2
西　藏	114.6	111.1	111.3	74.8	130.7	111.0	101.7	97.3
陕　西	107.1	112.0	113.7	135.2	114.8	104.0	114.3	120.8
甘　肃	112.0	110.2	113.3	114.8	114.1	110.2	113.2	119.1
青　海	114.1	120.4	108.2	110.2	113.7	108.6	103.9	104.0
宁　夏	111.7	127.9	121.8	103.9	120.5	116.7	113.3	105.8
新　疆	116.3	125.7	106.2	117.2	127.3	105.5	105.7	112.3

1－14　各地区年度分行业增加值发展速度(续7)

	科学研究和综合技术服务业				国家机关、政党机关和社会团体			
	2000年	2001年	2002年	2003年	2000年	2001年	2002年	2003年
北　京	97.8	131.1	112.9	113.5	117.1	100.1	108.1	112.4
天　津	106.4	109.7	107.3	107.2	113.8	109.1	109.6	107.7
河　北	118.7	113.5	108.8	108.6	111.3	111.1	114.6	108.8
山　西	105.0	112.9	110.9	109.1	105.0	111.3	111.8	109.8
内蒙古	114.7	115.0	109.5	110.1	111.7	118.0	111.7	115.0
辽　宁	114.6	114.1	111.9	110.8	113.6	118.9	113.2	110.6
吉　林	111.3	111.7	113.5	101.0	108.5	112.8	107.6	102.9
黑龙江	110.5	110.9	110.7	112.0	118.5	112.5	111.0	109.7
上　海	102.9	111.1	118.9	105.0	106.5	122.8	110.9	102.7
江　苏	113.0	122.4	119.2	128.1	111.4	112.7	110.7	105.5
浙　江	120.4	110.5	114.3	115.1	116.2	111.9	115.0	116.5
安　徽	107.1	107.1	111.2	130.3	111.0	111.0	114.4	119.0
福　建	120.1	111.2	114.5	108.3	107.9	110.3	112.8	109.7
江　西	113.3	104.2	106.5	122.6	113.2	112.2	107.1	106.0
山　东	117.1	117.9	119.1	104.3	113.3	117.8	114.2	110.9
河　南	106.2	110.2	123.5	111.0	111.5	118.8	106.9	110.3
湖　北	114.6	111.1	91.2	111.1	105.7	107.5	103.4	111.3
湖　南	106.5	103.9	110.6	115.5	109.0	117.8	111.7	111.7
广　东	116.0	118.3	117.4	106.7	95.6	116.8	117.0	119.9
广　西	115.4	128.8	117.6	118.2	113.2	126.2	110.6	105.1
海　南	106.2	107.7	107.7	107.2	107.4	109.1	109.6	109.0
重　庆	114.5	113.1	104.3	111.8	117.3	111.8	111.2	112.8
四　川	107.2	109.9	110.3	110.6	113.0	115.7	109.8	109.7
贵　州	127.3	99.5	102.9	115.5	124.6	123.1	108.9	111.3
云　南	101.4	115.0	109.5	104.6	106.2	125.8	108.8	118.3
西　藏	91.8	107.1	142.7	99.3	160.1	111.3	99.4	114.3
陕　西	106.1	115.0	108.4	108.8	114.1	120.0	110.9	106.1
甘　肃	116.9	110.3	113.2	112.4	114.3	115.6	115.5	113.6
青　海	112.2	110.1	110.3	108.3	113.4	117.3	111.2	109.7
宁　夏	101.6	132.5	101.8	106.6	108.1	116.3	117.8	110.6
新　疆	114.2	90.2	106.2	105.0	116.7	132.2	112.2	104.9

1-14　各地区年度分行业增加值发展速度(续8)

	其他行业			
	2000年	2001年	2002年	2003年
北　京	105.3	94.9	105.2	101.1
天　津	106.7	106.7	106.9	104.1
河　北	111.1	118.8	102.6	100.7
山　西	93.2	109.2	111.8	110.8
内蒙古	113.1	112.0	106.0	111.4
辽　宁	102.0	117.5	144.9	
吉　林	108.1	95.9	113.3	103.8
黑龙江	101.0	103.1	103.2	103.5
上　海	105.8	129.2	136.8	109.1
江　苏	117.7	125.0	107.7	112.7
浙　江	106.6	114.3	118.0	118.7
安　徽	104.9	104.9	100.0	100.0
福　建	109.0	106.7	105.2	106.3
江　西	96.4	62.7	62.0	61.5
山　东	101.3	31.0	126.3	124.3
河　南	103.6	110.2	111.4	106.7
湖　北	110.7	72.6	247.2	114.0
湖　南	109.2	109.6	111.4	103.7
广　东	204.3	128.0	119.5	118.5
广　西	115.5	106.2	128.6	66.6
海　南	103.4	105.7	108.1	105.0
重　庆	105.2	103.0	87.5	
四　川	107.3	109.4	108.8	112.0
贵　州	100.6	97.9	105.1	107.5
云　南	116.2	97.7	102.7	101.6
西　藏	37.5	114.3	187.5	
陕　西	102.0	101.8	96.5	107.0
甘　肃	114.8	106.7	107.5	109.5
青　海	115.5	107.3	122.8	112.1
宁　夏	116.2	105.8	108.9	91.2
新　疆	118.0	119.6	112.9	106.5

1－15 按支出法计算的地区生产总值(一)

(2000年)

单位:亿元

地区	支出法地区生产总值	最终消费			资本形成总额			货物和服务净流出
			居民消费	政府消费		固定资本形成总额	存货增加	
北京	2478.76	1221.33	808.53	412.80	1517.38	1376.98	140.40	-259.95
天津	1639.36	804.71	557.34	247.37	817.15	695.10	122.05	17.50
河北	5088.96	2240.68	1682.76	557.92	2364.03	1963.65	400.38	484.25
山西	1638.03	946.04	651.84	294.20	746.23	657.60	88.63	-54.24
内蒙古	1391.90	787.20	578.70	208.54	613.70	430.40	183.26	-9.00
辽宁	4669.06	2587.52	1867.36	720.16	1471.61	1293.92	177.69	609.93
吉林	1865.31	1185.61	890.01	295.60	686.58	627.74	58.84	-6.88
黑龙江	3209.48	1871.54	1394.21	477.33	993.54	926.70	66.84	344.40
上海	4551.15	1947.10	1521.05	426.05	2117.94	1933.01	184.93	486.11
江苏	8482.79	3710.72	2815.51	895.21	3944.78	3125.42	819.36	827.29
浙江	6040.00	2795.48	1978.68	816.80	2652.77	2267.20	385.57	591.75
安徽	3038.24	1947.78	1615.44	332.34	1094.97	928.09	166.88	-1.50
福建	3894.17	2052.41	1496.20	556.21	1798.27	1258.89	539.38	43.49
江西	1982.17	1269.58	989.20	280.38	718.29	605.54	112.75	-5.70
山东	8542.44	4099.74	3099.76	999.98	4200.61	3200.77	999.84	242.09
河南	5137.66	2758.60	2084.08	674.52	2169.04	1659.58	509.46	210.02
湖北	4153.90	2146.54	1699.45	447.09	1952.36	1451.85	500.51	55.00
湖南	3691.88	2383.27	1782.77	600.50	1274.94	1082.00	192.94	33.67
广东	9662.23	5336.22	3754.80	1581.42	3487.86	3175.93	311.93	838.10
广西	2050.15	1443.17	1019.36	423.81	676.12	670.65	5.47	-69.14
海南	517.73	284.51	218.38	66.13	240.66	196.40	44.26	-7.44
重庆	1597.53	994.39	760.02	234.37	690.58	633.43	57.15	-87.44
四川	4010.25	2462.87	1999.20	463.67	1545.43	1409.69	135.74	2.00
贵州	993.53	775.25	600.07	175.18	495.89	458.84	37.05	-277.61
云南	1955.09	1481.81	1066.77	415.04	724.70	701.43	23.27	-251.42
西藏	123.67	70.16	46.97	23.19	45.51	38.26	7.25	8.00
陕西	1660.92	956.45	743.07	213.38	851.69	796.21	55.48	-147.22
甘肃	986.29	579.21	444.22	134.99	439.28	336.23	103.05	-32.20
青海	253.05	167.31	116.82	50.49	160.46	156.97	3.49	-74.72
宁夏	265.57	186.63	125.69	60.94	167.59	160.82	6.77	-88.65
新疆	1364.36	758.05	490.17	267.88	618.12	648.12	-30.00	-11.81

本表按当年价格计算。

1－15　按支出法计算的地区生产总值(二)

（2001 年）

单位:亿元

地　　区	支出法地区生产总值	最终消费			资本形成总　　额			货物和服务净流出
			居民消费	政府消费		固定资本形成总额	存货增加	
北　　京	2845.65	1467.71	913.95	553.76	1775.30	1631.83	143.47	－397.36
天　　津	1840.10	901.85	621.00	280.85	934.48	805.34	129.14	3.77
河　　北	5577.78	2509.30	1857.54	651.76	2511.57	2088.89	422.68	556.91
山　　西	1787.76	1046.43	727.68	318.75	800.27	723.04	77.23	－58.94
内 蒙 古	1545.70	931.70	671.10	260.60	650.90	498.00	152.90	－37.00
辽　　宁	5033.08	2828.09	2001.97	826.12	1625.50	1444.15	181.35	579.49
吉　　林	2087.87	1331.32	971.22	360.10	790.99	699.65	91.34	－34.44
黑 龙 江	3515.70	2110.54	1534.64	575.90	1130.54	1051.67	78.87	274.62
上　　海	4950.84	2149.07	1663.73	485.34	2294.46	2099.99	194.47	507.31
江　　苏	9403.30	4295.96	3181.71	1114.25	4239.17	3443.16	796.01	868.17
浙　　江	6749.18	3306.10	2329.77	976.33	2891.02	2645.40	245.62	552.06
安　　徽	3290.12	2108.08	1725.79	382.29	1185.50	1012.31	173.19	－3.46
福　　建	4218.31	2225.23	1586.70	638.53	1939.61	1319.32	620.29	53.47
江　　西	2161.75	1357.47	1041.96	315.51	800.83	696.70	104.13	3.45
山　　东	9438.31	4582.61	3382.64	1199.97	4513.32	3570.59	942.73	342.38
河　　南	5640.11	3114.13	2270.83	843.30	2329.32	1806.41	522.91	196.66
湖　　北	4557.02	2408.84	1899.35	509.49	1963.46	1610.93	352.53	184.72
湖　　南	3983.00	2553.14	1871.64	681.50	1426.47	1233.17	193.30	3.39
广　　东	10647.71	5841.32	3907.02	1934.30	3860.81	3492.18	368.63	945.60
广　　西	2231.19	1597.05	1075.89	521.16	769.04	735.56	33.48	－134.90
海　　南	546.62	299.86	226.61	73.25	254.79	207.42	47.37	－8.03
重　　庆	1769.77	1078.06	817.56	260.50	819.08	760.33	58.75	－127.37
四　　川	4421.76	2691.47	2076.80	614.67	1726.33	1576.25	150.08	4.00
贵　　州	1084.90	833.87	611.31	222.56	599.95	579.55	20.40	－348.92
云　　南	2074.71	1430.44	934.60	495.84	929.73	747.86	181.87	－285.46
西　　藏	138.31	82.79	50.68	32.11	49.72	41.99	7.73	5.80
陕　　西	1844.27	1030.67	815.51	215.16	972.51	887.24	85.27	－158.91
甘　　肃	1081.51	631.56	473.85	157.71	490.75	410.20	80.55	－40.80
青　　海	294.83	197.79	128.23	69.56	207.39	202.17	5.22	－110.35
宁　　夏	298.38	223.52	133.20	90.32	207.69	195.81	11.88	－132.83
新　　疆	1485.48	854.60	541.09	313.51	771.42	720.12	51.30	－140.54

本表按当年价格计算。

1－15 按支出法计算的地区生产总值(三)

(2002年)

单位:亿元

地区	支出法地区生产总值	最终消费	居民消费	政府消费	资本形成总额	固定资本形成总额	存货增加	货物和服务净流出
北京	3212.71	1699.81	1049.21	650.60	2010.02	1913.12	96.90	－497.12
天津	2051.16	990.21	656.38	333.83	1055.17	926.65	128.52	5.78
河北	6122.53	2819.62	2051.65	767.97	2660.93	2219.17	441.76	641.98
山西	2042.14	1184.01	841.01	343.00	919.23	855.65	63.58	－61.10
内蒙古	1763.36	1092.47	827.02	265.45	847.89	715.06	132.83	－177.00
辽宁	5265.66	2869.36	1979.36	890.00	1835.54	1627.56	207.98	560.76
吉林	2317.68	1444.68	1042.78	401.90	898.45	824.20	74.25	－25.45
黑龙江	3828.93	2287.75	1653.11	634.64	1322.37	1158.34	164.03	218.81
上海	5408.76	2455.67	1902.19	553.48	2409.39	2354.10	55.29	543.70
江苏	10532.81	4801.91	3475.13	1326.78	4808.67	3994.23	814.44	922.23
浙江	7796.00	3741.66	2553.86	1187.80	3467.46	3255.13	212.33	586.88
安徽	3553.55	2262.95	1833.19	429.76	1294.76	1138.20	156.56	－4.16
福建	4620.47	2434.05	1699.74	734.31	2119.58	1443.46	676.12	66.80
江西	2460.49	1459.65	1114.58	345.07	999.28	931.80	67.48	1.56
山东	10552.06	5021.15	3581.27	1439.88	4940.67	4261.94	678.73	590.24
河南	6168.73	3459.71	2491.85	967.86	2546.46	2030.16	516.30	162.56
湖北	4860.92	2669.70	2114.11	555.59	1994.77	1699.78	294.99	196.45
湖南	4140.94	2631.98	1861.08	770.90	1503.86	1380.89	122.97	5.10
广东	11735.64	6667.04	4415.89	2251.15	4156.67	3892.49	264.18	911.90
广西	2455.36	1698.54	1157.95	540.59	877.93	842.72	35.21	－121.11
海南	597.88	327.22	243.57	83.65	273.99	223.68	50.31	－3.33
重庆	2020.38	1228.89	880.86	348.03	990.05	931.53	58.52	－198.56
四川	4875.12	2894.10	2216.29	677.81	1976.68	1819.27	157.41	4.30
贵州	1185.04	890.31	639.29	251.02	649.33	668.58	－19.25	－354.60
云南	2232.32	1526.25	1024.60	501.65	887.49	829.74	57.75	－181.42
西藏	161.42	155.13	72.19	82.94	72.06	68.50	3.56	－65.77
陕西	2101.60	1109.11	882.72	226.39	1152.72	1061.89	90.83	－160.23
甘肃	1165.94	679.32	510.47	168.85	538.62	466.50	72.12	－52.00
青海	337.76	221.50	140.36	81.14	245.84	244.00	1.84	－129.58
宁夏	329.28	249.26	146.57	102.69	245.22	230.83	14.39	－165.20
新疆	1598.28	948.92	600.67	348.25	864.27	856.70	7.57	－214.91

本表按当年价格计算。

1－15　按支出法计算的地区生产总值(四)

(2003 年)　　单位:亿元

地　区	支出法地区生产总值	最终消费			资本形成总　额			货物和服务净流出
			居民消费	政府消费		固定资本形成总额	存货增加	
北　京	3663.10	1967.87	1209.27	758.60	2293.93	2211.56	82.37	－598.70
天　津	2447.66	1134.69	722.86	411.83	1320.47	1180.54	139.93	－7.50
河　北	7098.56	3259.52	2331.08	928.44	3128.80	2654.03	474.77	710.24
山　西	2516.38	1374.17	969.27	404.90	1230.34	1113.18	117.16	－88.13
内蒙古	2171.47	1218.20	896.64	321.56	1299.27	1209.46	89.81	－346.00
辽　宁	6002.54	3102.51	2172.06	930.45	2333.67	2102.10	231.57	566.36
吉　林	2598.74	1678.60	1231.20	447.40	1102.87	998.10	104.77	－182.73
黑龙江	4233.15	2465.29	1771.63	693.66	1307.86	1267.10	40.76	460.00
上　海	6250.81	2769.74	2122.90	646.84	2957.20	2648.40	308.80	523.87
江　苏	12460.83	5484.04	3909.55	1574.49	6182.38	5480.80	701.58	794.41
浙　江	9395.00	4368.50	3008.27	1360.23	4639.06	4455.21	183.85	387.44
安　徽	3973.02	2520.31	2038.10	482.21	1455.21	1362.18	93.03	－2.50
福　建	5161.95	2682.76	1859.60	823.16	2396.91	1752.48	644.43	82.28
江　西	2838.40	1515.64	1161.01	354.63	1354.99	1303.23	51.76	－32.23
山　东	12435.93	5787.76	3992.22	1795.54	5788.53	5275.17	513.36	859.64
河　南	7048.59	3975.53	2913.36	1062.17	2874.67	2466.51	408.16	198.39
湖　北	5377.30	3042.34	2388.96	653.38	2141.90	1875.78	266.12	193.06
湖　南	4638.73	2886.03	2016.88	869.15	1738.27	1613.12	125.15	14.43
广　东	13625.87	7566.13	4900.01	2666.12	5259.48	4934.87	324.61	800.26
广　西	2735.13	1850.81	1244.70	606.11	1030.40	990.71	39.69	－146.08
海　南	671.43	355.22	264.27	90.95	315.66	262.97	52.69	0.55
重　庆	2327.08	1415.31	1004.38	410.93	1314.20	1244.83	69.37	－402.43
四　川	5456.32	3155.90	2413.60	742.30	2295.26	2174.76	120.50	5.16
贵　州	1356.11	942.97	665.97	277.00	759.63	774.73	－15.10	－346.49
云　南	2465.29	1597.60	1086.23	511.37	1147.12	1031.39	115.73	－279.43
西　藏	184.50	168.06	75.85	92.21	104.58	100.97	3.61	－88.14
陕　西	2398.58	1188.41	943.19	245.22	1447.73	1390.28	57.45	－237.56
甘　肃	1304.60	750.45	564.06	186.39	610.83	530.68	80.15	－56.68
青　海	389.76	250.98	155.23	95.75	294.25	290.49	3.76	－155.47
宁　夏	385.34	277.05	168.55	108.50	320.43	318.21	2.22	－212.14
新　疆	1877.60	1037.59	617.26	420.33	1119.21	1079.24	39.97	－279.20

本表按当年价格计算。

1－16　美国、日本和欧元区的国内生产总值

	2000 年	2001 年	2002 年	2003 年
	绝对额(亿美元)			
美国 GDP 总量	97648.0	100490.0	104290.0	109485.5
日本 GDP 总量	47460.7	41623.6	39724.9	43008.6
欧元区 GDP 总量	60574.3	61230.9	66623.3	81964.6
	构　成(%)			
美国 GDP				
第一产业	1.6	1.6		
第二产业	24.5	23.1		
第三产业	73.9	75.3		
日本 GDP				
第一产业	1.4	1.3	1.3	
第二产业	32.2	31.0	30.4	
第三产业	66.4	67.7	68.3	
欧元区 GDP				
第一产业	2.3	2.3	2.3	2.2
第二产业	28.9	28.7	28.3	27.8
第三产业	68.8	69.0	69.4	70.0
	增长速度(%)			
美国 GDP	3.8	0.3	2.4	2.9
日本 GDP	2.8	0.4	-0.4	2.7
欧元区 GDP	3.5	1.5	0.9	0.5
	绝对额(美元)			
美国人均 GNI	34400	34760	35430	37870
日本人均 GNI	35280	35780	33660	34180
欧元区人均 GNI	21760	20790	20320	22810

本表绝对量按汇率法计算，增长速度按不变价计算。

1-17 美国、日本和欧元区按支出法计算的国内生产总值

	2000年	2001年	2002年	2003年
	绝对额(亿美元)			
美国支出法GDP				
#资本形成总额	20007.0	18847.0	18824.0	
最终消费	81435.0	85309.0	89728.0	
货物和服务净出口	-3795.0	-3666.0	-4263.0	
货物和服务出口	10963.0	10351.0	10068.0	
货物和服务进口	14758.0	14017.0	14331.0	
日本支出法GDP				
#资本形成总额	12469.4	10720.8	9498.0	10309.7
最终消费	34312.4	30641.6	29715.4	32010.0
货物和服务净出口	678.8	261.2	511.4	688.8
货物和服务出口	5127.4	4325.5	4452.5	5077.8
货物和服务进口	4448.6	4064.3	3941.1	4389.0
欧元区支出法GDP				
#资本形成总额	13323.4	12858.7	13359.8	16533.3
最终消费	46727.1	47357.3	51579.0	63766.7
货物和服务净出口	523.1	1014.9	1684.6	1645.2
货物和服务出口	22558.6	22949.3	24435.5	23902.2
货物和服务进口	22035.5	21934.4	22750.9	27657.0
	增长速度(%)			
美国支出法GDP				
#资本形成总额	5.2	-6.9	-0.4	
最终消费	4.2	2.6	3.5	
货物和服务净出口	28.1	4.9	18.2	
货物和服务出口	8.7	-5.2	-2.4	
货物和服务进口	13.1	-2.6	3.3	
日本支出法GDP				
#资本形成总额	5.3	-0.8	-8.3	6.5
最终消费	1.5	1.8	1.6	0.6
货物和服务净出口	38.9	-47.0	82.7	46.0
货物和服务出口	12.4	-6.1	8.0	10.1
货物和服务进口	9.3	0.1	2.0	4.8
欧元区支出法GDP				
#资本形成总额	-13.4	-2.8	6.4	12.6
最终消费	8.9	2.2	-1.2	-2.0
货物和服务净出口	124.1	71.5	30.1	-42.7
货物和服务出口	12.3	3.3	1.4	0.2
货物和服务进口	10.9	1.7	0.3	2.5

注:此为世界银行网站2005年4月份公布的最新数据。其中货物和服务净出口增长率为推算数。

第二部分

投入产出表

2－1　投入产出

（2000年）

投入 \ 产出		代码	中间		
			农业	采掘业	食品制造业
代码			01	02	03
中间投入	农业	01	40355500	422434	59862700
	采掘业	02	439177	3231715	518939
	食品制造业	03	15108300	20526	15770000
	纺织、缝纫及皮革产品制造业	04	797955	557094	334723
	其他制造业	05	818887	651831	3974829
	电力及蒸汽、热水生产和供应业	06	3065830	5895331	1527740
	炼焦、煤气及石油加工业	07	3703100	2863437	394563
	化学工业	08	24747300	3685135	4083860
	建筑材料及其他非金属矿物制品业	09	509764	611922	734792
	金属产品制造业	10	723666	2574132	947917
	机械设备制造业	11	4241720	6928553	1274015
	建筑业	12	569970	150563	82608
	运输邮电业	13	3689724	2207226	1982753
	商业饮食业	14	5026066	1829778	5867276
	公用事业及居民服务业	15	1405700	706874	1964982
	金融保险业	16	1522460	1023784	901546
	其他服务业	17	4797146	678005	176170
	中间投入合计	**TII**	**111522265**	**34038340**	**100399413**
增加值	固定资产折旧	VA001	5968377	9589377	7041765
	劳动者报酬	VA002	134431208	16610584	18150701
	生产税净额	VA003	4150516	6777065	11616866
	营业盈余	VA004	8410304	13822098	9299359
	增加值合计	**TVA**	**152960405**	**46799124**	**46108690**
总投入		**TI**	**264482670**	**80837464**	**146508103**

本表按当年生产者价格计算(续表同)。

基本流量表

单位:万元

使用					
纺织、缝纫及皮革产品制造业	其他制造业	电力及蒸汽、热水生产和供应业	炼焦、煤气及石油加工业	化学工业	建筑材料及其他非金属矿物制品业
04	05	06	07	08	09
14297790	4191934	6456	342	7994920	216072
387774	996271	11167802	44976992	5744500	4032530
2431180	61861	0	0	2224590	59127
72946931	6249883	192046	115305	8013176	1071655
1462123	19243383	543024	247168	3928271	4398649
1470560	3885102	5640620	2064048	19396300	4900150
357705	582084	11573106	6404800	7456845	2753838
14821590	7550987	530640	1248344	81222900	4673320
169959	579731	273304	243572	1201500	5542450
464741	3449912	352935	293547	2156161	3648620
2321166	2777540	9882520	2035874	4872407	3205812
115378	93094	172100	61824	183998	57951
2610251	2025888	2655863	1635608	5297666	3396887
9104068	5319528	4677723	2024022	8106910	4371929
1405785	1046135	869258	434936	2823798	670078
1407194	895595	1756350	587042	2573590	1063380
172520	344808	328434	120621	471243	132953
125946715	**59293735**	**50622180**	**62494043**	**163668775**	**44195400**
8593985	4006315	10595008	3800949	9979577	3659215
20351218	11742337	8405425	5991479	20160948	9726873
8570928	3379951	7609706	6274443	12663820	3261846
7429253	10835556	7999831	4650504	9398762	1907968
44945383	**29964160**	**34609970**	**20717374**	**52203108**	**18555902**
170892098	**89257895**	**85232150**	**83211417**	**215871883**	**62751301**

2－1 投入产出基本流量表(续1)

投入＼产出		代码	中间		
			金属产品制造业	机械设备制造业	建筑业
代码			10	11	12
中间投入	农业	01	42590	101903	857150
	采掘业	02	10850059	1992402	2136107
	食品制造业	03	0	4396	128106
	纺织、缝纫及皮革产品制造业	04	621704	2495449	695655
	其他制造业	05	6415187	5855303	3501516
	电力及蒸汽、热水生产和供应业	06	15079780	5646931	2426690
	炼焦、煤气及石油加工业	07	8784425	3606135	17254243
	化学工业	08	3660110	37294993	6216160
	建筑材料及其他非金属矿物制品业	09	2414982	4514651	35053100
	金属产品制造业	10	52084702	60529836	31417450
	机械设备制造业	11	7301837	161245585	21408658
	建筑业	12	136175	409796	132635
	运输邮电业	13	6854492	8072906	15390851
	商业饮食业	14	5664359	14260571	14412425
	公用事业及居民服务业	15	1788855	5040607	6592904
	金融保险业	16	3673830	4320328	1656930
	其他服务业	17	504249	1102320	2859251
	中间投入合计	**TII**	**125877337**	**316494113**	**162139831**
增加值	固定资产折旧	VA001	6612112	17599117	4498838
	劳动者报酬	VA002	13739275	44696374	39053239
	生产税净额	VA003	7027359	16238911	5471364
	营业盈余	VA004	4009962	21269173	10407195
	增加值合计	**TVA**	**31388708**	**99803575**	**59430636**
总投入		**TI**	**157266045**	**416297688**	**221570467**

使	用					最终使用	
						最终消费	
						居民消费	
运输邮电业	商业饮食业	公用事业及居民服务业	金融保险业	其他服务业	合　计	农村居民消费	城镇居民消费
13	14	15	16	17	TIU	FU101	FU102
126774	9102805	546504	0	1712843	**139838717**	64185461	45369909
388500	189162	469503	17183	795726	**88334343**	792333	418295
483231	14369000	2116972	6252	763199	**53546741**	40425924	47853460
555077	2225673	2058057	85554	1446164	**100462100**	12596969	21502204
1700366	5843087	4379128	1172750	7038734	**71174236**	4968867	9894089
2520127	2063585	1518666	218178	2932270	**80251908**	2131847	4918184
11542864	3664433	3557676	143604	1617664	**86260522**	477819	2864860
1426581	3358018	3325262	95516	10190589	**208131306**	7748718	9148718
247507	871393	1488516	41455	1026294	**55524892**	1971901	5242760
526232	650553	734754	55396	1245461	**161856014**	1705712	2044900
17182136	13503216	11008763	1723641	9033471	**279946914**	14883423	20269641
2081578	733634	3887340	622106	4134665	**13625413**	0	0
4130580	5328326	6130059	1525555	12442872	**85377507**	6563144	9963689
2097770	14618017	4252891	847051	6980000	**109460384**	11563065	23167656
3845842	11503534	8649647	3959280	7668631	**60376844**	14860589	15008690
1617536	6974741	4615162	2474000	2243318	**39306786**	5712306	9047171
772985	808820	1080624	237280	3997009	**18584438**	7093228	19319945
51245687	**95807995**	**59819524**	**13224801**	**75268910**	**1652059065**	**197681306**	**246034170**
19920752	5441584	16125731	3208592	9413798	**146055093**		
22579368	40165853	23663282	15506897	54220863	**499195924**		
3381509	18537801	4716820	12413825	2031553	**134124281**		
8580662	9389516	6102016	7297475	3283833	**144093468**		
54462291	**73534755**	**50607849**	**38426789**	**68950047**	**923468767**		
105707979	**169342750**	**110427373**	**51651590**	**144218958**	**2575527831**		

2-1 投入产出基本流量表(续2)

投入＼产出		代码	最终：居民消费合计	政府消费	最终消费合计
代码			**THC**	FU103	**TC**
中间投入	农业	01	**109555370**	0	**109555370**
	采掘业	02	**1210628**	0	**1210628**
	食品制造业	03	**88279385**	0	**88279385**
	纺织、缝纫及皮革产品制造业	04	**34099173**	0	**34099173**
	其他制造业	05	**14862955**	0	**14862955**
	电力及蒸汽、热水生产和供应业	06	**7050031**	0	**7050031**
	炼焦、煤气及石油加工业	07	**3342679**	0	**3342679**
	化学工业	08	**16897436**	0	**16897436**
	建筑材料及其他非金属矿物制品业	09	**7214661**	0	**7214661**
	金属产品制造业	10	**3750612**	0	**3750612**
	机械设备制造业	11	**35153064**	0	**35153064**
	建筑业	12	**0**	0	**0**
	运输邮电业	13	**16526832**	0	**16526832**
	商业饮食业	14	**34730721**	0	**34730721**
	公用事业及居民服务业	15	**29869279**	12046369	**41915648**
	金融保险业	16	**14759477**	0	**14759477**
	其他服务业	17	**26413174**	105006631	**131419805**
	中间投入合计	**TII**	**443715476**	**117053000**	**560768477**
增加值	固定资产折旧	VA001			
	劳动者报酬	VA002			
	生产税净额	VA003			
	营业盈余	VA004			
	增加值合计	**TVA**			
总投入		**TI**			

使　　　　　　用							
固定资本形成总额	存货增加	**资本形成总额**	出口	**合　计**	进口	其他	**总产出**
FU201	FU202	**TCF**	EX	**TFU**	IM	ERR	**GO**
7239836	3848221	**11088056**	5847008	**126490434**	–5430393	3583911	**264482670**
0	1526456	**1526456**	4006230	**6743314**	–15957450	1717257	**80837464**
0	–2541879	**–2541879**	9312852	**95050357**	–5811356	3722361	**146508103**
0	–1980676	**–1980676**	44588472	**76706969**	–11301475	5024504	**170892098**
2188984	–1334132	**854851**	13063715	**28781521**	–12020919	1323056	**89257895**
0	0	**0**	0	**7050031**	0	–2069788	**85232150**
0	–1517860	**–1517860**	2261226	**4086045**	–5084281	–2050869	**83211417**
0	902690	**902690**	19190633	**36990759**	–26909947	–2340234	**215871883**
0	–50600	**–50600**	3936231	**11100292**	–2314497	–1559386	**62751301**
2165857	–1942471	**223386**	14507201	**18481199**	–20526429	–2544739	**157266045**
88229099	1930978	**90160077**	81562196	**206875336**	–81031306	10506744	**416297688**
216877094	0	**216877094**	249235	**217126329**	–411470	–8769804	**221570467**
771846	–17219	**754627**	7615012	**24896471**	–1575754	–2990245	**105707979**
3721585	–63507	**3658077**	14987157	**53375955**	–694552	7200963	**169342750**
5043700	0	**5043700**	10039062	**56998410**	–5215049	–1732832	**110427373**
0	0	**0**	156396	**14915872**	–2045593	–525476	**51651590**
0	0	**0**	666858	**132086663**	–484951	–5967192	**144218958**
326238000	**–1240000**	**324998000**	**231989481**	**1117755958**	**–196815422**	**2528230**	**2575527831**

2－2 投入产出

（2000 年）

	代 码	农 业	采掘业	食品制造业
农业	01	0.1525828	0.0052257	0.4085965
采掘业	02	0.0016605	0.0399779	0.0035421
食品制造业	03	0.0571240	0.0002539	0.1076391
纺织、缝纫及皮革产品制造业	04	0.0030170	0.0068915	0.0022847
其他制造业	05	0.0030962	0.0080635	0.0271304
电力及蒸汽、热水生产和供应业	06	0.0115918	0.0729282	0.0104277
炼焦、煤气及石油加工业	07	0.0140013	0.0354222	0.0026931
化学工业	08	0.0935687	0.0455870	0.0278746
建筑材料及其他非金属矿物制品业	09	0.0019274	0.0075698	0.0050154
金属产品制造业	10	0.0027362	0.0318433	0.0064701
机械设备制造业	11	0.0160378	0.0857097	0.0086959
建筑业	12	0.0021550	0.0018625	0.0005638
运输邮电业	13	0.0139507	0.0273045	0.0135334
商业饮食业	14	0.0190034	0.0226353	0.0400475
公用事业及居民服务业	15	0.0053149	0.0087444	0.0134121
金融保险业	16	0.0057564	0.0126647	0.0061536
其他服务业	17	0.0181378	0.0083873	0.0012025
中间投入合计	**TII**	**0.4216619**	**0.4210713**	**0.6852823**
固定资产折旧	VA001	0.0225662	0.1186254	0.0480640
劳动者报酬	VA002	0.5082798	0.2054813	0.1238887
生产税净额	VA003	0.0156930	0.0838357	0.0792916
营业盈余	VA004	0.0317991	0.1709863	0.0634733
增加值合计	**TVA**	**0.5783381**	**0.5789287**	**0.3147177**
总投入	**TI**	**1.0000000**	**1.0000000**	**1.0000000**

直接消耗系数表

纺织、缝纫及皮革产品制造业	其他制造业	电力及蒸汽、热水生产和供应业	炼焦、煤气及石油加工业	化学工业	建筑材料及其他非金属矿物制品业
0.0836656	0.0469643	0.0000757	0.0000041	0.0370355	0.0034433
0.0022691	0.0111617	0.1310280	0.5405147	0.0266107	0.0642621
0.0142264	0.0006931	0.0000000	0.0000000	0.0103051	0.0009422
0.4268596	0.0700205	0.0022532	0.0013857	0.0371201	0.0170778
0.0085558	0.2155931	0.0063711	0.0029704	0.0181972	0.0700965
0.0086052	0.0435267	0.0661795	0.0248049	0.0898510	0.0780884
0.0020932	0.0065214	0.1357833	0.0769702	0.0345429	0.0438850
0.0867307	0.0845974	0.0062258	0.0150021	0.3762551	0.0744737
0.0009945	0.0064950	0.0032066	0.0029271	0.0055658	0.0883241
0.0027195	0.0386511	0.0041409	0.0035277	0.0099882	0.0581441
0.0135826	0.0311181	0.1159483	0.0244663	0.0225708	0.0510876
0.0006751	0.0010430	0.0020192	0.0007430	0.0008523	0.0009235
0.0152743	0.0226970	0.0311603	0.0196561	0.0245408	0.0541325
0.0532738	0.0595973	0.0548821	0.0243239	0.0375543	0.0696707
0.0082262	0.0117204	0.0101987	0.0052269	0.0130809	0.0106783
0.0082344	0.0100338	0.0206067	0.0070548	0.0119218	0.0169459
0.0010095	0.0038631	0.0038534	0.0014496	0.0021830	0.0021187
0.7369955	**0.6642968**	**0.5939329**	**0.7510273**	**0.7581755**	**0.7042946**
0.0502890	0.0448847	0.1243076	0.0456782	0.0462292	0.0583130
0.1190881	0.1315552	0.0986180	0.0720031	0.0933931	0.1550067
0.0501540	0.0378672	0.0892821	0.0754036	0.0586636	0.0519805
0.0434734	0.1213961	0.0938593	0.0558878	0.0435386	0.0304052
0.2630045	**0.3357032**	**0.4060671**	**0.2489727**	**0.2418245**	**0.2957054**
1.0000000	**1.0000000**	**1.0000000**	**1.0000000**	**1.0000000**	**1.0000000**

2-2 投入产出直接消耗系数表(续1)

	代　码	金属产品制造业	机械设备制造业	建筑业
农业	01	0.0002708	0.0002448	0.0038685
采掘业	02	0.0689917	0.0047860	0.0096408
食品制造业	03	0.0000000	0.0000106	0.0005782
纺织、缝纫及皮革产品制造业	04	0.0039532	0.0059944	0.0031397
其他制造业	05	0.0407919	0.0140652	0.0158032
电力及蒸汽、热水生产和供应业	06	0.0958871	0.0135646	0.0109522
炼焦、煤气及石油加工业	07	0.0558571	0.0086624	0.0778725
化学工业	08	0.0232734	0.0895873	0.0280550
建筑材料及其他非金属矿物制品业	09	0.0153560	0.0108448	0.1582029
金属产品制造业	10	0.3311885	0.1454004	0.1417944
机械设备制造业	11	0.0464298	0.3873324	0.0966223
建筑业	12	0.0008659	0.0009844	0.0005986
运输邮电业	13	0.0435853	0.0193921	0.0694626
商业饮食业	14	0.0360177	0.0342557	0.0650467
公用事业及居民服务业	15	0.0113747	0.0121082	0.0297553
金融保险业	16	0.0233606	0.0103780	0.0074781
其他服务业	17	0.0032063	0.0026479	0.0129045
中间投入合计	**TII**	**0.8004101**	**0.7602591**	**0.7317755**
固定资产折旧	VA001	0.0420441	0.0422753	0.0203043
劳动者报酬	VA002	0.0873633	0.1073664	0.1762565
生产税净额	VA003	0.0446845	0.0390079	0.0246936
营业盈余	VA004	0.0254980	0.0510913	0.0469701
增加值合计	**TVA**	**0.1995899**	**0.2397409**	**0.2682245**
总投入	**TI**	**1.0000000**	**1.0000000**	**1.0000000**

运输邮电业	商业饮食业	公用事业及居民服务业	金融保险业	其他服务业	**中间使用合计**
0.0011993	0.0537537	0.0049490	0.0000000	0.0118767	**0.0542952**
0.0036752	0.0011170	0.0042517	0.0003327	0.0055175	**0.0342976**
0.0045714	0.0848516	0.0191707	0.0001210	0.0052919	**0.0207906**
0.0052510	0.0131430	0.0186372	0.0016564	0.0100276	**0.0390064**
0.0160855	0.0345045	0.0396562	0.0227050	0.0488059	**0.0276348**
0.0238405	0.0121858	0.0137526	0.0042240	0.0203321	**0.0311594**
0.1091958	0.0216391	0.0322173	0.0027803	0.0112167	**0.0334924**
0.0134955	0.0198297	0.0301127	0.0018492	0.0706605	**0.0808111**
0.0023414	0.0051457	0.0134796	0.0008026	0.0071162	**0.0215586**
0.0049782	0.0038416	0.0066537	0.0010725	0.0086359	**0.0628438**
0.1625434	0.0797390	0.0996923	0.0333705	0.0626372	**0.1086950**
0.0196918	0.0043322	0.0352027	0.0120443	0.0286694	**0.0052903**
0.0390754	0.0314647	0.0555121	0.0295355	0.0862776	**0.0331495**
0.0198450	0.0863221	0.0385130	0.0163993	0.0483986	**0.0425002**
0.0363818	0.0679305	0.0783288	0.0766536	0.0531735	**0.0234425**
0.0153019	0.0411871	0.0417936	0.0478978	0.0155549	**0.0152616**
0.0073125	0.0047762	0.0097858	0.0045938	0.0277149	**0.0072158**
0.4847854	**0.5657638**	**0.5417092**	**0.2560386**	**0.5219072**	**0.6414449**
0.1884508	0.0321336	0.1460302	0.0621199	0.0652743	**0.0567088**
0.2136014	0.2371867	0.2142882	0.3002211	0.3759621	**0.1938228**
0.0319892	0.1094691	0.0427142	0.2403377	0.0140866	**0.0520764**
0.0811733	0.0554468	0.0552582	0.1412827	0.0227698	**0.0559472**
0.5152146	**0.4342362**	**0.4582908**	**0.7439614**	**0.4780928**	**0.3585551**
1.0000000	**1.0000000**	**1.0000000**	**1.0000000**	**1.0000000**	**1.0000000**

第三部分

资金流量表

3－1　资金流量表

（1997年）

交易项目＼机构部门	非金融企业部门		金融机构部门		政府部门	
	运　用	来　源	运　用	来　源	运　用	来　源
1. 净出口						
2. 增加值		44628.7		1705.8		6557.8
3. 劳动者报酬	17844.8		773.5		5493.0	
(1)工资及工资性收入						
(2)单位社会保险付款						
4. 生产税净额	9728.5		480.2		54.5	11248.9
(1)生产税						
(2)生产补贴						
5. 财产收入	6517.8	2282.7	5004.4	4982.9	575.8	146.3
(1)利息	4866.9	2025.2	4954.4	4969.3	575.8	146.3
(2)红利	1651.0	248.7		13.6		
(3)土地租金						
(4)其他		8.8	50.1			
6. 初次分配总收入		12820.4		430.6		11829.7
7. 经常转移	2861.3	321.8	493.5	350.7	2246.0	3294.4
(1)收入税	890.0		142.0			1292.0
(2)社会保险付款					1311.8	1453.4
(3)社会补助	86.5		0.8		705.6	
(4)其他	1884.8	321.8	350.7	350.7	228.6	549.0
8. 可支配总收入		10280.9		287.7		12878.1
9. 最终消费					8724.9	
(1)居民消费						
(2)政府消费					8724.9	
10. 总储蓄		10280.9		287.7		4153.2
11. 资本转移		2128.0		1.0	2129.0	
(1)投资性补助						
(2)其他						
12. 资本形成总额	21458.5		195.5		2324.6	
(1)固定资本形成总额	19204.7		195.5		2324.6	
(2)存货增加	2253.8					
13. 净金融投资	－9049.6		93.2		－300.3	
14. 统计误差	412.2		733.0		－444.6	
15. 净金融投资	－8637.4		826.2		－744.9	

(实物交易部分)(一)

单位:亿元

住户部门		国内合计		国外部门		合　计	
运　用	来　源	运　用	来　源	运　用	来　源	运　用	来　源
					-2857.2		-2857.2
	21570.3		74462.6				74462.6
19605.2	43730.3	43716.5	43730.3	13.8		43730.3	43730.3
985.8		11248.9	11248.9			11248.9	11248.9
25.0	3376.8	12123.1	10788.7	248.7	1583.1	12371.8	12371.8
25.0	3281.2	10422.0	10422.0			10422.0	10422.0
	54.3	1651.0	316.6	248.7	1583.1	1899.7	1899.7
	41.3	50.1	50.1			50.1	50.1
	48061.4		73411.1				73411.1
2278.9	4338.9	7879.8	8305.8	453.6	27.6	8333.4	8333.4
259.9		1292.0	1292.0			1292.0	1292.0
1453.4	1311.8	2765.2	2765.2			2765.2	2765.2
	792.9	792.9	792.9			792.9	792.9
565.6	2234.2	3029.7	3455.7	453.6	27.6	3483.3	3483.3
	50121.3		73568.0				73568.0
34854.6		43579.4				43579.4	
34854.6		34854.6				34854.6	
		8724.9				8724.9	
	15266.8		29988.6		-1962.6		28026.0
1.7		2130.7	2129.0		1.7	2129.0	2129.0
4479.1		28457.6				28457.6	
3429.4		25154.2				25154.2	
1049.7		3303.4				3303.4	
10785.9		1529.2		-1960.9		-431.7	
241.2		941.8		-510.2		431.7	
11027.1		2471.1		-2471.1			

3－1 资金流量表

（1998 年）

交易项目 \ 机构部门	非金融企业部门		金融机构部门		政府部门	
	运 用	来 源	运 用	来 源	运 用	来 源
1. 净出口						
2. 增加值		45510.2		1861.8		7649.1
3. 劳动者报酬	17052.8		716.4		6860.1	
（1）工资及工资性收入	15553.2		653.4		6860.1	
（2）单位社会保险付款	1499.6		63.0			
4. 生产税净额	10856.6		782.6		59.0	12724.3
（1）生产税						
（2）生产补贴						
5. 财产收入	7304.0	2586.0	6545.3	6789.0	721.3	249.8
（1）利息	5870.3	2568.9	6515.0	6774.2	721.3	249.8
（2）红利	1433.7	7.3		14.8		
（3）土地租金						
（4）其他		9.9	30.2			
6. 初次分配总收入		12882.8		606.5		12982.8
7. 经常转移	2559.8	282.1	460.5	326.2	2911.2	3484.2
（1）收入税	905.5		133.3			1377.4
（2）社会保险付款					1574.7	1562.6
（3）社会补助	90.0		1.0		883.4	
（4）其他	1564.3	282.1	326.2	326.2	453.1	544.2
8. 可支配总收入		10605.1		472.3		13555.9
9. 最终消费					9484.8	
（1）居民消费						
（2）政府消费					9484.8	
10. 总储蓄		10605.1		472.3		4071.1
11. 资本转移		2133.1		1.0	2134.1	
（1）投资性补助						
（2）其他						
12. 资本形成总额	22201.7		188.2		2721.7	
（1）固定资本形成总额	20976.6		188.2		2721.7	
（2）存货增加	1225.1					
13. 其他非金融资产获得减处置						
14. 净金融投资	－9463.5		285.1		－784.7	
15. 统计误差	1016.9		－8.0		－313.2	
16. 净金融投资	－8446.6		277.2		－1097.9	

(实物交易部分)(二)

单位:亿元

住户部门		国内合计		国外部门		合　计	
运　用	来　源	运　用	来　源	运　用	来　源	运　用	来　源
					-3051.4		-3051.4
	23324.1		78345.2				78345.2
21378.4	45998.8	46007.7	45998.8	8.0	16.9	46015.7	46015.7
21378.4	44436.2	44445.1	44436.2	8.0	16.9	44453.1	44453.1
	1562.6	1562.6	1562.6			1562.6	1562.6
1026.1		12724.3	12724.3			12724.3	12724.3
30.8	3607.5	14601.3	13232.3	454.4	1823.4	15055.7	15055.7
30.8	3528.0	13137.4	13120.8	447.1	463.6	13584.5	13584.5
	59.2	1433.7	81.2	7.3	1359.8	1441.0	1441.0
	20.4	30.2	30.2			30.2	30.2
	50495.2		76967.3				76967.3
2498.4	4691.8	8429.9	8784.3	386.1	31.6	8816.0	8816.0
338.7		1377.4	1377.4			1377.4	1377.4
1562.6	1574.7	3137.3	3137.3			3137.3	3137.3
	974.4	974.4	974.4			974.4	974.4
597.1	2142.7	2940.7	3295.2	386.1	31.6	3326.8	3326.8
	52688.6		77321.8				77321.8
36921.2		46406.0				46406.0	
36921.2		36921.2				36921.2	
		9484.8				9484.8	
	15767.4		30915.8		-2028.0		28887.8
3.9		2137.9	2134.1		3.9	2137.9	2137.9
4434.4		29545.9				29545.9	
3744.4		27630.8				27630.8	
690.0		1915.1				1915.1	
11329.1		1366.0		-2024.1		-658.1	
297.1		992.8		-334.7		658.1	
11626.2		2358.8		-2358.8			

3－1 资金流量表

（1999 年）

机构部门 交易项目	非金融企业部门		金融机构部门		政府部门	
	运 用	来 源	运 用	来 源	运 用	来 源
1. 净出口						
2. 增加值		47223.6		1690.0		8282.5
3. 劳动者报酬	17093.3		748.3		7898.9	
（1）工资及工资性收入	15189.4		600.3		7898.9	
（2）单位社会保险付款	1904.0		148.0			
4. 生产税净额	12032.5		524.0		71.3	13869.0
（1）生产税						
（2）生产补贴						
5. 财产收入	6081.6	1989.1	5729.0	5869.9	696.6	170.0
（1）利息	4576.2	1977.6	5680.0	5791.0	696.6	170.0
（2）红利	1505.4	1.5		78.9		
（3）土地租金						
（4）其他		10.0	49.0			
6. 初次分配总收入		14005.2		558.5		13654.7
7. 经常转移	3143.4	275.2	425.3	317.5	2638.8	4030.5
（1）收入税	1427.3		106.8			1961.9
（2）社会保险付款					1988.0	2052.0
（3）社会补助	59.5		1.0		197.2	
（4）其他	1656.6	275.2	317.5	317.5	453.5	16.6
8. 可支配总收入		11137.0		450.8		15046.4
9. 最终消费					10388.3	
（1）居民消费						
（2）政府消费					10388.3	
10. 总储蓄		11137.0		450.8		4658.1
11. 资本转移		3699.5		1.0	3700.5	
（1）投资性补助						
（2）其他						
12. 资本形成总额	23140.0		150.7		2823.4	
（1）固定资本形成总额	22305.7		150.7		2823.4	
（2）存货增加	834.3					
13. 其他非金融资产获得减处置						
14. 净金融投资	－8303.5		301.0		－1865.8	
15. 统计误差	1884.9		－1292.0		－324.4	
16. 净金融投资	－6418.6		－991.0		－2190.2	

(实物交易部分)(三)

单位:亿元

住户部门		国内合计		国外部门		合　计	
运　用	来　源	运　用	来　源	运　用	来　源	运　用	来　源
					-2248.8		-2248.8
	24871.4		82067.5				82067.5
23213.2	48922.6	48953.8	48922.6	12.1	43.2	48965.8	48965.8
23213.2	46870.6	46901.8	46870.6	12.1	43.2	46913.8	46913.8
	2052.0	2052.0	2052.0			2052.0	2052.0
1241.2		13869.0	13869.0			13869.0	13869.0
28.4	3049.5	12535.6	11078.5	863.1	2320.2	13398.7	13398.7
28.4	2911.9	10981.1	10850.4	861.6	992.3	11842.7	11842.7
	98.6	1505.4	179.0	1.5	1327.9	1506.9	1506.9
	39.0	49.0	49.0			49.0	49.0
	52360.7		80579.2				80579.2
2549.5	4543.1	8757.0	9166.3	444.3	35.1	9201.3	9201.3
427.8		1961.9	1961.9			1961.9	1961.9
2052.0	1988.0	4040.0	4040.0			4040.0	4040.0
	257.8	257.8	257.8			257.8	257.8
69.8	2297.3	2497.4	2906.6	444.3	35.1	2941.7	2941.7
	54354.3		80988.5				80988.5
39334.4		49722.7				49722.7	
39334.4		39334.4				39334.4	
		10388.3				10388.3	
	15019.9		31265.7		-1169.8		30096.0
4.7		3705.2	3700.5		4.7	3705.2	3705.2
4587.5		30701.6				30701.6	
4195.7		29475.5				29475.5	
391.8		1226.1				1226.1	
10427.7		559.4		-1165.0		-605.6	
470.4		738.8		-133.2		605.6	
10898.1		1298.2		-1298.2			

3－1 资金流量表

（2000年）

交易项目 \ 机构部门	非金融企业部门		金融机构部门		政府部门	
	运 用	来 源	运 用	来 源	运 用	来 源
1.净出口						
2.增加值		50662.9		2133.2		8605.4
3.劳动者报酬	18126.5		778.5		8181.0	
（1）工资及工资性收入	15804.3		609.1			
（2）单位社会保险付款	2322.3		169.3			
4.生产税净额	12196.0		957.6		173.6	14701.7
（1）生产税						
（2）生产补贴						
5.财产收入	6334.5	2034.6	5358.5	5645.5	454.5	239.2
（1）利息	4527.5	2000.0	5320.1	5613.8	454.5	239.2
（2）红利	1807.0	18.5		31.7		
（3）土地租金						
（4）其他		16.2	38.5			
6.初次分配总收入		16040.5		684.1		14737.2
7.经常转移	2842.2	170.0	508.9	352.0	2583.5	5199.1
（1）收入税	1866.8		156.9			2695.3
（2）社会保险付款					2347.1	2491.6
（3）社会补助	80.0				228.6	
（4）其他	895.4	170.0	352.0	352.0	7.8	12.2
8.可支配总收入		13368.3		527.2		17352.9
9.最终消费					11705.3	
（1）居民消费						
（2）政府消费					11705.3	
10.总储蓄		13368.3		527.2		5647.6
11.资本转移		4557.4		1.0	4558.4	
（1）投资性补助						
（2）其他						
12.资本形成总额	24315.8		116.9		3163.8	
（1）固定资本形成总额	24633.8		116.9		3163.8	
（2）存货增加	－318.0					
13.其他非金融资产获得减处置						
14.净金融投资	－6390.1		411.4		－2074.6	
15.统计误差	1120.8		－344.5		1074.8	
16.净金融投资	－5269.3		66.9		－999.9	

（实物交易部分）（四）

单位：亿元

住户部门		国内合计		国外部门		合　计	
运　用	来　源	运　用	来　源	运　用	来　源	运　用	来　源
					-2240.3		-2240.3
	28066.6		89468.1				89468.1
26195.4	53241.9	53281.4	53241.9	16.7	56.2	53298.1	53298.1
26195.4				16.7	56.2		
	2491.6						
1374.5		14701.7	14701.7			14701.7	14701.7
39.9	3128.1	12187.4	11047.4	992.2	2132.1	13179.6	13179.5
39.9	2979.0	10341.9	10832.0	973.7	483.6	11315.6	11315.6
	126.8	1807.0	177.0	18.5	1648.5	1825.5	1825.5
	22.3	38.5	38.5			38.5	38.5
	56826.8		88288.6				88288.6
3382.9	4118.9	9317.5	9839.9	568.0	45.5	9885.4	9885.4
671.6		2695.3	2695.3			2695.3	2695.3
2491.6	2347.1	4838.7	4838.7			4838.7	4838.7
	308.6	308.6	308.6			308.6	308.6
219.7	1463.2	1474.9	1997.4	568.0	45.5	2042.9	2042.9
	57562.7		88811.1				88811.1
42911.4		54616.7				54616.7	
42911.4		42911.4				42911.4	
		11705.3				11705.3	
	14651.3		34194.4		-1639.5		32554.9
3.9		4562.3	4558.4		3.9	4562.3	4562.3
4903.4		32499.8				32499.8	
4709.4		32623.8				32623.8	
194.0		-124.0				-124.0	
9744.1		1690.7		-1635.6		55.1	
-1846.0		5.0		-60.1		-55.1	
7898.1		1695.7		-1695.7			

3－1 资金流量表

（2001 年）

交易项目 \ 机构部门	非金融企业部门		金融机构部门		政府部门	
	运 用	来 源	运 用	来 源	运 用	来 源
1. 净出口						
2. 增加值		56017.4		2460.7		9814.0
3. 劳动者报酬	20005.2		883.0		9176.6	
(1)工资及工资性收入						
(2)单位社会保险付款						
4. 生产税净额	14940.1		783.0		63.8	17281.3
(1)生产税						
(2)生产补贴						
5. 财产收入	6804.7	2607.7	4777.9	4447.7	572.2	290.6
(1)利息	4751.2	2571.8	4727.5	4392.9	572.2	290.6
(2)红利	2053.5	12.1		54.8		
(3)土地租金						
(4)其他		23.8	50.5			
6. 初次分配总收入		16875.1		464.5		17573.4
7. 经常转移	2794.8	227.8	623.0	449.5	3463.1	6221.6
(1)收入税	1952.5		173.4			3122.1
(2)社会保险缴款						3088.0
(3)社会保险福利					2738.0	
(4)社会补助	70.1				708.2	
(5)其他	772.2	227.8	449.5	449.5	17.0	11.4
8. 可支配总收入		14308.1		291.1		20331.8
9. 最终消费					13029.3	
(1)居民消费						
(2)政府消费					13029.3	
10. 总储蓄		14308.1		291.1		7302.5
11. 资本转移		6053.8		2.0	6055.8	
(1)投资性补助						
(2)其他						
12. 资本形成总额	28064.4		169.2		3666.6	
(1)固定资本形成总额	27248.0		169.2		3666.6	
(2)存货增加	816.4					
13. 其他非金融资产获得减处置						
14. 净金融投资	－7702.5		123.9		－2419.9	
15. 统计误差	1977.5		－2505.8		1351.3	
16. 净金融投资	－5725.0		－2381.9		－1068.6	

（实物交易部分）（五）

单位：亿元

住户部门		国内合计		国外部门		合　计	
运　用	来　源	运　用	来　源	运　用	来　源	运　用	来　源
					-2204.7		-2204.7
	29022.7		97314.8				97314.8
26898.4	56917.4	56963.3	56917.4	24.6	70.5	56987.9	56987.9
1494.5		17281.3	17281.3			17281.3	17281.3
81.0	3347.8	12235.8	10693.8	752.6	2294.4	12988.4	12988.3
81.0	3101.8	10131.9	10357.1	740.5	515.1	10872.3	10872.2
	219.4	2053.5	286.3	12.1	1779.3	2065.6	2065.6
	26.7	50.5	50.5			50.5	50.5
	60814.0		95726.9				95726.9
4119.6	4804.8	11000.5	11703.6	755.5	52.4	11756.0	11756.0
996.2		3122.1	3122.1			3122.1	3122.1
3088.0		3088.0	3088.0			3088.0	3088.0
	2738.0	2738.0	2738.0			2738.0	2738.0
	778.2	778.2	778.2			778.2	778.2
35.4	1288.6	1274.1	1977.3	755.5	52.4	2029.6	2029.6
	61499.2		96430.1				96430.1
45898.1		58927.4				58927.4	
45898.1		45898.1				45988.1	
		13029.3				13029.3	
	15601.1		37502.7		-1320.1		36182.57
4.0		6059.8	6055.8		4.0	6059.8	6059.8
5560.7		37460.8				37460.8	
5729.6		36813.3				36813.3	
-168.9		647.5				647.5	
10036.4		37.9		-1316.1		-1278.2	
574.7		1397.8		-119.5		1278.2	
10611.1		1435.7		-1435.7			

3-1 资金流量表

（2002年）

交易项目 \ 机构部门	非金融企业部门		金融机构部门		政府部门	
	运用	来源	运用	来源	运用	来源
1. 净出口						
2. 增加值		60811.8		2885.8		11705.1
3. 劳动者报酬	24174.8		1036.6		10866.5	
(1)工资及工资性收入						
(2)单位社会保险付款						
4. 生产税净额	15764.8		548.1		154.2	17834.2
(1)生产税						
(2)生产补贴						
5. 财产收入	7277.5	3110.5	5211.2	5128.9	681.8	330.3
(1)利息	4447.7	1814.6	5169.4	5128.9	681.8	330.3
(2)红利	2829.8	1276.2				
(3)土地租金						
(4)其他		19.7	41.8			
6. 初次分配总收入		16705.1		1218.8		18167.1
7. 经常转移	2980.9	275.1	655.4	479.5	4502.1	7855.6
(1)收入税	2412.8		175.9			3799.8
(2)社会保险缴款						4048.7
(3)社会保险福利					3470.8	
(4)社会补助	68.6				1018.0	
(5)其他	499.5	275.1	479.5	479.5	13.3	7.2
8. 可支配总收入		13999.3		1042.9		21520.6
9. 最终消费					13916.9	
(1)居民消费						
(2)政府消费					13916.9	
10. 总储蓄		13999.3		1042.9		7603.7
11. 资本转移		5633.9			5633.9	
(1)投资性补助						
(2)其他						
12. 资本形成总额	31634.8		96.8		4415.7	
(1)固定资本形成总额	31336.1		96.8		4415.8	
(2)存货增加	298.7					
13. 其他非金融资产获得减处置						
14. 净金融投资	-12001.6		946.1		-2445.9	
15. 统计误差	1551.8		-462.5		693.9	
16. 净金融投资	-10449.7		483.7		-1752.0	

（实物交易部分）（六）

单位：亿元

住户部门		国内合计		国外部门		合　　计	
运　用	来　源	运　用	来　源	运　用	来　源	运　用	来　源
					-2794.2		-2794.2
	29769.4		105172.0				105172.0
26446.4	62501.4	62524.3	62501.4	55.8	78.7	62580.0	62580.0
1367.2		17834.2	17834.2			17834.2	17834.2
367.3	3755.0	13537.8	12324.7	634.4	1847.4	14172.1	14172.2
367.3	3392.3	10666.1	10666.1			10666.1	10666.1
	340.6	2829.8	1616.8	634.4	1847.4	3464.2	3464.2
	22.1	41.8	41.8			41.8	41.8
	67845.0		103936.0				103936.0
5443.7	6047.0	13582.1	14657.2	1142.3	67.1	14724.3	14724.3
1211.1		3799.8	3799.8			3799.8	3799.8
4048.7		4048.7	4048.7			4048.7	4048.7
	3470.8	3470.8	3470.8			3470.8	3470.8
	1086.6	1086.6	1086.6			1086.6	1086.6
183.9	1489.6	1176.2	2251.3	1142.3	67.1	2318.5	2318.5
	68448.3		105011.2				105011.2
48881.6		62798.5				62798.5	
48881.6		48881.6				48881.6	
		13916.9				13916.9	
	19566.7		42212.7		-2633.3		39579.3
		5633.9	5633.9			5633.9	5633.9
6407.5		42554.9				42554.9	
6319.6		42168.3				42168.3	
87.9		386.6				386.6	
13159.2		-342.3		-2633.3		-2975.6	
1487.4		3270.7		-295.1		2975.6	
14646.5		2928.4		-2928.4			

3-2 资金流量表

（1997年）

交易项目 \ 部门	住户		非金融企业		政府	
	运用	来源	运用	来源	运用	来源
净金融投资	11027.1		-8965.3		-744.9	
资金运用合计	11177.4		6198.3		1168.0	
资金来源合计		150.3		15163.6		1912.9
通货	1221.6		139.5		14.4	
本币	1221.6		139.5		14.4	
外币						
存款	7496.0		4342.3		975.4	
活期存款	140.8		2916.4		234.9	
定期存款			902.3		363.6	
住户储蓄存款	7011.1					
财政存款					189.1	
外汇存款	344.1		204.4			
其他存款			319.1		187.7	
贷款		150.3		11300.2		0.4
短期贷款		64.7		7497.6		0.4
中长期贷款		85.6		2926.8		
财政贷款						
外汇贷款				683.7		
其他贷款				192.1		
证券	2188.6			1508.4		1865.0
债券	1330.4			35.4		1865.0
国债	1813.9					1865.0
金融债券	-518.9					
中央银行债券						
企业债券	35.4			35.4		
股票	858.2			1473.0		
保险准备金	278.2		34.5			
结算资金			739.2	-509.2		
金融机构往来						
准备金						
库存现金						
中央银行贷款						
其他(净)	-7.1		-517.5		178.2	
国外直接投资			212.4	3667.1		
其他对外债权债务			1247.9	602.4		47.5
国际储备资产						
国际收支错误与遗漏				-1405.3		

（金融交易部分）（一）

单位：亿元

金融机构		国内合计		国　外		总　计	
运　用	来　源	运　用	来　源	运　用	来　源	运　用	来　源
1154.1		2471.1		-2471.1			
45812.2		64355.9		3599.2		67955.2	
	44658.0		61884.9		6070.3		67955.2
	1375.6	1375.6	1375.6			1375.6	1375.6
	1375.6	1375.6	1375.6			1375.6	1375.6
499.3	13139.0	13313.0	13139.0		174.0	13313.0	13313.0
325.4	3617.5	3617.5	3617.5			3617.5	3617.5
	1266.0	1266.0	1266.0			1266.0	1266.0
	7011.1	7011.1	7011.1			7011.1	7011.1
	189.1	189.1	189.1			189.1	189.1
174.0	548.5	722.5	548.5		174.0	722.5	722.5
	506.8	506.8	506.8			506.8	506.8
11510.0	-2.5	11510.0	11448.4	117.0	178.6	11627.1	11627.1
7562.7		7562.7	7562.7			7562.7	7562.7
3009.9	-2.5	3009.9	3009.9			3009.9	3009.9
745.3		745.3	683.7	117.0	178.6	862.4	862.4
192.1		192.1	192.1			192.1	192.1
1877.5	1240.5	4066.1	4613.9	469.0		4535.0	4613.9
1731.7	1240.5	3062.1	3140.9			3062.1	3140.9
51.1		1865.0	1865.0			1865.0	1865.0
1640.5	1121.6	1121.6	1121.6			1121.6	1121.6
40.0	118.9	40.0	118.9			40.0	118.9
		35.4	35.4			35.4	35.4
145.8		1004.0	1473.0	469.0		1473.0	1473.0
	312.7	312.7	312.7			312.7	312.7
-509.2	739.2	229.9	229.9			229.9	229.9
27469.4	27844.7	27469.4	27844.7	-0.2	863.5	27469.1	28708.2
1620.1	1633.6	1620.1	1633.6			1620.1	1633.6
138.5	129.2	138.5	129.2		9.3	138.5	138.5
-177.9	-270.8	-177.9	-270.8			-177.9	-270.8
	-1584.8	-346.4	-1584.8			-346.4	-1584.8
		212.4	3667.1	3667.1	212.4	3879.5	3879.5
423.1	101.8	1671.0	751.7	751.7	1671.0	2422.7	2422.7
2961.4		2961.4			2961.4	2961.4	2961.4
			-1405.3	-1405.3		-1405.3	-1405.3

3－2 资金流量表

(1998年)

交易项目 \ 部门	住户		非金融企业		政府	
	运用	来源	运用	来源	运用	来源
净金融投资	11626.2		－8446.6		－1097.9	
资金运用合计	12465.7		5096.9		3720.1	
资金来源合计		839.6		13543.4		4818.0
通货	850.8		96.7		19.4	
本币	850.8		96.7		19.4	
外币						
存款	9257.1		3847.6		1312.3	
活期存款	163.3		2757.8		596.7	
定期存款			1732.7		－36.9	
住户储蓄存款	8092.0					
财政存款					710.1	
外汇存款	1001.8		－69.5		42.4	
其他存款			－573.4			
贷款		839.6		10148.5		
短期贷款		521.0		5483.1		
中长期贷款		318.6		5461.7		
财政贷款						
外汇贷款				－370.2		
其他贷款				－426.0		
证券	2179.3			876.8	13.2	4918.1
债券	1413.7			41.6	13.2	4918.1
国债	1372.1				13.2	4918.1
金融债券						
中央银行债券						
企业债券	41.6			41.6		
股票	765.5			835.2		
保险准备金	298.3		14.1			－24.2
结算资金			－419.8			
金融机构往来						
准备金						
库存现金						
中央银行贷款						
其他(净)	－119.7		－1493.8		2375.2	
直接投资			218.1	3622.3		
其他对外债权债务			2833.9	268.2		－75.9
国际储备资产						
国际收支错误与遗漏				－1372.3		

(金融交易部分)(二)

单位:亿元

金融机构		国内合计		国 外		总 计	
运 用	来 源	运 用	来 源	运 用	来 源	运 用	来 源
277.1		2358.8		-2358.8			
14663.5		35946.2		1604.1		37550.3	
	14386.4		33587.4		3962.9		37550.3
	1026.5	966.8	1026.5	59.7		1026.5	1026.5
	1026.5	966.8	1026.5	59.7		1026.5	1026.5
141.7	14173.9	14558.8	14173.9	-437.8	-52.9	14121.0	14121.0
194.6	3712.4	3712.4	3712.4			3712.4	3712.4
	1695.8	1695.8	1695.8			1695.8	1695.8
	8092.0	8092.0	8092.0			8092.0	8092.0
	710.0	710.1	710.0			710.1	710.0
-52.9	537.0	921.9	537.0	-437.8	-52.9	484.1	484.1
	-573.4	-573.4	-573.4			-573.4	-573.4
11375.4		11375.4	10988.1	-270.5	116.8	11104.9	11104.9
6004.1		6004.1	6004.1			6004.1	6004.1
5780.2		5780.2	5780.2			5780.2	5780.2
17.1		17.1	-370.2	-270.5	116.8	-253.4	-253.4
-426.0		-426.0	-426.0			-426.0	-426.0
5159.4	1637.7	7351.9	7432.6	63.3		7415.2	7432.6
5157.0	1637.7	6584.0	6597.4			6584.0	6597.4
3532.7		4918.1	4918.1			4918.1	4918.1
1624.3	1637.7	1624.3	1637.7			1624.3	1637.7
		41.6	41.6			41.6	41.6
2.3		767.9	835.2	63.3		831.2	835.2
	336.6	312.4	312.4			312.4	312.4
	-419.8	-419.8	-419.8			-419.8	-419.8
790.0	797.1	790.0	797.1			790.0	797.1
-1742.9	-1523.4	-1742.9	-1523.4			-1742.9	-1523.4
64.2	65.5	64.2	65.5		-1.3	64.2	64.2
-1976.5	-1993.3	-1976.5	-1993.3			-1976.5	-1993.3
	538.5	761.7	538.5		-4.0	761.7	534.5
		218.1	3622.3	3622.3	218.1	3840.3	3840.3
320.2	-252.9	3154.2	-60.6	-60.6	3154.2	3093.6	3093.6
532.0		532.0			532.0	532.0	532.0
			-1372.3	-1372.3		-1372.3	-1372.3

3－2 资金流量表

（1999 年）

交易项目 \ 部门	住户		非金融企业		政府	
	运用	来源	运用	来源	运用	来源
净金融投资	10898.1		－6418.6		－2190.2	
资金运用合计	12214.4		6665.8		914.6	
资金来源合计		1316.3		13084.4		3104.8
通货	1868.6		202.6		45.0	
本币	1868.6		202.6		45.0	
外币						
存款	7280.5		5053.1		918.6	
活期存款	125.8		3774.5		705.3	
定期存款			1181.6		－35.1	
住户储蓄存款	5986.9					
财政存款					812.8	
外汇存款	1167.8		73.7		25.1	
其他存款			23.3		－589.4	
贷款		1316.3		9140.4		265.3
短期贷款		298.5		4108.2		
中长期贷款		1017.9		4976.0		－2.7
财政贷款						
外汇贷款				668.1		268.0
其他贷款				－611.9		
证券	2491.6			1028.1	8.4	2776.3
债券	1616.2			101.7	8.4	2776.3
国债	1531.3				8.4	2776.3
金融债券	－79.1					
中央银行债券						
企业债券	164.1			101.7		
股票	875.4			926.4		
保险准备金	572.9		25.9			87.2
结算资金	4.9		379.1			
金融机构往来						
准备金						
库存现金						
中央银行贷款						
其他（净）	－4.1		－1126.9		－57.5	
# 应收应付	14.2		5841.8	4439.3	－19.5	12.7
直接投资			147.0	3208.0		
其他对外债权债务			1985.0	1069.0		－24.0
国际储备资产						
国际收支错误与遗漏				－1361.1		

（金融交易部分）（三）

单位：亿元

金融机构		国内合计		国　外		总　计	
运　用	来　源	运　用	来　源	运　用	来　源	运　用	来　源
-991.0		1298.2		-1298.2			
18927.5		38722.3		2447.0		41169.3	
	19918.5		37424.0		3745.2		41169.3
	2251.3	2116.3	2251.3	135.1		2251.3	2251.3
	2251.3	2116.3	2251.3	135.1		2251.3	2251.3
-787.9	13399.0	12464.3	13399.0	-122.0	-1061.0	12342.3	12338.0
	4930.0	4605.6	4605.6			4605.6	4605.6
	1146.5	1146.5	1146.5			1146.5	1146.5
	5986.9	5986.9	5986.9			5986.9	5986.9
	812.8	812.8	812.8			812.8	812.8
-935.7	1270.0	331.0	1270.0	-122.0	-1061.0	209.0	209.0
147.8	-422.7	-418.3	-422.7			-418.3	-422.7
11018.0	-33.0	11018.0	10689.0	-45.0	284.0	10973.0	10973.0
4406.7		4406.7	4406.7			4406.7	4406.7
5991.1		5991.1	5991.1			5991.1	5991.1
1232.1	-33.0	1232.1	903.1	-45.0	284.0	1187.1	1187.1
-611.9		-611.9	-611.9			-611.9	-611.9
2928.4	1317.7	5428.4	5122.1	51.0		5479.4	5122.1
2928.4	1317.7	4553.0	4195.7			4553.0	4195.7
1236.6		2776.3	2776.3			2776.3	2776.3
1764.3	1327.7	1685.2	1327.7			1685.2	1327.7
-10.2	-10.0	-10.2	-10.0			-10.2	-10.0
-62.4		101.7	101.7			101.7	101.7
		875.4	926.4	51.0		926.4	926.4
	511.6	598.8	598.8			598.8	598.8
	212.5	384.0	212.5			384.0	212.5
1965.8	1993.5	1965.8	1993.5			1965.8	1993.5
241.2	347.2	241.2	347.2			241.2	347.2
884.2	752.9	884.2	752.9		131.2	884.2	884.2
418.9	250.9	418.9	250.9			418.9	250.9
	-621.1	-1188.5	-621.1			-1188.5	-621.1
4447.8	5838.6	10284.3	10290.6			10284.3	10290.6
		147.0	3208.0	3208.0	147.0	3355.0	3355.0
1555.0	-464.0	3540.0	581.0	581.0	3540.0	4121.0	4121.0
704.0		704.0			704.0	704.0	704.0
			-1361.1	-1361.1		-1361.1	-1361.1

3-2 资金流量表

(2000年)

交易项目 \ 部门	住户		非金融企业		政府	
	运用	来源	运用	来源	运用	来源
净金融投资	7898.1		-5269.3		-999.9	
资金运用合计	10869.6		9967.4		2714.6	
资金来源合计		2971.5		15236.7		3714.5
通货	993.6		107.7		23.9	
本币	993.6		107.7		23.9	
外币						
存款	6609.9		7765.6		2053.6	
活期存款	172.2		5531.3		485.5	
定期存款			1488.2		582.7	
住户储蓄存款	4949.1					
财政存款					1591.6	
外汇存款	1488.5		437.2		-319.6	
其他存款			308.9		-286.6	
贷款		2971.5		9317.8		263.2
短期贷款		656.0		6193.9		2.2
中长期贷款		2315.5		4530.2		
财政贷款						
外汇贷款				-1134.3		261.0
其他贷款				-272.1		
证券	2223.4			2199.7	18.8	3132.0
债券	695.9			100.0	18.8	3132.0
国债	770.0				18.8	3132.0
金融债券						
中央银行债券						
企业债券	-74.1			100.0		
股票	1527.5			2099.7		
保险准备金	1247.0		52.3			296.4
结算资金	-12.9		-3691.7			
金融机构往来						
准备金						
库存现金						
中央银行贷款						
其他(净)	-191.4		4427.8		618.3	
# 应收应付	-28.8	33.7	308.7	-1637.7	54.7	-427.1
直接投资			75.8	3178.8		
其他对外债权债务			1229.9	1596.8		22.8
国际储备资产						
国际收支错误与遗漏				-1056.4		

（金融交易部分）（四）

单位:亿元

金融机构		国内合计		国　外		总　计	
运　用	来　源	运　用	来　源	运　用	来　源	运　用	来　源
66.9		1695.7		-1695.7			
17370.5		40922.0		3820.5		44742.6	
	17303.6		39226.3		5516.3		44742.6
	1197.2	1125.3	1197.2	71.8		1197.2	1197.2
	1197.2	1125.3	1197.2	71.8		1197.2	1197.2
537.8	16424.5	16966.8	16424.5	-4.4	537.8	16962.4	16962.4
	6189.0	6189.0	6189.0			6189.0	6189.0
	2070.8	2070.8	2070.8			2070.8	2070.8
	4949.1	4949.1	4949.1			4949.1	4949.1
	1591.6	1591.6	1591.6			1591.6	1591.6
537.8	1601.7	2144.0	1601.7	-4.4	537.8	2139.5	2139.5
	22.3	22.3	22.3			22.3	22.3
13968.9	-307.3	13968.9	12245.3	-198.0	1525.7	13770.9	13770.9
6852.2		6852.2	6852.2			6852.2	6852.2
6845.7		6845.7	6845.7			6845.7	6845.7
543.1	-307.3	543.1	-1180.5	-198.0	1525.7	345.1	345.1
-272.1		-272.1	-272.1			-272.1	-272.1
3335.0	817.6	5577.1	6149.3	572.2		6149.3	6149.3
3335.0	817.6	4049.6	4049.6			4049.6	4049.6
2343.2		3132.0	3132.0			3132.0	3132.0
935.8	935.8	935.8	935.8			935.8	935.8
-118.2	-118.2	-118.2	-118.2			-118.2	-118.2
174.1		100.0	100.0			100.0	100.0
		1527.5	2099.7	572.2		2099.7	2099.7
	1002.9	1299.3	1299.3			1299.3	1299.3
	-3636.3	-3704.6	-3636.3			-3704.6	-3636.3
-349.7	-230.4	-349.7	-230.4			-349.7	-230.4
474.4	637.4	474.4	637.4			474.4	637.4
-369.4	-332.3	-369.4	-332.3		-37.1	-369.4	-369.4
-2410.6	-2777.9	-2410.6	-2777.9			-2410.6	-2777.9
	4871.4	4854.7	4871.4			4854.7	4871.4
-2468.6	358.4	-2134.0	-1672.6			-2134.0	-1672.6
		75.8	3178.8	3178.8	75.8	3254.6	3254.6
1310.9	-363.2	2540.8	1256.5	1256.5	2540.8	3797.3	3797.3
873.2		873.2			873.2	873.2	873.2
			-1056.4	-1056.4		-1056.4	-1056.4

3－2 资金流量表

（2001 年）

交易项目 \ 部门	住户		非金融企业		政府	
	运用	来源	运用	来源	运用	来源
净金融投资	10611.1		－5725.0		－1068.6	
资金运用合计	14117.9		8077.0		1999.6	
资金来源合计		3506.8		13802.0		3068.2
通货	873.9		93.3		20.7	
本币	873.9		93.3		20.7	
外币						
存款	9973.3		7096.3		2024.8	
活期存款	－62.1		4818.4		1622.3	
定期存款			883.7		800.9	
住户储蓄存款	9361.1					
财政存款					265.7	
外汇存款	674.2		－179.6		124.1	
其他存款			1573.8		－788.2	
贷款		3506.8	－5.4	9413.6		123.6
短期贷款		944.8	－5.4	4390.5		30.6
中长期贷款		2562.0		4570.8		
财政贷款						
外汇贷款				409.7		93.0
其他贷款				42.6		
证券	1907.7			1398.9	－22.9	2598.0
债券	763.8			147.0	－22.9	2598.0
国债	711.3				－22.9	2598.0
金融债券						
中央银行债券						
企业债券	52.5			147.0		
股票	1143.9			1251.9		
保险准备金	1155.9		64.0			281.6
结算资金	－34.7		316.6			
金融机构往来						
准备金						
库存现金						
中央银行贷款						
其他(净)	241.9		806.5		－23.1	
# 应收应付	76.6	－10.8	－1031.6	－3639.2	－48.9	49.1
直接投资			569.9	3661.8		
其他对外债权债务			－864.1	－222.1		65.0
国际储备资产						
国际收支错误与遗漏				－450.2		

(金融交易部分)(五)

单位:亿元

金融机构		国内合计		国外		总计	
运　用	来　源	运　用	来　源	运　用	来　源	运　用	来　源
-2381.9		1435.7		-1435.7			
21559.1		45753.6		3038.1		48791.7	
	23940.9		44317.9		4473.8		48791.7
	1036.1	987.9	1036.1	48.3		1036.2	1036.1
	1036.1	987.9	1036.1	48.3		1036.2	1036.1
215.2	19135.6	19309.6	19135.6	41.2	215.2	19350.8	19350.8
	6378.6	6378.6	6378.6			6378.6	6378.6
	1684.7	1684.7	1684.7			1684.7	1684.7
	9361.1	9361.1	9361.1			9361.1	9361.1
	265.7	265.7	265.7			265.7	265.7
215.2	660.0	833.9	660.0	41.2	215.2	875.2	875.2
	785.5	785.5	785.5			785.5	785.5
11772.1	-133.1	11766.7	12910.8	-123.3	-1267.5	11643.3	11643.3
5365.9	-5.4	5360.5	5360.5			5360.5	5360.5
7132.7		7132.7	7132.7			7132.7	7132.7
-769.2	-127.7	-769.2	375.0	-123.3	-1267.5	-892.5	-892.5
42.6		42.6	42.6			42.6	42.6
2796.2	1151.2	4681.0	5148.1	70.3		4751.3	5148.1
2758.4	1151.2	3499.4	3896.2			3499.4	3896.2
1909.6		2598.0	2598.0			2598.0	2598.0
758.5	1151.2	758.5	1151.2			758.5	1151.2
-4.2		-4.2				-4.2	
94.5		147.0	147.0			147.0	147.0
37.8		1181.7	1251.9	70.3		1251.9	1251.9
	938.3	1219.9	1219.9			1219.9	1219.9
	281.9	281.9	281.9			281.9	281.9
-1312.7	-952.6	-1312.7	-952.6			-1312.7	-952.6
2082.7	1983.0	2082.7	1983.0			2082.7	1983.0
-52.1	-103.0	-52.1	-103.0		50.8	-52.1	-52.1
288.2	305.5	288.2	305.5			288.2	305.5
	350.9	1025.3	350.9			1025.3	350.9
-3680.3	-1085.6	-4684.2	-4686.5			-4684.2	-4686.5
		569.9	3661.8	3661.8	569.9	4231.7	4231.7
1852.5	-52.8	988.4	-209.9	-209.9	988.4	778.4	778.4
3917.0		3917.0			3917.0	3917.0	3917.0
			-450.2	-450.2		-450.2	-450.2

3－2 资金流量表

（2002 年）

交易项目 \ 部门	住户		非金融企业		政府	
	运用	来源	运用	来源	运用	来源
净金融投资	14646.5		－10449.7		－1752.0	
资金运用合计	19720.9		10197.1		3044.3	
资金来源合计		5074.3		20646.8		4796.3
通货	1319.1		143.0		31.8	
本币	1319.1		143.0		31.8	
外币						
存款	14251.7		10738.0		2898.3	
活期存款	307.5		6529.2		1606.9	
定期存款			2361.7		1270.5	
住户储蓄存款	13320.6					
财政存款					308.9	
外汇存款	623.6		129.8		－35.1	
其他存款			1717.4		－252.8	
贷款		5074.3		14486.0		66.9
短期贷款		1549.3		8620.6		63.5
中长期贷款		3525.0		5005.9		
财政贷款						
外汇贷款				823.9		3.3
其他贷款				35.6		
证券	1514.8			1286.7	13.8	3726.8
债券	879.1			325.0	13.8	3726.8
国债	463.5				13.8	3726.8
金融债券						
中央银行债券						
企业债券	415.6			325.0		
股票	635.7			961.7		
保险准备金	2543.1		91.9			994.5
结算资金	－2.2		58.0			
金融机构往来						
准备金						
库存现金						
中央银行贷款						
其他(净)	94.3		－466.7		100.4	8.1
# 应收应付	79.0	19.1	－9.4	－659.3	29.0	－66.1
直接投资			208.4	4081.2		
其他对外债权债务			－575.6	243.1		
国际储备资产						
国际收支错误与遗漏				549.8		

（金融交易部分）（六）

单位：亿元

金融机构		国内合计		国　外		总　计	
运　用	来　源	运　用	来　源	运　用	来　源	运　用	来　源
483.7		2928.4		-2928.4			
36121.2		69083.4		4785.5		73868.9	
	35637.6		66155.0		7713.9		73868.9
0.2	1589.2	1494.1	1589.2	95.4		1589.4	1589.2
0.2	1589.2	1494.1	1589.2	95.4		1589.4	1589.2
192.5	27911.8	28080.6	27911.8	23.7	192.5	28104.3	28104.3
	8443.6	8443.6	8443.6			8443.6	8443.6
	3632.1	3632.1	3632.1			3632.1	3632.1
	13320.6	13320.6	13320.6			13320.6	13320.6
	308.9	308.9	308.9			308.9	308.9
192.5	742.0	910.8	742.0	23.7	192.5	934.5	934.5
	1464.5	1464.5	1464.5			1464.5	1464.5
20259.2	-156.8	20259.2	19470.4	-342.6	446.2	19916.6	19916.6
10233.5		10233.5	10233.5			10233.5	10233.5
8530.8		8530.8	8530.8			8530.8	8530.8
1459.3	-156.8	1459.3	670.5	-342.6	446.2	1116.7	1116.7
35.6		35.6	35.6			35.6	35.6
5747.4	3006.5	7275.9	8020.1	186.1		7462.1	8020.1
5607.5	3006.5	6500.3	7058.3			6500.3	7058.3
3249.6		3726.8	3726.8			3726.8	3726.8
961.0	1519.0	961.0	1519.0			961.0	1519.0
1487.5	1487.5	1487.5	1487.5			1487.5	1487.5
-90.6		325.0	325.0			325.0	325.0
139.9		775.6	961.7	186.1		961.7	961.7
	1640.6	2635.1	2635.1			2635.1	2635.1
	55.8	55.8	55.8			55.8	55.8
1185.9	1345.8	1185.9	1345.8			1185.9	1345.8
1800.8	1640.2	1800.8	1640.2			1800.8	1640.2
141.6	128.4	141.6	128.4		13.3	141.6	141.6
-635.5	-455.7	-635.5	-455.7			-635.5	-455.7
	-1017.0	-272.0	-1008.9			-272.0	-1008.9
-797.5	7.5	-698.8	-698.8			-698.8	-698.8
		208.4	4081.2	4081.2	208.4	4289.7	4289.7
1179.3	-51.2	603.7	191.8	191.8	603.7	795.6	795.6
6249.7		6249.7			6249.7	6249.7	6249.7
			549.8	549.8		549.8	549.8

3-3 政府部门、企业部门、住户部门收入初次分配比例

年份	政府部门		企业部门		住户部门		国内部门合计	
	总量（亿元）	比例 %	总量（亿元）	比例 %	总量（亿元）	比例 %	总量（亿元）	比例 %
1992	4138.3	15.5	5080.6	19.1	17432.9	65.4	26651.8	100.0
1993	5815.0	16.8	7123.1	20.6	21622.4	62.6	34560.5	100.0
1994	7588.4	16.3	9168.5	19.7	29913.2	64.1	46670.1	100.0
1995	8705.4	15.1	11565.1	20.1	37224.4	64.7	57494.9	100.0
1996	10381.5	15.5	11522.5	17.2	44946.6	67.2	66850.6	100.0
1997	10766.0	14.7	14583.8	19.9	48061.4	65.5	73411.1	100.0
1998	12982.8	16.9	13489.3	17.5	50495.2	65.6	76967.3	100.0
1999	13654.7	17.0	14563.8	18.1	52360.7	65.0	80579.2	100.0
2000	14737.2	16.7	16724.6	18.9	56826.8	64.4	88288.6	100.0
2001	17573.4	18.4	17339.5	18.1	60814.0	63.5	95726.9	100.0
2002	18167.1	17.5	17923.9	17.3	67845.0	65.3	103936.0	100.0

注：政府部门、企业部门、住户部门收入初次分配比例为各机构部门初次分配收入占初次分配总收入的比重。

3-4 政府部门、企业部门、住户部门收入再分配比例及国民储蓄率

年份	政府部门		企业部门		住户部门		国内部门合计		国民储蓄率 %
	总量（亿元）	比例 %	总量（亿元）	比例 %	总量（亿元）	比例 %	总量（亿元）	比例 %	
1992	5064.9	19.0	3560.3	13.3	18090.3	67.7	26715.5	100.0	40.3
1993	6660.3	19.2	5593.5	16.2	22374.2	64.6	34628.0	100.0	41.7
1994	8427.9	18.0	7495.5	16.0	30862.0	66.0	46785.4	100.0	42.7
1995	9504.6	16.5	9618.8	16.7	38491.2	66.8	57614.6	100.0	41.6
1996	11492.8	17.2	9092.6	13.6	46442.9	69.3	67028.4	100.0	40.3
1997	11814.4	16.0	11901.4	16.1	50121.3	67.9	73837.1	100.0	41.0
1998	13555.9	17.5	11077.4	14.3	52688.6	68.1	77321.8	100.0	40.0
1999	15046.4	18.6	11587.7	14.3	54354.3	67.1	80988.5	100.0	38.6
2000	17352.9	19.5	13895.5	15.7	57562.7	64.8	88811.1	100.0	38.5
2001	20331.8	21.0	14599.1	15.1	61948.7	63.9	96430.1	100.0	38.9
2002	21520.6	20.5	15042.3	14.3	68448.3	65.2	105011.2	100.0	40.2

注：1. 政府部门、企业部门、住户部门收入再分配比例为各机构部门收入再分配占可支配总收入的比重。

2. 国民储蓄率是指国民总储蓄占国民可支配总收入的比重。计算公式是：国民储蓄率＝（国民总储蓄/国民可支配总收入）＊100%

国民可支配总收入是一国常住者在一定时期内获得的可用于最终消费和投资的各项收入。它衡量了一国常住者在不举借外债的情况下，可供其支配的最大价值量。

第四部分

国际收支平衡表

4－1　国际收支平衡表(一)

(1997年)　　单位：万美元

项　　目	差　　额	贷　　方	借　　方
一、经常项目	**2932351**	**21783386**	**18851035**
A. 货物和服务	4168877	20758907	16590030
a. 货物	4622173	18266998	13644825
1. 出口	18266998	18266998	
2. 进口	－13644825		13644825
b. 服务	－572521	2458311	3030832
1. 运输	－727982	296849	1024831
2. 旅游	190750	1207414	1016664
3. 通讯服务	－1827	27166	28993
4. 建筑服务	－61897	59013	120910
5. 保险服务	－87136	17431	104567
6. 金融服务	－29755	2733	32488
7. 计算机和信息服务	－14764	8359	23123
8. 专有权利使用费和特许费	－48858	5485	54343
9. 咨询	－12166	34641	46807
10. 广告、宣传	－323	23820	24143
11. 电影、音像	－3387	1004	4391
12. 其他商业服务	242608	767887	525279
13. 别处未提及的政府服务	－17784	6509	24293
B. 收益	－1592245	317474	1909719
1. 职工报酬	16641	16641	
2. 投资收益	－1608886	300833	1909719
C. 经常转移	514316	547670	33354
1. 各级政府	48297	48297	
2. 其他部门	466019	499373	33354
二、资本和金融项目	**2295851**	**11117998**	**8822147**
A. 资本项目	－2076		2076
B. 金融项目	2297927	11117998	8820071
1. 直接投资	4167368	4543909	376541
1.1　我国在外直接投资	－256249	16112	272361
1.2　外国在华直接投资	4423617	4527797	104180
2. 证券投资	680403	923036	242633
2.1　资产	－89927	3650	93577
2.1.1　股本证券			
2.1.2　债务证券	－89927	3650	93577
2.1.2.1　(中)长期债券	－89927	3650	93577
2.1.2.2　货币市场工具			
2.2　负债	770330	919386	149056
2.2.1　股本证券	565700	565700	
2.2.2　债务证券	204630	353686	149056
2.2.2.1　(中)长期债券	204630	353686	149056
2.2.2.2　货币市场工具			
3. 其他投资	－2549844	5651053	8200897
3.1　资产	－3392878	570688	3963566
3.1.1　贸易信贷	－1028322	473950	1502272
长期			
短期	－1028322	473950	1502272
3.1.2　贷款	－215499	7408	222907
长期			
短期	－215499	7408	222907
3.1.3　货币和存款	－1251543	6154	1257697
3.1.4　其他资产	－897514	83176	980690
长期			
短期	－897514	83176	980690
3.2　负债	843034	5080365	4237331
3.2.1　贸易信贷	395924	1391265	995341
长期			
短期	395924	1391265	995341
3.2.2　贷款	141169	2326884	2185715
长期	431450	1067842	636391
短期	－2902820	1259042	1549324
3.2.3　货币和存款	－266		266
3.2.4　其他负债	306207	1362216	1056009
长期	－277253	565758	843011
短期	583460	796458	212998
三、储备资产	**－3572362**	**1200**	**3573562**
3.1　货币黄金			
3.2　特别提款权	1200	1200	
3.3　在基金组织的储备头寸	－87400		87400
3.4　外汇	－3486162		3486162
3.5　其他债权			
四、净误差与遗漏	**－1695212**		**1695212**

4－1 国际收支平衡表(二)

(1998 年)

单位:万美元

项目	差额	贷方	借方
一、经常项目	**3147128**	**21767027**	**18619899**
A. 货物和服务	4383654	20742548	16358894
a. 货物	4661352	18352915	13691563
b. 服务	－277698	2389633	2667331
1. 运输	－446249	230082	676332
2. 旅游	339630	1260174	920544
3. 通讯服务	61143	81891	20748
4. 建筑服务	－52561	59412	111973
5. 保险服务	－137371	38441	175812
6. 金融服务	－13647	2696	16343
7. 计算机和信息服务	－19946	13350	33296
8. 专有权利使用费和特许费	－35697	6269	41966
9. 咨询	－24017	51797	75814
10. 广告、宣传	－5405	21096	26500
11. 电影、音像	－2366	1536	3903
12. 其他商业服务	77644	621228	543584
13. 别处未提及的政府服务	－18855	1661	20517
B. 收益	－1664371	558414	2222785
1. 职工报酬	－10740	9653	20392
2. 投资收益	－1653631	548761	2202392
C. 经常转移	427845	466065	38220
1. 各级政府	9066	18298	9232
2. 其他部门	418778	447767	28988
二、资本和金融项目	**－632144**	**8932679**	**9564823**
A. 资本项目	－4683		4683
B. 金融项目	－627461	8932679	9560140
1. 直接投资	4111808	4564499	452692
1.1 我国在外直接投资	－263381	18224	281605
1.2 外国在华直接投资	4375189	4546275	171086
2. 证券投资	－373264	189925	563189
2.1 资产	－383001	3505	386506
2.1.1 股本证券			
2.1.2 债务证券	－383001	3505	386506
2.1.2.1 (中)长期债券	－383001	3505	386506
2.1.2.2 货币市场工具			
2.2 负债	9737	186420	176683
2.2.1 股本证券	76500	76500	
2.2.2 债务证券	－66763	109920	176683
2.2.2.1 (中)长期债券	－60463	108880	169343
2.2.2.2 货币市场工具	－6300	1040	7340
3. 其他投资	－4366004	4178255	8544259
3.1 资产	－3504078	763076	4267155
3.1.1 贸易信贷	－2209184		2209184
长期			
短期	－2209184		2209184
3.1.2 贷款	－141135	25250	166385
长期	－19200		19200
短期	－121935	25250	147185
3.1.3 货币和存款	63849	162605	98756
3.1.4 其他资产	－1217609	575221	1792830
长期	－1285917		1285917
短期	－710696	575221	1285917
3.2 负债	－861926	3415179	4277105
3.2.1 贸易信贷			
长期			
短期			
3.2.2 贷款	－326718	2545046	2871764
长期	－1387538	1484226	2871764
短期	－95122	1060820	1155942
3.2.3 货币和存款	－528764	17588	546352
3.2.4 其他负债	－6444	852545	858988
长期	258528	676908	418380
短期	－264972	175637	440609
三、储备资产	**－642600**		**642600**
3.1 货币黄金			
3.2 特别提款权	－7400		7400
3.3 在基金组织的储备头寸	－128300		128300
3.4 外汇	－506900		506900
3.5 其他债权			
四、净误差与遗漏	**－1872384**		**1872384**

4－1　国际收支平衡表(三)

(1999年)　　　　单位:万美元

项　　目	差　额	贷　方	借　方
一、经常项目	**2111414**	**23466122**	**21354709**
A.货物和服务	3064096	22096395	19032299
a.货物	3598043	19471581	15873538
b.服务	－533948	2624813	3158761
1.运输	－547776	242012	789788
2.旅游	323397	1409845	1086448
3.通讯服务	39620	58965	19345
4.建筑服务	－55458	98523	153981
5.保险服务	－171716	20392	192108
6.金融服务	－5611	11075	16686
7.计算机和信息服务	4171	26534	22363
8.专有权利使用费和特许费	－71708	7454	79162
9.咨询	－24403	28037	52440
10.广告、宣传	159	22056	21897
11.电影、音像	－2730	666	3396
12.其他商业服务	31957	690933	658976
13.别处未提及的政府服务	－53850	8324	62173
B.收益	－1447028	833003	2280031
1.职工报酬	－37698	14565	52263
2.投资收益	－1409330	818437	2227768
C.经常转移	494347	536725	42379
1.各级政府	10791	20051	9260
2.其他部门	483555	516674	33119
二、资本和金融项目	**517952**	**9175394**	**8657442**
A.资本项目	－2553		2553
B.金融项目	520504	9175394	8654890
1.直接投资	3697814	4101476	403663
1.1　我国在外直接投资	－177431	60276	237708
1.2　外国在华直接投资	3875245	4041200	165955
2.证券投资	－1123358	180826	1304184
2.1　资产	－1053486	12886	1066373
2.1.1　股本证券			
2.1.2　债务证券	－1053486	12886	1066373
2.1.2.1　(中)长期债券	－1053486	12886	1066373
2.1.2.2　货币市场工具			
2.2　负债	－69871	167940	237811
2.2.1　股本证券	61200	61200	
2.2.2　债务证券	－131071	106740	237811
2.2.2.1　(中)长期债券	－125371	106740	232111
2.2.2.2　货币市场工具	－5700		5700
3.其他投资	－2053952	4893091	6947043
3.1　资产	－2439529	1425661	3865190
3.1.1　贸易信贷	－2289817		2289817
长期			
短期	－2289817		2289817
3.1.2　贷款	－343634	49153	392787
长期	10800	10800	
短期	－354434	38353	392787
3.1.3　货币和存款	1127061	1337309	210249
3.1.4　其他资产	－933138	39199	972337
长期	－541300		541300
短期	－391838	39199	431037
3.2　负债	385577	3467430	3081854
3.2.1　贸易信贷	1326669	1326669	
长期			
短期	1326669	1326669	
3.2.2　贷款	－54724	1502195	1556919
长期	15514	1251876	1236362
短期	－70239	250318	320557
3.2.3　货币和存款	－393188	1525	394713
3.2.4　其他负债	－493179	637042	1130221
长期	－102832	406514	509346
短期	－390347	230528	620875
三、储备资产	**－850532**	**125200**	**975732**
3.1　货币黄金			
3.2　特别提款权	－4100		4100
3.3　在基金组织的储备头寸	125200	125200	
3.4　外汇	－971632		971632
3.5　其他债权			
四、总计	**1778833**	**32766716**	**30987883**
五、净误差与遗漏	**－1778833**		

4－1　国际收支平衡表(四)

(2000年)

单位:万美元

项　　目	差　额	贷　方	借　方
一、经常项目	**2051925**	**29897281**	**27845357**
A. 货物和服务	2887349	27956113	25068764
a. 货物	3447361	24913064	21465703
b. 服务	－560012	3043049	3603061
1. 运输	－672515	367097	1039612
2. 旅游	311731	1623100	1311369
3. 通讯服务	110348	134545	24197
4. 建筑服务	－39213	60231	99444
5. 保险服务	－236362	10780	247142
6. 金融服务	－1964	7780	9744
7. 计算机和信息服务	9093	35595	26501
8. 专有权利使用费和特许费	－120062	8035	128097
9. 咨询	－28402	35572	63973
10. 广告、宣传	2102	22344	20242
11. 电影、音像	－2612	1130	3742
12. 其他商业服务	96665	708387	611721
13. 别处未提及的政府服务	11178	28454	17276
B. 收益	－1466554	1255085	2721640
1. 职工报酬	－47749	20187	67936
2. 投资收益	－1418805	1234898	2653703
C. 经常转移	631131	686084	54953
1. 各级政府	5357	14742	9385
2. 其他部门	625773	671342	45569
二、资本和金融项目	**192222**	**9198639**	**9006417**
A. 资本项目	－3528		3528
B. 金融项目	195751	9198639	9002889
1. 直接投资	3748289	4209558	461269
1.1　我国在外直接投资	－91578	132358	223935
1.2　外国在华直接投资	3839866	4077200	237334
2. 证券投资	－399073	781448	1180522
2.1　资产	－1130747	5492	1136239
2.2　负债	731674	775957	44283
3. 其他投资	－3153465	4207633	7361098
3.1　资产	－4386349	464352	4850701
3.1.1　贸易信贷	－1295988		1295988
3.1.2　贷款	－1842965	9108	1852072
3.1.3　货币和存款	－604894	142824	747719
3.1.4　其他资产	－642502	312420	954922
3.2　负债	1232884	3743282	2510397
3.2.1　贸易信贷	1823238	1823238	
3.2.2　贷款	－239122	1220037	1459159
3.2.3　货币和存款	－5356	878	6235
3.2.4　其他负债	－345875	699129	1045003
三、储备资产	**－1054840**	**40700**	**1095540**
3.1　货币黄金			
3.2　特别提款权	－5700		5700
3.3　在基金组织的储备头寸	40700	40700	
3.4　外汇	－1089840		1089840
3.5　其他债权			
四、总计	**1189307**	**39136621**	**37947313**
五、净误差与遗漏	**－1189307**		**1189307**

4－1　国际收支平衡表(五)

(2001 年)　　　　单位:万美元

项　　目	差　额	贷　方	借　方
一、经常项目	**1740527**	**31792446**	**30051919**
A. 货物和服务	2808622	29941017	27132395
a. 货物	3401723	26607504	23205780
b. 服务	－593101	3333513	3926615
1. 运输	－668908	463506	1132414
2. 旅游	388317	1779200	1390883
3. 通讯服务	－5486	27112	32598
4. 建筑服务	－1682	83019	84701
5. 保险服务	－248369	22733	271101
6. 金融服务	2166	9908	7741
7. 计算机和信息服务	11675	46146	34471
8. 专有权利使用费和特许费	－182796	11010	193806
9. 咨询	－61284	88927	150212
10. 广告、宣传	1923	27729	25806
11. 电影、音像	－2232	2790	5022
12. 其他商业服务	153818	728175	574357
13. 别处未提及的政府服务	19756	43260	23504
B. 收益	－1917326	938958	2856284
1. 职工报酬	－55414	29749	85163
2. 投资收益	－1861911	909209	2771120
C. 经常转移	849231	912471	63240
1. 各级政府	－6663	13804	20467
2. 其他部门	855894	898667	42773
二、资本和金融项目	**3477543**	**9953114**	**6475571**
A. 资本项目	－5354		5354
B. 金融项目	3482897	9953114	6470217
1. 直接投资	3735589	4705242	969653
1.1　我国在外直接投资	－688540	20642	709182
1.2　外国在华直接投资	4424129	4684600	260471
2. 证券投资	－1940593	240386	2180979
2.1　资产	－2065428	6921	2072349
2.1.1　股本证券	3159	3159	
2.1.2　债务证券	－2068586	3762	2072349
2.1.2.1　(中)长期债券	－558800	3762	562563
2.1.2.2　货币市场工具	－1509786		1509786
2.2　负债	124835	233465	108630
2.2.1　股本证券	84900	84900	
2.2.2　债务证券	39935	148565	108630
2.2.2.1　(中)长期债券	39935	148565	108630
2.2.2.2　货币市场工具			
3. 其他投资	1687900	5007486	3319585
3.1　资产	2081276	3366720	1285444
3.1.1　贸易信贷	70233	70233	
长期			
短期	70233	70233	
3.1.2　贷款	1531355	1573629	42274
长期	－17700		17700
短期	1549055	1573629	24574
3.1.3　货币和存款	－321382	30116	351498
3.1.4　其他资产	801069	1692742	891673
长期	－538730		538730
短期	1339799	1692742	352943
3.2　负债	－393376	1640766	2034141
3.2.1　贸易信贷	－244194		244194
长期			
短期	－244194		244194
3.2.2　贷款	－149008	1030454	1179462
长期	－119819	712741	832561
短期	－29189	317713	346902
3.2.3　货币和存款	49219	56728	7509
3.2.4　其他负债	－49392	553584	602976
长期	－110595	379761	490356
短期	61203	173823	112620
三、储备资产	**－4732513**		**4732513**
3.1　货币黄金			
3.2　特别提款权	－5183		5183
3.3　在基金组织的储备头寸	－68226		68226
3.4　外汇	－4659104		4659104
3.5　其他债权			
四、净误差与遗漏	**－485557**		**485557**

4－1 国际收支平衡表(六)

(2002年)

单位:万美元

项目	差额	贷方	借方
一、经常项目	**3542197**	**38753497**	**35211300**
A. 货物和服务	3738267	36539533	32801266
a. 货物	4416657	32565082	28148425
b. 服务	－678390	3974451	4652841
1. 运输	－789170	572021	1361190
2. 旅游	498658	2038500	1539842
3. 通讯服务	7969	55011	47042
4. 建筑服务	28259	124645	96386
5. 保险服务	－303679	20894	324574
6. 金融服务	－3883	5101	8984
7. 计算机和信息服务	－49469	63817	113285
8. 专有权利使用费和特许费	－298118	13282	311400
9. 咨询	－134559	128494	263053
10. 广告、宣传	－2160	37285	39445
11. 电影、音像	－6635	2967	9602
12. 其他商业服务	382911	876108	493197
13. 别处未提及的政府服务	－8514	36326	44840
B. 收益	－1494515	834427	2328942
1. 职工报酬	－27658	67375	95033
2. 投资收益	－1466857	767052	2233909
C. 经常转移	1298445	1379537	81093
1. 各级政府	－7365	8649	16014
2. 其他部门	1305810	1370888	65079
二、资本和金融项目	**3229084**	**12832131**	**9603047**
A. 资本项目	－4963		4963
B. 金融项目	3234047	12832131	9598084
1. 直接投资	4678957	5307362	628405
1.1 我国在外直接投资	－251841	33062	284903
1.2 外国在华直接投资	4930798	5274300	343502
2. 证券投资	－1034249	228662	1262910
2.1 资产	－1209451	1473	1210924
2.1.1 股本证券			
2.1.2 债务证券	－1209451	1473	1210924
2.1.2.1 (中)长期债券	－327319	1473	328792
2.1.2.2 货币市场工具	－882132		882132
2.2 负债	175203	227188	51986
2.2.1 股本证券	224900	224900	
2.2.2 债务证券	－49698	2288	51986
2.2.2.1 (中)长期债券	－50508	48	50556
2.2.2.2 货币市场工具	810	2240	1430
3. 其他投资	－410662	7296107	7706769
3.1 资产	－307674	1377338	1685012
3.1.1 贸易信贷	109801	109801	
长期			
短期	109801	109801	
3.1.2 贷款	－539112	34662	573774
长期	－2900		2900
短期	－536212	34662	570874
3.1.3 货币和存款	－248629	135866	384495
3.1.4 其他资产	370266	1097009	726743
长期			
短期	370266	1097009	726743
3.2 负债	－102988	5918769	6021756
3.2.1 贸易信贷	284935	284935	
长期			
短期	284935	284935	
3.2.2 贷款	－413962	5207724	5621686
长期	－453104	1836986	2290089
短期	39141	3370738	3331597
3.2.3 货币和存款	28682	410250	381569
3.2.4 其他负债	－2642	15860	18502
长期	715	7666	6951
短期	－3357	8194	11551
三、储备资产	**－7550706**		**7550706**
3.1 货币黄金			
3.2 特别提款权	－14317		14317
3.3 在基金组织的储备头寸	－112174		112174
3.4 外汇	－7424215		7424215
3.5 其他债权			
四、净误差与遗漏	**779426**	**779426**	

第五部分

国民经济账户

5-1 经济总体账户—

运　　用	1997年	1998年	1999年	2000年	2001年	2002年
1. 劳动者报酬	43716.5	46007.7	48953.8	53281.4	56963.3	62524.3
2. 生产税净额	11248.9	12724.3	13869.0	14701.7	17281.3	17834.2
3. 营业盈余总额	19497.2	19613.2	19244.7	21485.1	23070.2	24813.6
合计	**74462.6**	**78345.2**	**82067.5**	**89468.1**	**97314.8**	**105172.0**

5-2 经济总体账户—

运　　用	1997年	1998年	1999年	2000年	2001年	2002年
1. 财产收入支付	12123.1	14601.3	12535.6	12187.4	12235.8	13537.8
(1)利息支出	10422.0	13137.4	10981.1	10341.9	10131.9	10666.1
(2)红利支出	1651.0	1433.7	1505.4	1807.0	2053.5	2829.8
(3)其他支出	50.1	30.2	49.0	38.5	50.5	41.8
2. 经常转移支出	7879.8	8429.9	8757.0	9317.5	11000.5	13582.1
(1)收入税支出	1292.0	1377.4	1961.9	2695.3	3122.1	3799.8
(2)社会保险缴款支出	2765.2	3137.3	4040.0	4838.7	5826.0	7519.5
(3)社会补助支出	792.9	974.4	257.8	308.6	778.2	1086.6
(4)其他支出	3029.7	2940.7	2497.4	1474.9	1274.1	1176.2
可支配总收入	73568.0	77321.8	80988.5	88811.1	96430.1	105011.2
3. 最终消费	43579.4	46406.0	49722.7	54616.7	58927.4	62798.5
居民消费	34854.6	36921.2	39334.4	42911.4	45898.1	48881.6
政府消费	8724.9	9484.8	10388.3	11705.3	13029.3	13916.9
4. 总储蓄	29988.6	30915.8	31265.7	34194.4	37502.7	42212.7
合计	**93570.8**	**100353.0**	**102281.0**	**110316.0**	**119666.4**	**132131.0**

生产账户

单位:亿元

来　　源	1997年	1998年	1999年	2000年	2001年	2002年
1. 增加值	74462.6	78345.2	82067.5	89468.1	97314.8	105172.0
合计	**74462.6**	**78345.2**	**82067.5**	**89468.1**	**97314.8**	**105172.0**

收入分配及支出账户

单位:亿元

来　　源	1997年	1998年	1999年	2000年	2001年	2002年
1. 营业盈余总额	19497.2	19613.2	19244.7	21485.1	23070.2	24813.6
2. 财产收入	10788.7	13232.3	11078.5	11047.4	10693.8	12324.7
(1)利息收入	10422.0	13120.8	10850.4	10832.0	10357.1	10666.1
(2)红利收入	316.6	81.2	179.0	177.0	286.3	1616.8
(3)其他收入	50.1	30.2	49.0	38.5	50.5	41.8
3. 劳动者报酬	43730.3	45998.8	48922.6	53241.9	56917.4	62501.4
4. 生产税净额	11248.9	12724.3	13869.0	14701.7	17281.3	17834.2
5. 经常转移收入	8305.8	8784.3	9166.3	9839.9	11703.6	14657.2
(1)收入税收入	1292.0	1377.4	1961.9	2695.3	3122.1	3799.8
(2)社会保险缴款收入	2765.2	3137.3	4040.0	4838.7	5826.0	7519.5
(3)社会补助收入	792.9	974.4	257.8	308.6	778.2	1086.6
(4)其他收入	3455.7	3295.2	2906.6	1997.4	1977.3	2251.3
合计	**93570.8**	**100353.0**	**102281.0**	**110316.0**	**119666.4**	**132131.0**

5－3　经济总体账户—

运　用	1997年	1998年	1999年	2000年	2001年	2002年
1.资本形成总额	28457.6	29545.9	30701.6	32499.8	37460.8	42304.9
固定资本形成总额	25154.2	27630.8	29475.5	32623.8	36813.3	41918.3
存货增加	3303.4	1915.1	1226.1	－124.0	647.5	386.6
2.其他非金融资产获得减处置						
3.资金余缺	1529.2	1366.0	559.4	1690.7	37.9	－92.2
合计	**29986.9**	**30911.9**	**31261.0**	**34190.6**	**37498.7**	**42212.7**

5－4　经济总体账户—

运　用	1997年	1998年	1999年	2000年	2001年	2002年
1.通货	1375.6	966.8	2116.3	1125.3	987.9	1494.1
2.存款	13313.0	14558.8	12464.3	16966.8	19309.6	28080.6
3.贷款	11510.0	11375.4	11018.0	13968.9	11766.7	20259.2
4.证券(不含股票)	3062.1	6584.0	4553.0	4049.6	3499.4	6500.4
5.股票及其他股权	1004.0	767.9	875.4	1527.5	1181.7	775.6
6.保险准备金	312.7	312.4	598.8	1299.3	1219.9	2635.1
7.其他金融资产	－107.1	340.7	－673.4	1113.0	1358.1	－202.9
8.国外直接投资	212.4	218.1	147.0	75.8	569.9	208.5
9.其他对外债权债务	1671.0	3154.2	3540.0	2540.8	988.4	603.7
10.国际储备资产	2961.4	532.0	704.0	873.2	3917.0	6249.7
合计	**35315.2**	**38810.1**	**35343.5**	**43540.3**	**44798.3**	**66603.9**

资本账户

单位:亿元

来　　源	1997 年	1998 年	1999 年	2000 年	2001 年	2002 年
1. 总储蓄	29988.6	30915.8	31265.7	34194.4	37502.7	42212.7
2. 资本转移收入净额	-1.7	-3.9	-4.7	-3.9	-4.0	
资本转移收入	2129.0	2134.1	3700.5	4558.4	6055.8	5633.9
减:资本转移支出	2130.7	2137.9	3705.2	4562.3	6059.8	5633.9
合计	**29986.9**	**30911.9**	**31261.0**	**34190.6**	**37498.7**	**42212.7**

金融账户

单位:亿元

来　　源	1997 年	1998 年	1999 年	2000 年	2001 年	2002 年
1. 通货	1375.6	1026.5	2251.3	1197.2	1036.2	1589.2
2. 存款	13139.0	14173.9	13399.1	16424.5	19135.6	27911.8
3. 贷款	11448.4	10988.1	10689.0	12245.3	12910.8	19470.4
4. 证券(不含股票)	3140.9	6597.4	4195.7	4049.6	3896.2	7058.4
5. 股票及其他股权	1473.0	835.2	926.4	2099.7	1251.9	961.7
6. 保险准备金	312.7	312.4	598.8	1299.3	1219.9	2635.1
7. 其他负债	-1059.0	328.5	-442.9	1150.1	910.4	-774.0
8. 国外直接投资	3667.1	3622.3	3208.0	3178.8	3661.8	4081.2
9. 其他对外债权债务	751.7	-60.6	581.0	1256.5	-209.9	191.9
10. 国际收支误差与遗漏	-1405.3	-1372.4	-1361.1	-1056.4	-450.2	549.8
11. 统计误差						
小计	32844.1	36451.3	34045.3	41844.6	43362.7	63675.4
12. 资金余缺	2471.1	2358.8	1298.1	1695.7	1435.7	2928.5
合计	**35315.2**	**38810.1**	**35343.5**	**43540.3**	**44798.4**	**66603.9**

5－5　非金融企业部门账户—

运　用	1997年	1998年	1999年	2000年	2001年	2002年
1.劳动者报酬	17844.8	17052.8	17093.3	18126.5	20005.2	24174.8
2.生产税净额	9728.5	10856.6	12032.5	12196.0	14940.1	15764.8
3.营业盈余总额	17055.5	17600.8	18097.7	20340.4	21072.1	20872.2
合计	**44628.7**	**45510.2**	**47223.6**	**50662.9**	**56017.4**	**60811.8**

5－6　非金融企业部门账户—

运　用	1997年	1998年	1999年	2000年	2001年	2002年
1.财产收入支付	6517.8	7304.0	6081.6	6334.5	6804.7	7277.5
(1)利息支出	4866.9	5870.3	4576.2	4527.5	4751.2	4447.7
(2)红利支出	1651.0	1433.7	1505.4	1807.0	2053.5	2829.8
(3)其他支出						
2.经常转移支出	2861.3	2559.8	3143.4	2842.2	2794.8	2980.9
(1)收入税支出	890.0	905.5	1427.3	1866.8	1952.5	2412.8
(2)社会补助支出	86.5	90.0	59.5	80.0	70.1	68.6
(3)其他支出	1884.8	1564.3	1656.6	895.4	772.2	499.5
可支配总收入	10280.9	10605.1	11136.4	13368.3	14308.1	13999.3
3.总储蓄	10280.9	10605.1	11136.4	13368.3	14308.1	13999.3
合计	**19660.0**	**20468.9**	**20361.4**	**22545.0**	**23907.5**	**24257.7**

生产账户

单位：亿元

来　源	1997 年	1998 年	1999 年	2000 年	2001 年	2002 年
1. 增加值	44628.7	45510.2	47223.6	50662.9	56017.4	60811.8
合计	**44628.7**	**45510.2**	**47223.6**	**50662.9**	**56017.4**	**60811.8**

收入分配及支出账户

单位：亿元

来　源	1997 年	1998 年	1999 年	2000 年	2001 年	2002 年
1. 营业盈余总额	17055.5	17600.8	18097.7	20340.4	21072.1	20872.2
2. 财产收入	2282.7	2586.0	1989.1	2034.6	2607.7	3110.5
(1)利息收入	2025.2	2568.9	1977.6	2000.0	2571.8	1814.6
(2)红利收入	248.7	7.3	1.5	18.5	12.1	1276.2
(3)其他收入	8.8	9.9	10.0	16.2	23.8	19.7
3. 经常转移收入	321.8	282.1	275.2	170.0	227.8	275.1
合计	**19660.0**	**20468.9**	**20362.0**	**22545.0**	**23907.5**	**24257.7**

5－7 非金融企业部门账户—

运　　用	1997 年	1998 年	1999 年	2000 年	2001 年	2002 年
1. 资本形成总额	21458.5	22201.7	23140.0	24315.8	28064.4	31634.8
固定资本形成总额	19204.7	20976.6	22305.7	24633.8	27248.0	31336.1
存货增加	2253.8	1225.1	834.3	－318.0	816.4	298.7
2. 其他非金融资产获得减处置						
3. 资金余缺	－9049.6	－9463.5	－8304.1	－6390.1	－7702.5	－12001.6
合计	**12408.9**	**12738.1**	**14835.9**	**17925.7**	**20361.9**	**19633.2**

5－8 非金融企业部门账户—

运　　用	1997 年	1998 年	1999 年	2000 年	2001 年	2002 年
1. 通货	139.6	96.7	202.6	107.7	93.3	143.0
2. 存款	4667.6	3847.6	5053.1	7765.6	7096.3	10738.0
3. 证券(不含股票)						
4. 股票及其他股权						
5. 保险准备金	34.5	14.1	25.9	52.3	64.0	91.9
6. 其他金融资产	221.7	－1913.6	－747.9	736.1	1123.1	－408.7
7. 国外直接投资	212.4	218.1	147.0	75.8	569.9	208.5
8. 其他对外债权债务	1247.9	2833.9	1985.0	1229.9	－864.1	－575.6
合计	**6523.7**	**5096.9**	**6665.8**	**9967.4**	**8082.4**	**10197.1**

资本账户

单位:亿元

来　　源	1997年	1998年	1999年	2000年	2001年	2002年
1. 总储蓄	10280.9	10605.1	11136.4	13368.3	14308.1	13999.3
2. 资本转移收入净额	2128.0	2133.1	3699.5	4557.4	6053.8	5633.9
资本转移收入	2128.0	2133.1	3699.5	4557.4	6053.8	5633.9
减:资本转移支出						
合计	**12408.9**	**12738.1**	**14835.9**	**17925.7**	**20361.9**	**19633.2**

金融账户

单位:亿元

来　　源	1997年	1998年	1999年	2000年	2001年	2002年
1. 贷款	11297.7	10148.5	9140.4	9317.8	9413.6	14486.0
2. 证券(不含股票)	35.4	41.6	101.7	100.0	147.0	325.0
3. 股票及其他股权	1473.0	835.2	926.4	2099.7	1251.9	961.7
4. 其他负债	-509.2					
5. 国外直接投资	3667.1	3622.3	3208.0	3178.8	3661.8	4081.2
6. 其他对外债权债务	602.4	268.2	1069.0	1596.8	-222.1	243.1
7. 国际收支误差与遗漏	-1405.3	-1372.4	-1361.1	-1056.4	-450.2	549.8
小计	15161.1	13543.4	13084.4	15236.7	13802.0	20646.8
8. 资金余缺	-8637.4	-8446.6	-6418.6	-5269.3	-5719.6	-10449.8
合计	**6523.7**	**5096.9**	**6665.8**	**9967.4**	**8082.4**	**10197.1**

5－9　金融机构部门账户—

运　　用	1997年	1998年	1999年	2000年	2001年	2002年
1.劳动者报酬	773.5	716.4	748.3	778.5	883.0	1036.6
2.生产税净额	480.2	782.6	524.0	957.6	783.0	548.1
3.营业盈余总额	452.1	362.8	417.7	397.1	794.7	1301.1
合计	**1705.8**	**1861.8**	**1690.0**	**2133.2**	**2460.7**	**2885.8**

5－10　金融机构部门账户—

运　　用	1997年	1998年	1999年	2000年	2001年	2002年
1.财产收入支付	5004.4	6545.3	5729.0	5358.5	4777.9	5211.2
(1)利息支出	4954.4	6515.0	5680.0	5320.1	4727.5	5169.4
(2)红利支出						
(3)其他支出	50.1	30.2	49.0	38.5	50.5	41.8
2.经常转移支出	493.5	460.5	425.3	508.9	623.0	655.4
(1)收入税支出	142.0	133.3	106.8	156.9	173.4	175.9
(2)社会补助支出	0.8	1.0	1.0			
(3)其他支出	350.7	326.2	317.5	352.0	449.5	479.5
可支配总收入	287.7	472.3	450.8	527.2	291.1	1042.9
3.总储蓄	287.7	472.3	450.8	527.2	291.1	1042.9
合计	**5785.7**	**7478.0**	**6605.0**	**6394.6**	**5692.0**	**6909.6**

生产账户

单位:亿元

来　　源	1997 年	1998 年	1999 年	2000 年	2001 年	2002 年
1. 增加值	1705.8	1861.8	1690.0	2133.2	2460.7	2885.8
合计	**1705.8**	**1861.8**	**1690.0**	**2133.2**	**2460.7**	**2885.8**

收入分配及支出账户

单位:亿元

来　　源	1997 年	1998 年	1999 年	2000 年	2001 年	2002 年
1. 营业盈余总额	452.1	362.8	417.7	397.1	794.7	1301.1
2. 财产收入	4982.9	6789.0	5869.9	5645.5	4447.7	5128.9
(1)利息收入	4969.3	6774.2	5791.0	5613.8	4392.9	5128.9
(2)红利收入	13.6	14.8	78.9	31.7	54.8	
(3)其他收入						
3. 经常转移收入	350.7	326.2	317.5	352.0	449.5	479.5
合计	**5785.7**	**7478.0**	**6605.0**	**6394.6**	**5692.0**	**6909.6**

5－11 金融机构部门账户—

运　　用	1997年	1998年	1999年	2000年	2001年	2002年
1.资本形成总额	195.5	188.2	150.7	116.9	169.2	196.8
固定资本形成总额	195.5	188.2	150.7	116.9	169.2	196.8
存货增加						
2.其他非金融资产获得减处置						
3.资金余缺	93.2	285.1	301.0	411.4	123.9	846.1
合计	**288.7**	**473.3**	**451.8**	**528.2**	**293.1**	**1042.9**

5－12 金融机构部门账户—

运　　用	1997年	1998年	1999年	2000年	2001年	2002年
1.通货						0.1
2.存款	174.0	141.7	－787.9	537.8	215.2	192.5
3.贷款	11510.0	11375.4	11018.0	13968.9	11772.1	20259.2
4.证券(不含股票)	1731.7	5157.0	2928.4	3335.0	2758.5	5607.5
5.股票及其他股权	145.8	2.3			37.8	139.9
6.保险准备金						
7.其他金融资产	－499.8	－1.3	131.2	－37.1	50.8	13.3
8.国外直接投资						
9.其他对外债权债务	423.1	320.3	1555.0	1310.9	1852.5	1179.4
10.国际储备资产	2961.4	532.0	704.0	873.2	3917.0	6249.7
合计	**16446.3**	**17527.5**	**15548.7**	**19988.7**	**20603.8**	**33641.6**

资本账户

单位:亿元

来　　源	1997 年	1998 年	1999 年	2000 年	2001 年	2002 年
1. 总储蓄	287.7	472.3	450.8	527.2	291.1	1042.9
2. 资本转移收入净额	1.0	1.0	1.0	1.0	2.0	
资本转移收入	1.0	1.0	1.0	1.0	2.0	
减:资本转移支出						
合计	**288.7**	**473.3**	**451.8**	**528.2**	**293.1**	**1042.9**

金融账户

单位:亿元

来　　源	1997 年	1998 年	1999 年	2000 年	2001 年	2002 年
1. 通货	1375.6	1026.5	2251.3	1197.2	1036.2	1589.2
2. 存款	13139.0	14173.9	13399.0	16424.5	19135.6	27911.8
3. 贷款			-33.0	-307.3	-133.1	-156.8
4. 证券(不含股票)	1240.5	1637.7	1317.7	817.6	1151.2	3006.5
5. 股票及其他股权						
6. 保险准备金	312.7	336.6	511.6	1002.9	938.3	1640.6
7. 其他负债	-549.8	328.5	-442.9	1150.1	910.4	-782.0
8. 国外直接投资						
9. 其他对外债权债务	101.8	-252.9	-464.0	-363.2	-52.9	-51.2
10. 统计误差		119.1				
小计	15619.8	17369.4	16539.7	19921.9	22985.7	33158.1
11. 资金余缺	826.4	158.1	-991.0	66.9	-2381.9	483.5
合计	**16446.3**	**17527.5**	**15548.7**	**19988.7**	**20603.8**	**33641.6**

5－13 政府部门账户—

运　用	1997年	1998年	1999年	2000年	2001年	2002年
1. 劳动者报酬	5493.0	6860.1	7898.9	8181.0	9176.6	10866.5
2. 生产税净额	54.5	59.0	71.3	173.6	63.8	154.6
3. 营业盈余总额	1010.3	730.0	312.3	250.8	573.6	684.0
合计	**6557.8**	**7649.1**	**8282.5**	**8605.4**	**9814.0**	**11705.1**

5－14 政府部门账户—

运　用	1997年	1998年	1999年	2000年	2001年	2002年
1. 财产收入支付	575.8	721.3	696.6	454.5	572.2	681.8
(1)利息支出	575.8	721.3	696.6	454.5	572.2	681.8
(2)红利支出						
(3)其他支出						
2. 经常转移支出	2246.0	2911.2	2638.8	2583.5	3463.1	4502.1
(1)收入税支出						
(2)社会保险缴款支出	1311.8	1574.7	1988.0	2347.1	2738.0	3470.8
(3)社会补助支出	705.6	883.4	197.2	228.6	708.2	1018.0
(4)其他支出	228.6	453.1	453.5	7.8	17.0	13.3
可支配总收入	12878.1	13555.9	15046.4	17352.9	20331.8	21520.6
3. 政府消费	8724.9	9484.8	10388.3	11705.3	13029.3	13916.9
4. 总储蓄	4153.2	4071.1	4658.1	5647.6	7302.5	7603.7
合计	**15699.9**	**17188.4**	**18381.8**	**20390.8**	**24367.1**	**26704.5**

生产账户

单位:亿元

来　　源	1997 年	1998 年	1999 年	2000 年	2001 年	2002 年
1.增加值	6557.8	7649.1	8282.5	8605.4	9814.0	11705.1
合计	**6557.8**	**7649.1**	**8282.5**	**8605.4**	**9814.0**	**11705.1**

收入分配及支出账户

单位:亿元

来　　源	1997 年	1998 年	1999 年	2000 年	2001 年	2002 年
1.营业盈余总额	1010.3	730.0	312.3	250.8	573.6	684.0
2.财产收入	146.3	249.8	170.0	239.2	290.6	330.3
(1)利息收入	146.3	249.8	170.0	239.2	290.6	330.3
(2)红利收入						
(3)其他收入						
3.生产税净额	11248.9	12724.3	13869.0	14701.7	17281.3	17834.2
4.经常转移收入	3294.4	3484.2	4030.5	5199.1	6221.6	7855.6
(1)收入税收入	1292.0	1377.4	1961.9	2695.3	3122.1	3799.8
(2)社会保险缴款收入	1453.4	1562.6	2052.0	2491.6	3088.0	4048.7
(3)其他收入	549.0	544.2	16.6	12.2	11.4	7.2
合计	**15699.9**	**17188.4**	**18381.8**	**20390.8**	**24367.1**	**26704.1**

5－15 政府部门账户—

运　　用	1997 年	1998 年	1999 年	2000 年	2001 年	2002 年
1. 资本形成总额	2324.6	2721.7	2823.4	3163.8	3666.6	4315.8
固定资本形成总额	2324.6	2721.7	2823.4	3163.8	3666.6	4315.8
存货增加						
2. 其他非金融资产获得减处置						
3. 资金余缺	－300.3	－784.7	－1865.8	－2074.6	－2419.9	－2346.0
合计	**2024.2**	**1937.0**	**957.6**	**1069.2**	**1246.6**	**1969.8**

5－16 政府部门账户—

运　　用	1997 年	1998 年	1999 年	2000 年	2001 年	2002 年
1. 通货	14.4	19.4	45.0	23.9	20.7	31.8
2. 存款	975.4	1312.3	918.6	2053.6	2024.8	2898.3
3. 证券(不含股票)			8.4	18.8	－22.9	13.8
4. 股票及其他股权		13.2				
5. 保险准备金						
6. 其他金融资产	178.2	2375.2	－57.5	618.3	－23.1	100.4
7. 国外直接投资						
8. 其他对外债权债务						
合计	**1168.0**	**3720.1**	**914.6**	**2714.6**	**1999.6**	**3044.3**

资本账户

单位:亿元

来　　源	1997 年	1998 年	1999 年	2000 年	2001 年	2002 年
1. 总储蓄	4153.2	4071.1	4658.1	5647.6	7302.5	7603.7
2. 资本转移收入净额	-2129.0	-2134.1	-3700.5	-4558.4	-6055.8	-5633.9
资本转移收入						
减:资本转移支出	2129.0	2134.1	3700.5	4558.4	6055.8	5633.9
合计	**2024.2**	**1937.0**	**957.6**	**1089.2**	**1246.6**	**1969.8**

金融账户

单位:亿元

来　　源	1997 年	1998 年	1999 年	2000 年	2001 年	2002 年
1. 贷款	0.4		265.3	263.2	123.6	66.9
2. 证券(不含股票)	1865.0	4918.1	2776.3	3132.0	2598.0	3726.9
3. 股票及其他股权						
4. 保险准备金		-24.2	87.2	296.4	281.6	994.5
5. 国外直接投资						
6. 其他对外债权债务	47.5	-75.9	-24.0	22.8	65.0	
7. 国际收支误差与遗漏						
小计	1912.9	4818.0	3104.8	3714.5	3068.2	4788.2
8. 资金余缺	-744.9	-1097.9	-2190.2	-999.9	-1068.6	-1744.0
合计	**1168.0**	**3720.1**	**914.6**	**2714.6**	**1999.6**	**3044.3**

5－17　住户部门账户—

运　用	1997年	1998年	1999年	2000年	2001年	2002年
1.劳动者报酬	19605.2	21378.4	23213.2	26195.4	26898.4	26446.4
2.生产税净额	985.8	1026.1	1241.2	1374.5	1494.5	1367.2
3.营业盈余总额	979.3	919.6	417.0	496.7	629.8	1955.9
合计	**21570.3**	**23324.1**	**24871.4**	**28066.6**	**29022.7**	**29769.4**

5－18　住户部门账户—

运　用	1997年	1998年	1999年	2000年	2001年	2002年
1.财产收入支付	25.0	30.8	28.4	39.9	81.0	367.3
利息支出	25.0	30.8	28.4	39.9	81.0	367.3
2.经常转移支出	2278.9	2498.4	2549.5	3382.9	4119.6	5443.7
(1)收入税支出	259.9	338.7	427.8	671.6	996.2	1211.1
(2)社会保险缴款支出	1453.4	1562.6	2052.0	2491.6	3088.0	4048.7
(3)其他支出	565.6	597.1	69.8	219.7	35.4	183.9
可支配总收入	50121.3	52688.6	54354.3	57562.7	61499.2	68448.3
3.居民消费	34854.6	36921.2	39334.4	42911.4	45898.1	48881.6
4.总储蓄	15266.8	15767.4	15019.9	14651.3	15601.1	19566.7
合计	**52425.3**	**55217.7**	**56932.2**	**60985.5**	**65699.8**	**74259.2**

生产账户

单位:亿元

来　　源	1997 年	1998 年	1999 年	2000 年	2001 年	2002 年
1. 增加值	21570.3	23324.1	24871.4	28066.6	29022.7	29769.4
合计	**21570.3**	**23324.1**	**24871.4**	**28066.6**	**29022.7**	**29769.4**

收入分配及支出账户

单位:亿元

来　　源	1997 年	1998 年	1999 年	2000 年	2001 年	2002 年
1. 营业盈余总额	979.3	919.6	417.0	496.7	629.8	1955.9
2. 财产收入	3376.8	3607.5	3049.5	3128.1	3347.8	3755.0
(1)利息收入	3281.2	3528.0	2911.9	2979.0	3101.8	3392.3
(2)红利收入	54.3	59.2	98.6	126.8	219.4	340.6
(3)其他收入	41.3	20.4	39.0	22.3	26.7	22.1
3. 劳动者报酬	43730.3	45998.8	48922.6	53241.9	56917.4	62501.4
4. 经常转移收入	4338.9	4691.8	4543.1	4118.9	4804.8	6047.0
(1)社会保险收入	1311.8	1574.7	1988.0	2347.1	2738.0	3470.8
(2)社会补助收入	792.9	974.4	257.8	308.6	778.2	1086.6
(3)其他收入	2234.2	2142.7	2297.3	1463.2	1288.6	1489.6
合计	**52425.3**	**55217.7**	**56932.2**	**60985.5**	**65699.8**	**74259.2**

5－19 住户部门账户—

运　　用	1997 年	1998 年	1999 年	2000 年	2001 年	2002 年
1. 资本形成总额	4479.1	4434.4	4587.5	4903.4	5560.7	6157.5
固定资本形成总额	3429.4	3744.4	4195.7	4709.4	5729.6	6069.6
存货增加	1049.7	690.0	391.8	194.0	－168.9	87.9
2. 其他非金融资产获得减处置						
3. 资金余缺	10785.9	11329.1	10427.7	9744.1	10036.4	13409.2
合计	**15265.0**	**15763.5**	**15015.2**	**14647.4**	**15597.1**	**19566.7**

5－20 住户部门账户—

运　　用	1997 年	1998 年	1999 年	2000 年	2001 年	2002 年
1. 通货	1221.6	850.8	1868.6	993.7	873.9	1319.1
2. 存款	7496.0	9257.1	7280.5	6609.9	9973.3	14251.7
3. 证券（不含股票）	1330.4	1413.7	1616.2	695.9	763.8	879.1
4. 股票及其他股权	858.2	765.5	875.4	1527.5	1143.9	635.7
5. 保险准备金	278.2	298.3	572.9	1247.0	1155.9	2543.1
6. 其他金融资产	－7.1	－119.7	0.8	－204.3	207.2	92.2
7. 国外直接投资						
8. 其他对外债权债务						
合计	**11177.4**	**12465.7**	**12214.4**	**10869.6**	**14117.9**	**19720.9**

资本账户

单位:亿元

来　　源	1997 年	1998 年	1999 年	2000 年	2001 年	2002 年
1. 总储蓄	15266.8	15767.4	15019.9	14651.3	15601.1	19566.7
2. 资本转移收入净额	-1.7	-3.9	-4.7	-3.9	-4.0	
资本转移收入						
减:资本转移支出	1.7	3.9	4.7	3.9	4.0	
合计	**15265.0**	**15763.5**	**15015.2**	**14647.4**	**15597.1**	**19566.7**

金融账户

单位:亿元

来　　源	1997 年	1998 年	1999 年	2000 年	2001 年	2002 年
1. 贷款	150.3	839.6	1316.3	2971.6	3506.8	5074.3
2. 证券(不含股票)						
3. 股票及其他股权						
4. 其他负债						
5. 国外直接投资						
6. 其他对外债权债务						
7. 国际收支误差与遗漏						
小计	150.3	839.6	1316.3	2971.6	3506.8	5074.3
8. 资金余缺	11027.1	11626.2	10898.1	7898.1	10611.1	14646.5
合计	**11177.4**	**12465.7**	**12214.4**	**10869.6**	**14117.9**	**19720.9**

5－21　国外部门账户—

运　用	1997年	1998年	1999年	2000年	2001年	2002年
1. 货物和服务出口	17180.9	17186.5	18087.7	23143.2	24782.2	30243.8
2. 来自国外的劳动者报酬	13.8	8.0	12.1	16.7	24.6	55.8
3. 来自国外的财产收入	248.7	454.4	863.1	992.2	752.6	634.6
4. 来自国外的生产税净额						
5. 来自国外的经常转移收入	453.6	386.1	444.3	568.0	755.5	1142.3
6. 经常往来差额	－2518.4	－2428.1	－1296.6	－1733.3	－1440.1	－2933.5
合计	**15378.6**	**15607.0**	**18110.6**	**22986.7**	**24874.8**	**29142.9**

5－22　国外部门账户—

运　用	1997年	1998年	1999年	2000年	2001年	2002年
1. 其他非金融资产获得减处置						
2. 资金余缺	－2516.7	－2424.2	－1291.9	－1729.4	－1436.1	－2933.5
合计	**－2516.7**	**－2424.2**	**－1291.9**	**－1729.4**	**－1436.1**	**－2933.5**

5－23　国外部门账户—

运　用	1997年	1998年	1999年	2000年	2001年	2002年
1. 通货		59.8	135.1	71.8	48.3	95.4
2. 存款		－437.8	－122.0	－4.4	41.2	23.7
3. 贷款	117.0	－270.5	－45.0	－198.0	－123.3	－342.6
4. 证券(不含股票)		63.3	51.0			
5. 股票及其他股权	469.0			572.2	70.3	186.2
6. 保险准备金						
7. 其他金融资产	－863.8	4.0	－131.2	37.1	－50.8	
8. 国外直接投资	3667.1	3622.3	3208.0	3178.8	3661.8	4081.2
9. 其他对外债权债务	751.7	－60.6	581.0	1256.5	－209.9	191.9
10. 国际收支误差与遗漏	－1405.3	－1372.4	－1361.1	－1056.4	－450.2	549.8
合计	**2735.7**	**1608.1**	**2315.8**	**3857.6**	**2987.3**	**4785.5**

经常往来账户

单位:亿元

来　　源	1997 年	1998 年	1999 年	2000 年	2001 年	2002 年
1. 货物和服务进口	13767.9	13735.1	15712.1	20752.9	22457.5	27149.6
2. 支付国外的劳动者报酬		16.9	43.2	56.2	70.5	78.7
3. 支付国外的财产收入	1583.1	1823.4	2320.2	2132.1	2294.4	1847.4
4. 支付国外的生产税净额						
5. 支付国外的经常转移	27.6	31.6	35.1	45.5	52.4	67.1
合计	**15378.6**	**15607.0**	**18110.6**	**22986.7**	**24874.8**	**29142.9**

资本账户

单位:亿元

来　　源	1997 年	1998 年	1999 年	2000 年	2001 年	2002 年
1. 经常往来差额	-2518.4	-2428.1	-1296.6	-1733.3	-1440.1	-2933.5
2. 支付国外的资本转移净额	1.7	3.9	4.7	3.9	4.0	
资本转移收入	1.7	3.9	4.7	3.9	4.0	
减:资本转移支出						
合计	**-2516.7**	**-2424.2**	**-1291.9**	**-1729.4**	**-1436.1**	**-2933.5**

金融账户

单位:亿元

来　　源	1997 年	1998 年	1999 年	2000 年	2001 年	2002 年
1. 通货						
2. 存款	174.0	-52.9	-1061.0	537.8	215.2	192.5
3. 贷款	178.6	116.9	284.0	1525.7	-1267.5	446.2
4. 证券(不含股票)						
5. 股票及其他股权						
6. 保险准备金						
7. 其他负债	9.3	-1.3				13.3
8. 国外直接投资	212.4	218.1	147.0	75.8	569.9	208.5
9. 其他对外债权债务	1671.0	3154.2	3540.0	2540.8	988.4	603.7
10. 国际储备资产	2961.4	532.0	704.0	873.2	3917.0	6249.7
11. 统计误差		-4.0				
小计	5206.8	3962.9	3614.0	5553.4	4423.0	1464.2
12. 资金余缺	-2471.1	-2354.8	-1298.2	-1695.7	-1435.7	3321.3
合计	**2735.7**	**1608.1**	**2315.8**	**3857.6**	**2987.3**	**4785.5**

第六部分

能源账户

6－1 能源平衡表

（1987年）

部门		能源产品	固体	
			煤	原煤
01	农业	6170.70	2286.70	2271.20
02	煤炭采选业	2157.80	1741.70	1508.80
03	石油和天然气开采业	903.60	76.90	76.10
04	金属矿采选业	361.70	214.50	194.30
05	其他非金属矿采选业	743.20	518.40	478.90
06	食品制造业	4722.10	2815.00	2585.20
07	纺织业	6467.50	2037.40	1965.90
08	缝纫及皮革制品业	250.80	198.20	193.30
09	木材加工及家具制造业	387.00	284.00	279.80
10	造纸及文教用品制造业	3311.70	1451.60	1408.60
11	电力及蒸汽、热水生产和供应业	1751.90	115.90	99.70
12	石油加工业	3690.00	54.70	54.30
13	炼焦、煤气及煤制品业	756.20	167.40	137.80
14	化学工业	25412.96	7119.60	6490.60
15	建筑材料及其他非金属矿物制品业	11710.24	9868.60	9353.50
16	金属冶炼及压延加工业	15336.50	3150.10	2613.00
17	金属制品业	661.80	392.60	363.60
18	机械工业	3977.70	1713.34	1434.89
19	交通运输设备制造业	2431.55	761.49	692.27
20	电气机械及器材制造业	838.95	347.28	338.45
21	电子及通信设备制造业			
22	仪器仪表及其他计量器具制造业			
23	机械设备修理业			
24	其他工业	1073.70	819.90	799.80
25	建筑业	942.80	453.40	441.30
26	货运邮电业	3472.64	2131.61	2059.73
	铁路	2182.99	1955.41	1883.53
	公路	940.35	126.50	126.50
	水运	155.05	2.71	2.71
	航空	54.43	1.30	1.30
	管道	44.60	2.43	2.43
	其他	25.34	4.93	4.93
	邮电通讯	69.88	38.33	38.33
27	商业	879.79	703.41	678.93
28	饮食业	153.01	121.69	117.47
29	旅客运输业	345.05	109.88	98.56
	铁路	137.14	96.00	84.68
	公路	121.89	12.38	12.38
	水运	36.49	0.45	0.45
	航空	44.41	0.22	0.22
	其他	5.13	0.82	0.82
30	公用事业及居民服务业	1400.11	663.26	616.21
31	文教卫生科研事业	1573.65	745.47	692.59
32	金融保险业	62.80	29.75	27.64
33	行政机关	617.95	292.73	271.97
RH	农村住户	160854.00	7403.70	7298.10
UH	城镇住户	17244.90	9082.50	8844.50
合计		**280664.30**	**57872.70**	**54487.00**
工业合计		**86946.90**	**33848.60**	**31068.80**

（实物量表）

单位：万吨

能　源					
			焦　碳	城市废物	工业废物
洗　煤	其他洗煤	型　煤			
1.80	13.70		48.00		
93.90	139.00		24.20		
	0.80		0.30		
0.50	19.70		33.00		
11.90	27.60		6.90		
82.20	147.60		22.70		
19.40	52.10		7.80		
0.70	4.20		1.40		
0.40	3.80		2.10		
10.20	32.80		3.30		
0.10	16.10		2.40		1120.00
	0.40		4.70		
26.60	3.00		11.40		
264.90	364.10		784.30		
65.80	449.30		129.80		500.00
143.10	394.00		4068.00		
18.90	10.10		119.70		
52.44	226.01		278.21		
3.24	65.98		33.85		
1.41	7.42		12.74		
4.10	16.00		36.70		
0.70	11.4		11.70		
5.10	66.78		3.85		
5.10	66.78		3.85		
0.10	24.38		7.67		
	4.22		1.33		
0.80	10.52		1.05		
0.80	10.52		1.05		
0.73	46.32		0.77		
0.82	52.06		0.86		
0.03	2.08		0.03		
0.32	20.44		0.34		
	105.60		21.60		
	238.00		11.30		
810.20	**2575.50**		**5692.00**		**1620.00**
799.80	**1980.00**		**5583.50**		**1620.00**

6-1 能源平衡表(实物量表)(续1)

部门		能源		
		生物能源		
		秸杆	薪柴	沼气(10^4m^3)
01	农业		2589.90	
02	煤炭采选业			
03	石油和天然气开采业			
04	金属矿采选业			
05	其他非金属矿采选业			
06	食品制造业			
07	纺织业			
08	缝纫及皮革制品业			
09	木材加工及家具制造业			
10	造纸及文教用品制造业			
11	电力及蒸汽、热水生产和供应业			
12	石油加工业			
13	炼焦、煤气及煤制品业			
14	化学工业			
15	建筑材料及其他非金属矿物制品业			
16	金属冶炼及压延加工业			
17	金属制品业			
18	机械工业			
19	交通运输设备制造业			
20	电气机械及器材制造业			
21	电子及通信设备制造业			
22	仪器仪表及其他计量器具制造业			
23	机械设备修理业			
24	其他工业			
25	建筑业			
26	货运邮电业			
	铁路			
	公路			
	水运			
	航空			
	管道			
	其他			
	邮电通讯			
27	商业			
28	饮食业			
29	旅客运输业			
	铁路			
	公路			
	水运			
	航空			
	其他			
30	公用事业及居民服务业			
31	文教卫生科研事业			
32	金融保险业			
33	行政机关			
RH	农村住户	28805.70	16676.20	107698.80
UH	城镇住户			
合计		**28805.70**	**19266.10**	**107698.80**
工业合计				

单位:万吨

产品					
气体能源				液体能源	
天然气（10^8m^3）	焦炉煤气（10^8m^3）	炼厂干气	其他煤气（10^8m^3）	原油	液化石油气
				0.70	
0.50					
32.40		7.50		113.50	2.00
1.40				0.40	
0.40	0.10		0.10	2.10	
0.30	3.20		0.60	1.10	0.40
				0.20	
0.20	0.10		0.10	1.40	
0.70					
11.10		198.10		6.50	39.70
0.60	16.10		0.30		0.40
48.60	8.70	35.10	0.50	96.90	32.50
2.10	2.20	0.40	1.00	15.30	4.00
7.50	78.90		11.60	32.90	0.20
0.40	0.20		0.30	0.40	0.10
3.04	2.10		11.87	1.00	0.37
0.47	0.34		0.46	1.32	0.04
0.69	1.55		0.27	1.98	0.09
0.10			0.10	0.10	1.30
8.60				98.80	0.90
0.24				23.10	
0.24					
				22.50	
				0.60	
	0.43		0.09	0.34	0.18
	0.07		0.01	0.06	0.02
0.06					
0.06					
0.42	0.69		0.69	1.30	2.22
0.47	0.78		0.78	1.46	2.50
0.02	0.03		0.03	0.06	0.10
0.19	0.30		0.30	0.57	0.98
					0.10
7.70	7.00	2.70	10.00		124.30
128.20	**122.80**	**243.80**	**39.10**	**401.50**	**212.40**
110.50	**113.50**	**241.10**	**27.20**	**275.10**	**81.10**

6－1　能源平衡表（实物量表）（续2）

部门		能源 液体 汽油	燃料油	柴油
01	农业	146.30	4.00	729.70
02	煤炭采选业	35.90		18.20
03	石油和天然气开采业	27.50	70.50	41.20
04	金属矿采选业	11.10	3.70	13.00
05	其他非金属矿采选业	34.50	1.50	30.20
06	食品制造业	38.80	16.60	29.60
07	纺织业	23.90	23.40	22.40
08	缝纫及皮革制品业	7.90	0.40	4.60
09	木材加工及家具制造业	7.30	3.60	4.40
10	造纸及文教用品制造业	17.00	23.70	10.90
11	电力及蒸汽、热水生产和供应业	10.60		24.50
12	石油加工业	4.20	204.50	6.00
13	炼焦、煤气及煤制品业	2.80	34.90	1.50
14	化学工业	72.00	402.20	162.20
15	建筑材料及其他非金属矿物制品业	53.00	291.30	75.10
16	金属冶炼及压延加工业	29.50	358.90	30.80
17	金属制品业	14.70	8.80	14.70
18	机械工业	59.78	61.37	37.94
19	交通运输设备制造业	25.10	19.33	25.30
20	电气机械及器材制造业	16.12	14.30	12.86
21	电子及通信设备制造业			
22	仪器仪表及其他计量器具制造业			
23	机械设备修理业			
24	其他工业	13.50	35.70	18.60
25	建筑业	88.20	45.30	154.90
26	货运邮电业	471.79	148.24	548.36
	铁路	7.47	15.91	154.61
	公路	411.73	80.27	263.41
	水运	7.07	45.10	97.08
	航空	20.81	2.41	13.43
	管道	2.31	1.58	11.80
	其他	10.54	0.47	5.84
	邮电通讯	11.85	2.50	2.19
27	商业	31.41	2.02	19.93
28	饮食业	2.79	0.18	1.77
29	旅客运输业	60.71	27.86	101.64
	铁路	1.77	3.81	29.79
	公路	49.83	12.56	44.05
	水运	1.68	10.81	23.20
	航空	4.93	0.58	3.21
	其他	2.50	0.11	1.40
30	公用事业及居民服务业	116.12	2.72	29.92
31	文教卫生科研事业	130.52	3.06	33.63
32	金融保险业	5.21	0.12	1.34
33	行政机关	51.25	1.20	13.21
RH	农村住户	2.80		2.10
UH	城镇住户	11.80		0.80
合　计		**1624.10**	**1809.40**	**2221.30**
工业合计		**505.20**	**1574.70**	**584.00**

单位:万吨

产　品 能　源 煤　油	其他石油制品	其他焦化产品	电　力 (10^8kwh)	热　力 (10TJ)	其他能源 (10^4tce)
2.80			359.60	3.00	
2.20			252.60	82.50	
1.00			109.20	421.60	
0.20			85.40	0.80	
0.20			97.40	52.30	
0.50			167.90	1628.30	
0.80			212.40	4133.80	
0.10			14.90	23.10	
0.10			15.90	69.60	
1.00			119.20	1683.20	
0.20			348.80	128.80	
0.20			51.90	3108.40	
0.10			12.40	508.30	
2.90	1322.10	62.66	772.00	14490.70	
2.80		4.94	293.40	466.30	
0.70		138.90	632.50	6796.00	
0.90			70.30	38.70	
3.49			184.36	1620.84	
4.18			109.32	1450.34	
0.43			45.92	384.72	
0.90			48.80	98.00	
1.70			58.40	20.90	
30.59			72.45	42.41	
0.69			28.26	16.54	
9.14			31.09	18.20	
0.34			1.74	1.02	
16.07			0.26	0.15	
0.14			2.43	1.42	
0.04			1.85	1.08	
4.18			6.83	4.00	
1.19			40.22	72.90	
0.11			8.88	16.10	
37.11			4.25	2.49	
0.16			2.83	1.66	
1.43			1.03	0.61	
0.08			0.17	0.10	
35.43			0.03	0.02	
0.01			0.19	0.11	
60.38			57.12	464.49	
67.86			64.20	522.07	
2.71			2.56	20.83	
26.65			25.21	205.01	
118.80			124.20		
9.00			162.30	7815.5	
381.80	**1322.10**	**206.50**	**4624.00**	**46372.00**	
22.90	**1322.10**	**206.50**	**3644.60**	**37186.30**	

6－2 能源平衡表

（1987年）

部门		能源产品	固体	
			煤	原煤
01	农业	1433.22	478.87	476.29
02	煤炭采选业	487.38	362.55	316.41
03	石油和天然气开采业	299.00	16.08	15.96
04	金属矿采选业	96.01	43.91	40.75
05	其他非金属矿采选业	179.51	107.81	100.43
06	食品制造业	708.76	586.51	542.14
07	纺织业	583.03	425.39	412.27
08	缝纫及皮革制品业	53.02	41.37	40.54
09	木材加工及家具制造业	72.94	59.37	58.68
10	造纸及文教用品制造业	387.60	303.13	295.40
11	电力及蒸汽、热水生产和供应业	308.60	23.41	20.91
12	石油加工业	309.64	11.45	11.39
13	炼焦、煤气及煤制品业	96.70	36.38	28.90
14	化学工业	3210.54	1486.99	1361.14
15	建筑材料及其他非金属矿物制品业	2458.16	2047.93	1961.51
16	金属冶炼及压延加工业	2514.51	646.28	547.97
17	金属制品业	161.63	82.79	76.25
18	机械工业	606.89	349.48	300.91
19	交通运输设备制造业	254.45	156.17	145.17
20	电气机械及器材制造业	121.59	72.49	70.98
21	电子及通信设备制造业			
22	仪器仪表及其他计量器具制造业			
23	机械设备修理业			
24	其他工业	230.42	171.27	167.73
25	建筑业	318.35	94.48	92.54
26	货运邮电业	993.19	443.55	431.94
	铁路	494.84	406.60	394.99
	公路	364.77	26.53	26.53
	水运	64.43	0.57	0.57
	航空	22.98	0.27	0.27
	管道	17.54	0.51	0.51
	其他	9.20	1.03	1.03
	邮电通讯	19.42	8.04	8.04
27	商业	187.98	146.15	142.38
28	饮食业	31.26	25.28	24.63
29	旅客运输业	121.57	22.50	20.67
	铁路	36.24	19.59	17.76
	公路	49.03	2.60	2.60
	水运	15.27	0.10	0.10
	航空	19.07	0.05	0.05
	其他	1.96	0.17	0.17
30	公用事业及居民服务业	257.05	136.54	129.22
31	文教卫生科研事业	288.91	153.46	145.24
32	金融保险业	11.53	6.12	5.80
33	行政机关	113.45	60.26	57.03
RH	农村住户	8106.25	1546.71	1530.48
UH	城镇住户	2155.11	1891.35	1854.77
合计		**27158.22**	**12036.02**	**11426.42**
工业合计		**13140.36**	**7030.74**	**6515.41**

（热量表）

单位:10^{15}焦耳

能　源					
洗　煤	其他洗煤	型　煤	焦　碳	城市废物	工业废物
0.47	2.11		13.67		
24.77	21.36		6.89		
	0.12		0.09		
0.13	3.03		9.40		
3.14	4.24		1.96		
21.69	22.69		6.46		
5.12	8.01		2.22		
0.18	0.65		0.40		
0.11	0.58		0.60		
2.69	5.04		0.94		
0.03	2.47		0.68		139.76
	0.06		1.34		
7.02	0.46		3.25		
69.89	55.96		223.29		
17.36	69.05		36.95		62.39
37.75	60.56		1158.15		
4.99	1.55		34.08		
13.84	34.74		79.20		
0.86	10.14		9.64		
0.37	1.14		3.63		
1.08	2.46		10.45		
0.18	1.75		3.33		
1.35	10.26		1.10		
1.35	10.26		1.10		
0.03	3.75		2.18		
	0.65		0.38		
0.21	1.62		0.30		
0.21	1.62		0.30		
0.19	7.12		0.22		
0.22	8.00		0.25		
0.01	0.32		0.01		
0.08	3.14		0.10		
	16.23		6.15		
	36.58		3.22		
213.76	**395.84**		**1620.50**		**202.15**
211.01	**304.31**		**1589.61**		**202.15**

6-2 能源平衡表(热量表)(续1)

部门		能源		
		生物能源		
		秸杆	薪柴	沼气
01	农业		434.76	
02	煤炭采选业			
03	石油和天然气开采业			
04	金属矿采选业			
05	其他非金属矿采选业			
06	食品制造业			
07	纺织业			
08	缝纫及皮革制品业			
09	木材加工及家具制造业			
10	造纸及文教用品制造业			
11	电力及蒸汽、热水生产和供应业			
12	石油加工业			
13	炼焦、煤气及煤制品业			
14	化学工业			
15	建筑材料及其他非金属矿物制品业			
16	金属冶炼及压延加工业			
17	金属制品业			
18	机械工业			
19	交通运输设备制造业			
20	电气机械及器材制造业			
21	电子及通信设备制造业			
22	仪器仪表及其他计量器具制造业			
23	机械设备修理业			
24	其他工业			
25	建筑业			
26	货运邮电业			
	铁路			
	公路			
	水运			
	航空			
	管道			
	其他			
	邮电通讯			
27	商业			
28	饮食业			
29	旅客运输业			
	铁路			
	公路			
	水运			
	航空			
	其他			
30	公用事业及居民服务业			
31	文教卫生科研事业			
32	金融保险业			
33	行政机关			
RH	农村住户	3633.27	2799.39	22.61
UH	城镇住户			
合计		**3633.27**	**3234.15**	**22.61**
工业合计				

单位:10^{15}焦耳

产　品					
气体能源				液体能源	
天然气	焦炉煤气	炼厂干气	其他煤气	原　油	液化石油气
				0.29	
1.98					
128.19		3.45		47.51	1.00
5.54				0.17	
1.58	0.18		0.09	0.88	
1.19	5.63		0.53	0.46	0.20
				0.08	
				0.00	
0.79	0.18		0.09	0.59	
2.77					
43.92		91.15		2.72	19.95
2.37	28.31		0.26		0.20
192.29	15.30	16.15	0.44	40.56	16.33
8.31	3.87	0.18	0.88	6.40	2.01
29.67	138.75		10.20	13.77	0.10
1.58	0.35		0.26	0.17	0.05
12.02	3.70		10.44	0.42	0.18
1.88	0.60		0.40	0.55	0.02
2.72	2.73		0.24	0.83	0.05
0.40			0.09	0.04	0.65
34.03				41.36	0.45
0.95				9.67	
0.95					
				9.42	
				0.25	
	0.76		0.08	0.14	0.09
	0.12		0.01	0.03	0.01
0.2374					
0.2374					
1.67	1.21		0.61	0.55	1.12
1.87	1.36		0.68	0.61	1.25
0.07	0.05		0.03	0.02	0.05
0.74	0.54		0.27	0.24	0.49
					0.05
30.47	12.31	1.24	8.79		62.45
507.24	**215.94**	**112.18**	**34.38**	**168.07**	**106.72**
437.21	**199.59**	**110.94**	**23.92**	**115.16**	**40.75**

6-2 能源平衡表(热量表)(续2)

部门		能源 液体 汽油	燃料油	柴油
01	农业	63.09	1.67	310.10
02	煤炭采选业	15.48		7.73
03	石油和天然气开采业	11.86	29.35	17.51
04	金属矿采选业	4.79	1.54	5.52
05	其他非金属矿采选业	14.88	0.62	12.83
06	食品制造业	16.73	6.91	12.58
07	纺织业	10.31	9.74	9.52
08	缝纫及皮革制品业	3.41	0.17	1.95
09	木材加工及家具制造业	3.15	1.50	1.87
10	造纸及文教用品制造业	7.33	9.87	4.63
11	电力及蒸汽、热水生产和供应业	4.57		10.41
12	石油加工业	1.81	85.14	2.55
13	炼焦、煤气及煤制品业	1.21	14.53	0.64
14	化学工业	31.05	167.45	68.93
15	建筑材料及其他非金属矿物制品业	22.86	121.28	31.92
16	金属冶炼及压延加工业	12.72	149.42	13.09
17	金属制品业	6.34	3.66	6.25
18	机械工业	25.78	25.55	16.12
19	交通运输设备制造业	10.82	8.05	10.75
20	电气机械及器材制造业	6.95	5.95	5.47
21	电子及通信设备制造业			
22	仪器仪表及其他计量器具制造业			
23	机械设备修理业			
24	其他工业	5.82	14.86	7.90
25	建筑业	38.04	18.86	65.83
26	货运邮电业	203.45	61.72	233.04
	铁路	3.22	6.62	65.71
	公路	177.55	33.42	111.94
	水运	3.05	18.78	41.26
	航空	8.97	1.00	5.71
	管道	1.00	0.66	5.01
	其他	4.55	0.20	2.48
	邮电通讯	5.11	1.04	0.93
27	商业	13.55	0.84	8.47
28	饮食业	1.20	0.07	0.75
29	旅客运输业	26.18	11.60	43.19
	铁路	0.76	1.59	12.66
	公路	21.49	5.23	18.72
	水运	0.72	4.50	9.86
	航空	2.13	0.24	1.36
	其他	1.08	0.05	0.59
30	公用事业及居民服务业	50.08	1.13	12.72
31	文教卫生科研事业	56.28	1.27	14.29
32	金融保险业	2.25	0.05	0.57
33	行政机关	22.10	0.50	5.61
RH	农村住户	1.21		0.89
UH	城镇住户	5.09		0.34
合计		**700.38**	**753.32**	**943.99**
工业合计		**217.86**	**655.61**	**248.18**

单位:10^{15}焦耳

产　品 能　源	煤　油	其他石油制品	其他焦化产品	电　力	热　力	其他能源
	1.21			129.53	0.03	
	0.95			90.99	0.82	
	0.43			39.33	4.18	
	0.09			30.76	0.01	
	0.09			35.08	0.52	
	0.22			60.48	16.15	
	0.34			76.51	40.99	
	0.04			5.37	0.23	
	0.04			5.73	0.69	
	0.43			42.94	16.69	
	0.09			125.64	1.28	
	0.09			18.69	30.83	
	0.04			4.47	5.04	
	1.25	507.60	21.12	278.07	143.70	
	1.21		1.67	105.68	4.62	
	0.30		46.83	227.82	67.40	
	0.39			25.32	0.38	
	1.50			66.40	16.07	
	1.80			39.38	14.38	
	0.19			16.54	3.82	
	0.39			17.58	0.97	
	0.73			21.04	0.21	
	13.19			26.10	0.42	
	0.30			10.18	0.16	
	3.94			11.20	0.18	
	0.14			0.63	0.01	
	6.93			0.09	0.0015	
	0.06			0.87	0.01	
	0.02			0.67	0.01	
	1.80			2.46	0.04	
	0.51			14.49	0.72	
	0.05			3.20	0.16	
	16.00			1.53	0.02	
	0.07			1.02	0.02	
	0.62			0.37	0.01	
	0.03			0.06	0.0010	
	15.28			0.01	0.0002	
	0.0037			0.07	0.0011	
	26.04			20.58	4.61	
	29.27			23.13	5.18	
	1.17			0.92	0.21	
	11.49			9.08	2.03	
	51.23			44.74		
	3.88			58.46	77.51	
	164.65	**507.60**	**69.62**	**1665.55**	**459.87**	
	9.88	**507.60**	**69.62**	**1312.77**	**368.78**	

6－3 能源使用表

（1987年）

部门		能源		
		固体		
		煤	原煤	洗煤
01	农业	2286.70	2271.20	1.80
04	金属矿采选业	214.50	194.30	0.50
05	其他非金属矿采选业	518.40	478.90	11.90
06	食品制造业	2815.00	2585.20	82.20
07	纺织业	2037.40	1965.90	19.40
08	缝纫及皮革制品业	198.20	193.30	0.70
09	木材加工及家具制造业	284.00	279.80	0.40
10	造纸及文教用品制造业	1451.60	1408.60	10.20
14	化学工业	7119.60	6490.60	264.90
15	建筑材料及其他非金属矿物制品业	9868.60	9353.50	65.80
16	金属冶炼及压延加工业	3150.10	2613.00	143.10
17	金属制品业	392.60	363.60	18.90
18	机械工业	1713.34	1434.89	52.44
19	交通运输设备制造业	761.49	692.27	3.24
20	电气机械及器材制造业	347.28	338.45	1.41
21	电子及通信设备制造业			
22	仪器仪表及其他计量器具制造业			
23	机械设备修理业			
24	其他工业	819.90	799.80	4.10
25	建筑业	453.40	441.30	0.70
26	货运邮电业	2131.61	2059.73	5.10
	铁路	1955.41	1883.53	5.10
	公路	126.50	126.50	
	水运	2.71	2.71	
	航空	1.30	1.30	
	管道	2.43	2.43	
	其他	4.93	4.93	
	邮电通讯	38.33	38.33	
27	商业	703.41	678.93	0.10
28	饮食业	121.69	117.47	
29	旅客运输业	109.88	98.56	0.80
	铁路	96.00	84.68	0.80
	公路	12.38	12.38	
	水运	0.45	0.45	
	航空	0.22	0.22	
	其他	0.82	0.82	
30	公用事业及居民服务业	663.26	616.21	0.73
31	文教卫生科研事业	745.47	692.59	0.82
32	金融保险业	29.75	27.64	0.03
33	行政机关	292.73	271.97	0.32
RH	农村住户	7403.70	7298.10	
UH	城镇住户	9082.50	8844.50	
合计		**55716.10**	**52610.30**	**689.60**
工业合计		**31692.00**	**29192.10**	**679.20**

（实物量表）

单位：万吨

产品				
能源				
		焦碳	城市废物	工业废物
其他洗煤	型煤			
13.70		48.00		
19.70		33.00		
27.60		6.90		
147.60		22.70		
52.10		7.80		
4.20		1.40		
3.80		2.10		
32.80		3.30		
364.10		784.30		
449.30		129.80		500.00
394.00		4068.00		
10.10		119.70		
226.01		278.21		
65.98		33.85		
7.42		12.74		
16.00		36.70		
11.40		11.70		
66.78		3.85		
66.78		3.85		
24.38		7.67		
4.22		1.33		
10.52		1.05		
10.52		1.05		
46.32		0.77		
52.06		0.86		
2.08		0.03		
20.44		0.34		
105.60		21.60		
238.00		11.30		
2416.20		**5649.00**		**500.00**
1820.70		**5540.50**		**500.00**

6-3 能源使用表(实物量表)(续1)

部门		能源		
		生物能源		
		秸杆	薪柴	沼气(10^4m^3)
01	农业		2589.90	
04	金属矿采选业			
05	其他非金属矿采选业			
06	食品制造业			
07	纺织业			
08	缝纫及皮革制品业			
09	木材加工及家具制造业			
10	造纸及文教用品制造业			
14	化学工业			
15	建筑材料及其他非金属矿物制品业			
16	金属冶炼及压延加工业			
17	金属制品业			
18	机械工业			
19	交通运输设备制造业			
20	电气机械及器材制造业			
21	电子及通信设备制造业			
22	仪器仪表及其他计量器具制造业			
23	机械设备修理业			
24	其他工业			
25	建筑业			
26	货运邮电业			
	铁路			
	公路			
	水运			
	航空			
	管道			
	其他			
	邮电通讯			
27	商业			
28	饮食业			
29	旅客运输业			
	铁路			
	公路			
	水运			
	航空			
	其他			
30	公用事业及居民服务业			
31	文教卫生科研事业			
32	金融保险业			
33	行政机关			
RH	农村住户	28805.70	16676.20	107698.80
UH	城镇住户			
合计		**28805.70**	**19266.10**	**107698.80**
工业合计				

单位：万吨

产　品					
气体能源				液体能源	
天然气（10^8m^3）	焦炉煤气（10^8m^3）	炼厂干气	其他煤气（10^8m^3）	原　油	液化石油气
				0.70	
1.40				0.40	
0.40	0.10		0.10	2.10	
0.30	3.20		0.60	1.10	0.40
				0.20	
0.20	0.10		0.10	1.40	
48.60	8.70	35.10	0.50	96.90	32.50
2.10	2.20	0.40	1.00	15.30	4.00
7.50	78.90		11.60	32.90	0.20
0.40	0.20		0.30	0.40	0.10
3.04	2.10		11.87	1.00	0.37
0.47	0.34		0.46	1.32	0.04
0.69	1.55		0.27	1.98	0.09
0.10			0.10	0.10	1.30
8.60				98.80	0.90
0.24				23.10	
0.24					
				22.50	
				0.60	
	0.43		0.09	0.34	0.18
	0.07		0.01	0.06	0.02
0.06					
0.06					
0.42	0.69		0.69	1.30	2.22
0.47	0.78		0.78	1.46	2.50
0.02	0.03		0.03	0.06	0.10
0.19	0.30		0.30	0.57	0.98
					0.10
7.70	7.00	2.70	10.00		124.30
82.90	**106.70**	**38.20**	**38.80**	**281.50**	**170.30**
65.20	**97.40**	**35.50**	**26.90**	**155.10**	**39.00**

6-3 能源使用表(实物量表)(续2)

部门		能源		
		液体		
		汽油	燃料油	柴油
01	农业	146.30	4.00	729.70
04	金属矿采选业	11.10	3.70	13.00
05	其他非金属矿采选业	34.50	1.50	30.20
06	食品制造业	38.80	16.60	29.60
07	纺织业	23.90	23.40	22.40
08	缝纫及皮革制品业	7.90	0.40	4.60
09	木材加工及家具制造业	7.30	3.60	4.40
10	造纸及文教用品制造业	17.00	23.70	10.90
14	化学工业	72.00	402.20	162.20
15	建筑材料及其他非金属矿物制品业	53.00	291.30	75.10
16	金属冶炼及压延加工业	29.50	358.90	30.80
17	金属制品业	14.70	8.80	14.70
18	机械工业	59.78	61.37	37.94
19	交通运输设备制造业	25.10	19.33	25.30
20	电气机械及器材制造业	16.12	14.30	12.86
21	电子及通信设备制造业			
22	仪器仪表及其他计量器具制造业			
23	机械设备修理业			
24	其他工业	13.50	35.70	18.60
25	建筑业	88.20	45.30	154.90
26	货运邮电业	471.79	148.24	548.36
	铁路	7.47	15.91	154.61
	公路	411.73	80.27	263.41
	水运	7.07	45.10	97.08
	航空	20.81	2.41	13.43
	管道	2.31	1.58	11.80
	其他	10.54	0.47	5.84
	邮电通讯	11.85	2.50	2.19
27	商业	31.41	2.02	19.93
28	饮食业	2.79	0.18	1.77
29	旅客运输业	60.71	27.86	101.64
	铁路	1.77	3.81	29.79
	公路	49.83	12.56	44.05
	水运	1.68	10.81	23.20
	航空	4.93	0.58	3.21
	其他	2.50	0.11	1.40
30	公用事业及居民服务业	116.12	2.72	29.92
31	文教卫生科研事业	130.52	3.06	33.63
32	金融保险业	5.21	0.12	1.34
33	行政机关	51.25	1.20	13.21
RH	农村住户	2.80		2.10
UH	城镇住户	11.80		0.80
合计		**1543.10**	**1499.50**	**2129.90**
工业合计		**424.20**	**1264.80**	**492.60**

单位：万吨

产　品			电　力（10^8kwh）	热　力（10TJ）	其他能源（10^4tce）
能　源					
煤　油	其他石油制品	其他焦化产品			
2.80			359.60	3.00	
0.20			85.40	0.80	
0.20			97.40	52.30	
0.50			167.90	1628.30	
0.80			212.40	4133.80	
0.10			14.90	23.10	
0.10			15.90	69.60	
1.00			119.20	1683.20	
2.90	1322.10	62.66	772.00	14490.70	
2.80		4.94	293.40	466.30	
0.70		138.90	632.50	6796.00	
0.90			70.30	38.70	
3.49			184.36	1620.84	
4.18			109.32	1450.34	
0.43			45.92	384.72	
0.90			48.80	98.00	
1.70			58.40	20.90	
30.59			72.45	42.41	
0.69			28.26	16.54	
9.14			31.09	18.20	
0.34			1.74	1.02	
16.07			0.26	0.15	
0.14			2.43	1.42	
0.04			1.85	1.08	
4.18			6.83	4.00	
1.19			40.22	72.90	
0.11			8.88	16.10	
37.11			4.25	2.49	
0.16			2.83	1.66	
1.43			1.03	0.61	
0.08			0.17	0.10	
35.43			0.03	0.02	
0.01			0.19	0.11	
60.38			57.12	464.49	
67.86			64.20	522.07	
2.71			2.56	20.83	
26.65			25.21	205.01	
118.80			124.20		
9.00			162.30	7815.5	
378.10	**1322.10**	**206.50**	**3849.10**	**42122.40**	
19.20	**1322.10**	**206.50**	**2869.70**	**32936.70**	

6－4 能源使用表

（1987年）

部门		能源		
		固体		
		煤	原煤	洗煤
01	农业	478.87	476.29	0.47
04	金属矿采选业	43.91	40.75	0.13
05	其他非金属矿采选业	107.81	100.43	3.14
06	食品制造业	586.51	542.14	21.69
07	纺织业	425.39	412.27	5.12
08	缝纫及皮革制品业	41.37	40.54	0.18
09	木材加工及家具制造业	59.37	58.68	0.11
10	造纸及文教用品制造业	303.13	295.40	2.69
14	化学工业	1486.99	1361.14	69.89
15	建筑材料及其他非金属矿物制品业	2047.93	1961.51	17.36
16	金属冶炼及压延加工业	646.28	547.97	37.75
17	金属制品业	82.79	76.25	4.99
18	机械工业	349.48	300.91	13.84
19	交通运输设备制造业	156.17	145.17	0.86
20	电气机械及器材制造业	72.49	70.98	0.37
21	电子及通信设备制造业			
22	仪器仪表及其他计量器具制造业			
23	机械设备修理业			
24	其他工业	171.27	167.73	1.08
25	建筑业	94.48	92.54	0.18
26	货运邮电业	443.55	431.94	1.35
	铁路	406.60	394.99	1.35
	公路	26.53	26.53	
	水运	0.57	0.57	
	航空	0.27	0.27	
	管道	0.51	0.51	
	其他	1.03	1.03	
	邮电通讯	8.04	8.04	
27	商业	146.15	142.38	0.03
28	饮食业	25.28	24.63	
29	旅客运输业	22.50	20.67	0.21
	铁路	19.59	17.76	0.21
	公路	2.60	2.60	
	水运	0.10	0.10	
	航空	0.05	0.05	
	其他	0.17	0.17	
30	公用事业及居民服务业	136.54	129.22	0.19
31	文教卫生科研事业	153.46	145.24	0.22
32	金融保险业	6.12	5.80	0.01
33	行政机关	60.26	57.03	0.08
RH	农村住户	1546.71	1530.48	
UH	城镇住户	1891.35	1854.77	
合计		**11586.15**	**11032.86**	**181.94**
工业合计		**6580.88**	**6121.85**	**179.19**

（热量表）

单位：10^{15}焦耳

产品				
能源				
		焦碳	城市废物	工业废物
其他洗煤	型煤			
2.11		13.67		
3.03		9.40		
4.24		1.96		
22.69		6.46		
8.01		2.22		
0.65		0.40		
0.58		0.60		
5.04		0.94		
55.96		223.29		
69.05		36.95		62.39
60.56		1158.15		
1.55		34.08		
34.74		79.20		
10.14		9.64		
1.14		3.63		
2.46		10.45		
1.75		3.33		
10.26		1.10		
10.26		1.10		
3.75		2.18		
0.65		0.38		
1.62		0.30		
1.62		0.30		
7.12		0.22		
8.00		0.25		
0.32		0.01		
3.14		0.10		
16.23		6.15		
36.58		3.22		
371.36		**1608.26**		**62.39**
279.83		**1577.37**		**62.39**

6-4 能源使用表(热量表)(续1)

部门		能源		
		生物能源		
		秸杆	薪柴	沼气
01	农业		434.76	
04	金属矿采选业			
05	其他非金属矿采选业			
06	食品制造业			
07	纺织业			
08	缝纫及皮革制品业			
09	木材加工及家具制造业			
10	造纸及文教用品制造业			
14	化学工业			
15	建筑材料及其他非金属矿物制品业			
16	金属冶炼及压延加工业			
17	金属制品业			
18	机械工业			
19	交通运输设备制造业			
20	电气机械及器材制造业			
21	电子及通信设备制造业			
22	仪器仪表及其他计量器具制造业			
23	机械设备修理业			
24	其他工业			
25	建筑业			
26	货运邮电业			
	铁路			
	公路			
	水运			
	航空			
	管道			
	其他			
	邮电通讯			
27	商业			
28	饮食业			
29	旅客运输业			
	铁路			
	公路			
	水运			
	航空			
	其他			
30	公用事业及居民服务业			
31	文教卫生科研事业			
32	金融保险业			
33	行政机关			
RH	农村住户	3633.27	2799.39	22.61
UH	城镇住户			
合计		**3633.27**	**3234.16**	**22.61**
工业合计				

单位：10^{15}焦耳

产　品					
气体能源				液体能源	
天然气	焦炉煤气	炼厂干气	其他煤气	原　油	液化石油气
				0.29	
5.54				0.17	
1.58	0.18		0.09	0.88	
1.19	5.63		0.53	0.46	0.20
				0.08	
0.79	0.18		0.09	0.59	
192.29	15.30	16.15	0.44	40.56	16.33
8.31	3.87	0.18	0.88	6.40	2.01
29.67	138.75		10.20	13.77	0.10
1.58	0.35		0.26	0.17	0.05
12.02	3.70		10.44	0.42	0.18
1.88	0.60		0.40	0.55	0.02
2.72	2.73		0.24	0.83	0.05
0.40			0.09	0.04	0.65
34.03				41.36	0.45
0.95				9.67	
0.95					
				9.42	
				0.25	
	0.76		0.08	0.14	0.09
	0.12		0.01	0.03	0.01
0.24					
0.24					
1.67	1.21		0.61	0.55	1.12
1.87	1.36		0.68	0.61	1.25
0.07	0.05		0.03	0.02	0.05
0.74	0.54		0.27	0.24	0.49
					0.05
30.47	12.31	1.24	8.79		62.45
328.00	**187.63**	**17.58**	**34.11**	**117.84**	**85.56**
257.97	**171.28**	**16.34**	**23.65**	**64.93**	**19.59**

6-4 能源使用表(热量表)(续2)

部门		能源		
		液体		
		汽油	燃料油	柴油
01	农业	63.09	1.67	310.10
04	金属矿采选业	4.79	1.54	5.52
05	其他非金属矿采选业	14.88	0.62	12.83
06	食品制造业	16.73	6.91	12.58
07	纺织业	10.31	9.74	9.52
08	缝纫及皮革制品业	3.41	0.17	1.95
09	木材加工及家具制造业	3.15	1.50	1.87
10	造纸及文教用品制造业	7.33	9.87	4.63
14	化学工业	31.05	167.45	68.93
15	建筑材料及其他非金属矿物制品业	22.86	121.28	31.92
16	金属冶炼及压延加工业	12.72	149.42	13.09
17	金属制品业	6.34	3.66	6.25
18	机械工业	25.78	25.55	16.12
19	交通运输设备制造业	10.82	8.05	10.75
20	电气机械及器材制造业	6.95	5.95	5.47
21	电子及通信设备制造业			
22	仪器仪表及其他计量器具制造业			
23	机械设备修理业			
24	其他工业	5.82	14.86	7.90
25	建筑业	38.04	18.86	65.83
26	货运邮电业	203.45	61.72	233.04
	铁路	3.22	6.62	65.71
	公路	177.55	33.42	111.94
	水运	3.05	18.78	41.26
	航空	8.97	1.00	5.71
	管道	1.00	0.66	5.01
	其他	4.55	0.20	2.48
	邮电通讯	5.11	1.04	0.93
27	商业	13.55	0.84	8.47
28	饮食业	1.20	0.07	0.75
29	旅客运输业	26.18	11.60	43.19
	铁路	0.76	1.59	12.66
	公路	21.49	5.23	18.72
	水运	0.72	4.50	9.86
	航空	2.13	0.24	1.36
	其他	1.08	0.05	0.59
30	公用事业及居民服务业	50.08	1.13	12.72
31	文教卫生科研事业	56.28	1.27	14.29
32	金融保险业	2.25	0.05	0.57
33	行政机关	22.10	0.50	5.61
RH	农村住户	1.21		0.89
UH	城镇住户	5.09		0.34
合计		**665.45**	**624.30**	**905.15**
工业合计		**182.93**	**526.59**	**209.34**

单位:10^{15}焦耳

产　品			电　力	热　力	其他能源
能　源					
煤　油	其他石油制品	其他焦化产品			
1.21			129.53	0.03	
0.09			30.76	0.01	
0.09			35.08	0.52	
0.22			60.48	16.15	
0.34			76.51	40.99	
0.04			5.37	0.23	
0.04			5.73	0.69	
0.43			42.94	16.69	
1.25	507.60	21.12	278.07	143.70	
1.21		1.67	105.68	4.62	
0.30		46.83	227.82	67.40	
0.39			25.32	0.38	
1.50			66.40	16.07	
1.80			39.38	14.38	
0.19			16.54	3.82	
0.39			17.58	0.97	
0.73			21.04	0.21	
13.19			26.10	0.42	
0.30			10.18	0.16	
3.94			11.20	0.18	
0.14			0.63	0.01	
6.93			0.09		
0.06			0.87	0.01	
0.02			0.67	0.01	
1.80			2.46	0.04	
0.51			14.49	0.72	
0.05			3.20	0.16	
16.00			1.53	0.02	
0.07			1.02	0.02	
0.62			0.37	0.01	
0.03			0.06		
15.28			0.01		
0.0037			0.07		
26.04			20.58	4.61	
29.27			23.13	5.18	
1.17			0.92	0.21	
11.49			9.08	2.03	
51.23			44.74		
3.88			58.46	77.51	
163.05	**507.60**	**69.62**	**1386.44**	**417.73**	
8.28	**507.60**	**69.62**	**1033.66**	**326.63**	

6－5　能源供给表

（1987年）

部门	能源		
	固体		
	煤	原煤	洗煤
能源部门			
02 煤炭采选业			
原材料	－14495.00	－14495.00	
生产量	103537.50	92796.50	7279.80
其他能源使用	－1741.70	－1508.80	－93.90
03 石油和天然气开采业			
原材料			
生产量			
其他能源使用	－76.90	－76.10	
11 电力及蒸汽、热水生产和供应业			
原材料	－22182.50	－21444.90	－42.90
生产量			
其他能源使用	－115.90	－99.70	－0.10
12 石油加工业			
原材料			
生产量			
其他能源使用	－54.70	－54.30	
13 炼焦、煤气及煤制品业			
原材料	－8989.80	－2785.70	－6154.00
生产量			
其他能源使用	－167.40	－137.80	－26.60
能源部门之外的其他部门			
进口量	194.10	171.70	22.40
我轮、机在外国加油量			
出口量（－）	－1353.00	－995.10	－357.90
外轮、机在我国加油量（－）			
库存变化（增（－）、减（＋））	1624.10	1556.00	64.30
损失量			
运输中的损失量			
统计误差	－462.70	－316.5	－1.5
供给合计	**55716.10**	**52610.30**	**689.60**

（实物量表）

单位：万吨

产品				
能源				
其他洗煤	型煤	焦碳	城市废物	工业废物
3461.20				
-139.00		-24.20		
-0.80		-0.30		
-694.70				
-16.10		-2.40		-1120.00
-0.40		-4.70		
-50.10				
		5766.20		
-3.00		-11.40		
				1620.00
		-61.30		
3.80		-22.80		
-144.7		9.9		
2416.20		**5649.00**		**500.00**

6－5 能源供给表(实物量表)(续1)

部门	能源		
	生物能源		
	秸杆	薪柴	沼气(10⁴m³)
能源部门			
02 煤炭采选业			
原材料			
生产量			
其他能源使用			
03 石油和天然气开采业			
原材料			
生产量			
其他能源使用			
11 电力及蒸汽、热水生产和供应业			
原材料			
生产量			
其他能源使用			
12 石油加工业			
原材料			
生产量			
其他能源使用			
13 炼焦、煤气及煤制品业			
原材料			
生产量			
其他能源使用			
能源部门之外的其他部门	28805.7	19266.1	107698.8
进口量			
我轮、机在外国加油量			
出口量(－)			
外轮、机在我国加油量(－)			
库存变化(增(－)、减(＋))			
损失量			
运输中的损失量			
统计误差			
供给合计	**28805.70**	**19266.10**	**107698.80**

单位:万吨

产 品					
气体能源				液体能源	
天然气 (10⁸m³)	焦炉煤气 (10⁸m³)	炼厂干气	其他煤气 (10⁸m³)	原 油	液化石油气
-0.50					
138.90				13414.00	
-32.40		-7.50		-113.50	-2.00
-7.90	-30.40	-7.20	-4.40	-283.10	-0.60
-0.70					
				-9775	
		252.70			215.30
-11.10		-198.10		-6.50	-39.70
	153.30		44.10		
-0.60	-16.10		-0.30		-0.40
				-2722.50	-1.70
				4.30	-0.20
-2.80	-0.10	-1.70	-0.30	-225.90	-0.40
-0.20				-27.10	
			-0.30	-10.30	
82.90	**106.70**	**38.20**	**38.80**	**281.50**	**170.30**

6-5 能源供给表(实物量表)(续2)

部门	能源 液体 汽油	燃料油	柴油
能源部门			
02 煤炭采选业			
原材料			
生产量			
其他能源使用	-35.90		-18.20
03 石油和天然气开采业			
原材料			
生产量			
其他能源使用	-27.50	-70.50	-41.20
11 电力及蒸汽、热水生产和供应业			
原材料	-0.20	-1274.50	-92.70
生产量			
其他能源使用	-10.60		-24.50
12 石油加工业			
原材料			
生产量	1737.20	3130.60	2365.70
其他能源使用	-4.20	-204.50	-6.00
13 炼焦、煤气及煤制品业			
原材料		-37.00	
生产量			
其他能源使用	-2.80	-34.90	-1.50
能源部门之外的其他部门			
进口量	12.80	103.30	170.60
我轮、机在外国加油量			
出口量(-)	-116.50	-78.10	-145.90
外轮、机在我国加油量(-)			
库存变化(增(-)、减(+))	-9.20	-34.90	-49.30
损失量			
运输中的损失量			
统计误差			-27.10
供给合计	**1543.10**	**1499.50**	**2129.90**

单位:万吨

产品 能源 煤油	其他石油制品	其他焦化产品	电力 (10^8kwh)	热力 (10TJ)	其他能源 (10^4tce)
-2.20			-252.60	-82.50	
-1.00			-109.20	-421.60	
-0.10	-0.50	-0.10			
			4972.70	46372.00	
-0.20			-348.80	-128.80	
418.30	1483.30				
-0.20			-51.90	-3108.40	
		206.60			
-0.10			-12.40	-508.30	
22.10	14.60		12.90		
-53.80	-175.30		-0.40		
-4.70					
			-361.20		
			-361.20		
378.10	**1322.10**	**206.50**	**3849.10**	**42122.40**	

6－6 能源供给表

（1987年）

部门	能源		
	固体		
	煤	原煤	洗煤
能源部门			
02 煤炭采选业			
原材料	－3039.73	－3039.73	
生产量	21912.89	19460.28	1920.65
其他能源使用	－362.55	－316.41	－24.77
03 石油和天然气开采业			
原材料			
生产量			
其他能源使用	－16.08	－15.96	
11 电力及蒸汽、热水生产和供应业			
原材料	－4615.28	－4497.19	－11.32
生产量			
其他能源使用	－23.41	－20.91	－0.03
12 石油加工业			
原材料			
生产量			
其他能源使用	－11.45	－11.39	
13 炼焦、煤气及煤制品业			
原材料	－2215.51	－584.19	－1623.62
生产量			
其他能源使用	－36.38	－28.90	－7.02
能源部门之外的其他部门			
进口量	41.92	36.01	5.91
我轮、机在外国加油量			
出口量（－）	－303.11	－208.68	－94.43
外轮、机在我国加油量（－）			
库存变化（增（－）、减（＋））	343.86	326.31	16.96
损失量			
运输中的损失量			
统计误差	－89.01	－66.37	－0.40
供给合计	**11586.16**	**11032.86**	**181.94**

（热量表）

单位：10^{15}焦耳

产　品				
能　源				
		焦　碳	城市废物	工业废物
其他洗煤	型　煤			
531.97				
-21.36		-6.89		
-0.12		-0.09		
-106.77				
-2.47		-0.68		-139.76
-0.06		-1.34		
-7.70				
		1641.62		
-0.46		-3.25		
				202.15
		-17.45		
0.58		-6.49		
-22.24		2.82		
371.36		**1608.26**		**62.39**

6－6　能源供给表(热量表)(续1)

部　门	能　源		
	生物能源		
	秸　杆	薪　柴	沼　气
能源部门			
02 煤炭采选业			
原材料			
生产量			
其他能源使用			
03 石油和天然气开采业			
原材料			
生产量			
其他能源使用			
11 电力及蒸汽、热水生产和供应业			
原材料			
生产量			
其他能源使用			
12 石油加工业			
原材料			
生产量			
其他能源使用			
13 炼焦、煤气及煤制品业			
原材料			
生产量			
其他能源使用			
能源部门之外的其他部门	3633.27	3234.15	22.61
进口量			
我轮、机在外国加油量			
出口量（－）			
外轮、机在我国加油量(－)			
库存变化(增(－)、减(＋))			
损失量			
运输中的损失量			
统计误差			
供给合计	**3633.27**	**3234.15**	**22.61**

单位:10^{15}焦耳

产　品					
气体能源				液体能源	
天然气	焦炉煤气	炼厂干气	其他煤气	原　油	液化石油气
-1.98					
549.58				5615.20	
-128.19		-3.45		-47.51	-1.00
-31.26	-53.46	-3.31	-3.87	-118.51	-0.30
-2.77					
				-4091.89	
		116.28			108.17
-43.92		-91.15		-2.72	-19.95
	269.58		38.77		
-2.37	-28.31		-0.26		-0.20
				-1139.66	-0.85
				1.80	-0.10
-11.08	-0.18	-0.78	-0.26	-94.56	-0.20
-0.79				-11.34	
			-0.26	-4.31	
328.00	**187.63**	**17.58**	**34.11**	**117.84**	**85.56**

6－6　能源供给表(热量表)(续2)

部　门	能　源		
	液　体		
	汽　油	燃料油	柴　油
能源部门			
02 煤炭采选业			
原材料			
生产量			
其他能源使用	－15.48		－7.73
03 石油和天然气开采业			
原材料			
生产量			
其他能源使用	－11.86	－29.35	－17.51
11 电力及蒸汽、热水生产和供应业			
原材料	－0.09	－530.62	－39.39
生产量			
其他能源使用	－4.57		－10.41
12 石油加工业			
原材料			
生产量	749.15	1303.39	1005.36
其他能源使用	－1.81	－85.14	－2.55
13 炼焦、煤气及煤制品业			
原材料		－15.40	
生产量			
其他能源使用	－1.21	－14.53	－0.64
能源部门之外的其他部门			
进口量	5.52	43.01	72.50
我轮、机在外国加油量			
出口量(－)	－50.24	－32.52	－62.00
外轮、机在我国加油量(－)			
库存变化(增(－)、减(＋))	－3.97	－14.53	－20.95
损失量			
运输中的损失量			
统计误差			－11.52
供给合计	**665.45**	**624.30**	**905.15**

单位:10^{15}焦耳

产品 能源 煤油	其他石油制品	其他焦化产品	电力	热力	其他能源
-0.95			-90.99	-0.82	
-0.43			-39.33	-4.18	
-0.04	-0.19	-0.03			
			1791.15	459.87	
-0.09			-125.64	-1.28	
180.39	569.49				
-0.09			-18.69	-30.83	
		69.65			
-0.04			-4.47	-5.04	
9.53	5.61		4.65		
-23.20	-67.30		-0.14		
-2.03					
			-130.10		
			-130.10		
163.05	**507.60**	**69.62**	**1386.44**	**417.73**	

6－7 能源使用表－热力

（1987年）

	部门	能源		
		固体		
		煤	原煤	洗煤
01	农业	2286.70	2271.20	1.80
04	金属矿采选业	214.50	194.30	0.50
05	其他非金属矿采选业	518.40	478.90	11.90
06	食品制造业	2815.00	2585.20	82.20
07	纺织业	2037.40	1965.90	19.40
08	缝纫及皮革制品业	198.20	193.30	0.70
09	木材加工及家具制造业	284.00	279.80	0.40
10	造纸及文教用品制造业	1451.60	1408.60	10.20
14	化学工业	5950.32	5344.36	253.88
15	建筑材料及其他非金属矿物制品业	9868.60	9353.50	65.80
16	金属冶炼及压延加工业	3150.10	2613.00	143.10
17	金属制品业	392.60	363.60	18.90
18	机械工业	1713.34	1434.89	52.44
19	交通运输设备制造业	761.49	692.27	3.24
20	电气机械及器材制造业	347.28	338.45	1.41
21	电子及通信设备制造业			
22	仪器仪表及其他计量器具制造业			
23	机械设备修理业			
24	其他工业	819.90	799.80	4.10
25	建筑业	453.40	441.30	0.70
26	货运邮电业	176.20	176.20	
	铁路			
	公路	126.50	126.50	
	水运	2.71	2.71	
	航空	1.30	1.30	
	管道	2.43	2.43	
	其他	4.93	4.93	
	邮电通讯	38.33	38.33	
27	商业	703.41	678.93	0.10
28	饮食业	121.69	117.47	
29	旅客运输业	13.87	13.87	
	铁路			
	公路	12.38	12.38	
	水运	0.45	0.45	
	航空	0.22	0.22	
	其他	0.82	0.82	
30	公用事业及居民服务业	663.26	616.21	0.73
31	文教卫生科研事业	745.47	692.59	0.82
32	金融保险业	29.75	27.64	0.03
33	行政机关	292.73	271.97	0.32
RH	农村住户	7403.70	7298.10	
UH	城镇住户	9082.50	8844.50	
合计		**52495.41**	**49495.85**	**672.68**
工业合计		**30522.72**	**28045.86**	**668.18**

（实物量表）

单位：万吨

产品				
能源				
其他洗煤	型煤	焦炭	城市废物	工业废物
13.70		48.00		
19.70		33.00		
27.60		6.90		
147.60		22.70		
52.10		7.80		
4.20		1.40		
3.80		2.10		
32.80		3.30		
352.08		318.35		
449.30		129.80		25.00
394.00		3085.17		
10.10		119.70		
226.01		278.21		
65.98		33.85		
7.42		12.74		
16.00		36.70		
11.40		11.70		
		3.85		
		3.85		
24.38		7.67		
4.22		1.33		
		1.05		
		1.05		
46.32		0.77		
52.06		0.86		
2.08		0.03		
20.44		0.34		
105.60		21.60		
238.00		11.30		
2326.88		**4200.22**		**25.00**
1808.68		**4091.72**		**25.00**

6－7　能源使用表－热力(实物量表)(续1)

部门		能源		
		生物能源		
		秸秆	薪柴	沼气(10^4m^3)
01	农业		2589.90	
04	金属矿采选业			
05	其他非金属矿采选业			
06	食品制造业			
07	纺织业			
08	缝纫及皮革制品业			
09	木材加工及家具制造业			
10	造纸及文教用品制造业			
14	化学工业			
15	建筑材料及其他非金属矿物制品业			
16	金属冶炼及压延加工业			
17	金属制品业			
18	机械工业			
19	交通运输设备制造业			
20	电气机械及器材制造业			
21	电子及通信设备制造业			
22	仪器仪表及其他计量器具制造业			
23	机械设备修理业			
24	其他工业			
25	建筑业			
26	货运邮电业			
	铁路			
	公路			
	水运			
	航空			
	管道			
	其他			
	邮电通讯			
27	商业			
28	饮食业			
29	旅客运输业			
	铁路			
	公路			
	水运			
	航空			
	其他			
30	公用事业及居民服务业			
31	文教卫生科研事业			
32	金融保险业			
33	行政机关			
RH	农村住户	28805.70	16676.20	107698.80
UH	城镇住户			
合计		**28805.70**	**19266.10**	**107698.80**
工业合计				

单位:万吨

产　品					
气体能源				液体能源	
天然气（10^8m^3）	焦炉煤气（10^8m^3）	炼厂干气	其他煤气（10^8m^3）	原　油	液化石油气
				0.70	
1.40				0.40	
0.40	0.10		0.10	2.10	
0.30	3.20		0.60	1.10	0.40
				0.20	
0.20	0.10		0.10	1.40	
21.31	8.70	24.84	0.50	44.05	26.34
2.10	2.20	0.40	1.00	15.30	4.00
7.50	78.90		11.60	32.90	0.20
0.40	0.20		0.30	0.40	0.10
3.04	2.10		11.87	1.00	0.37
0.47	0.34		0.46	1.32	0.04
0.69	1.55		0.27	1.98	0.09
0.10			0.10	0.10	1.30
8.60				98.80	0.90
0.24				23.10	
0.24					
				22.50	
				0.60	
	0.43		0.09	0.34	0.18
	0.07		0.01	0.06	0.02
0.06					
0.06					
0.42	0.69		0.69	1.30	2.22
0.47	0.78		0.78	1.46	2.50
0.02	0.03		0.03	0.06	0.10
0.19	0.30		0.30	0.57	0.98
					0.10
7.70	7.00	2.70	10.00		124.30
55.61	**106.70**	**27.94**	**38.80**	**228.65**	**164.14**
37.91	**97.40**	**25.24**	**26.90**	**102.25**	**32.84**

6-7 能源使用表-热力(实物量表)(续2)

部门		能源		
		液体		
		汽油	燃料油	柴油
01	农业			
04	金属矿采选业		3.70	
05	其他非金属矿采选业		1.50	
06	食品制造业		16.60	
07	纺织业		23.40	
08	缝纫及皮革制品业		0.40	
09	木材加工及家具制造业		3.60	
10	造纸及文教用品制造业		23.70	
14	化学工业		306.40	
15	建筑材料及其他非金属矿物制品业		291.30	
16	金属冶炼及压延加工业		358.90	
17	金属制品业		8.80	
18	机械工业		61.37	
19	交通运输设备制造业		19.33	
20	电气机械及器材制造业		14.30	
21	电子及通信设备制造业			
22	仪器仪表及其他计量器具制造业			
23	机械设备修理业			
24	其他工业		35.70	
25	建筑业		45.30	
26	货运邮电业		103.13	
	铁路		15.91	
	公路		80.27	
	水运			
	航空		2.41	
	管道		1.58	
	其他		0.47	
	邮电通讯		2.50	
27	商业		2.02	
28	饮食业		0.18	
29	旅客运输业		17.06	
	铁路		3.81	
	公路		12.56	
	水运			
	航空		0.58	
	其他		0.11	
30	公用事业及居民服务业		2.72	
31	文教卫生科研事业		3.06	
32	金融保险业		0.12	
33	行政机关		1.20	
RH	农村住户			
UH	城镇住户			
合计			**1343.79**	
工业合计			**1169.00**	

单位:万吨

产 品 能 源 煤 油	其他石油制品	其他焦化产品	电 力 (10^8kwh)	热 力 (10TJ)	其他能源 (10^4tce)
2.80			359.60	3.00	
0.20			85.40	0.80	
0.20			97.40	52.30	
0.50			167.90	1628.30	
0.80			212.40	4133.80	
0.10			14.90	23.10	
0.10			15.90	69.60	
1.00			119.20	1683.20	
2.37	1322.10	62.66	772.00	14490.70	
2.80		4.94	293.40	466.30	
0.70		138.90	632.50	6796.00	
0.90			70.30	38.70	
3.49			184.36	1620.84	
4.18			109.32	1450.34	
0.43			45.92	384.72	
0.90			48.80	98.00	
1.70			58.40	20.90	
14.52			48.47	42.41	
0.69			4.28	16.54	
9.14			31.09	18.20	
0.34			1.74	1.02	
			0.26	0.15	
0.14			2.43	1.42	
0.04			1.85	1.08	
4.18			6.83	4.00	
1.19			40.22	72.90	
0.11			8.88	16.10	
1.68			1.95	2.49	
0.16			0.53	1.66	
1.43			1.03	0.61	
0.08			0.17	0.10	
			0.03	0.02	
0.01			0.19	0.11	
60.38			57.12	464.49	
67.86			64.20	522.07	
2.71			2.56	20.83	
26.65			25.21	205.01	
118.80			124.20		
9.00			162.30	7815.50	
326.07	**1322.10**	**206.50**	**3822.82**	**42122.40**	
18.67	**1322.10**	**206.50**	**2869.70**	**32936.70**	

6－8　能源使用表－热力

（1987 年）

部门		能源		
		固体		
		煤	原煤	洗煤
01	农业	478.87	476.29	0.47
04	金属矿采选业	43.91	40.75	0.13
05	其他非金属矿采选业	107.81	100.43	3.14
06	食品制造业	586.51	542.14	21.69
07	纺织业	425.39	412.27	5.12
08	缝纫及皮革制品业	41.37	40.54	0.18
09	木材加工及家具制造业	59.37	58.68	0.11
10	造纸及文教用品制造业	303.13	295.40	2.69
14	化学工业	1241.86	1120.76	66.98
15	建筑材料及其他非金属矿物制品业	2047.93	1961.51	17.36
16	金属冶炼及压延加工业	646.28	547.97	37.75
17	金属制品业	82.79	76.25	4.99
18	机械工业	349.48	300.91	13.84
19	交通运输设备制造业	156.17	145.17	0.86
20	电气机械及器材制造业	72.49	70.98	0.37
21	电子及通信设备制造业			
22	仪器仪表及其他计量器具制造业			
23	机械设备修理业			
24	其他工业	171.27	167.73	1.08
25	建筑业	94.48	92.54	0.18
26	货运邮电业	36.95	36.95	
	铁路			
	公路	26.53	26.53	
	水运	0.57	0.57	
	航空	0.27	0.27	
	管道	0.51	0.51	
	其他	1.03	1.03	
	邮电通讯	8.04	8.04	
27	商业	146.15	142.38	0.03
28	饮食业	25.28	24.63	
29	旅客运输业	2.91	2.91	
	铁路			
	公路	2.60	2.60	
	水运	0.10	0.10	
	航空	0.05	0.05	
	其他	0.17	0.17	
30	公用事业及居民服务业	136.54	129.22	0.19
31	文教卫生科研事业	153.46	145.24	0.22
32	金融保险业	6.12	5.80	0.01
33	行政机关	60.26	57.03	0.08
RH	农村住户	1546.71	1530.48	
UH	城镇住户	1891.35	1854.77	
合　计		**10914.84**	**10379.73**	**177.47**
工业合计		**6335.74**	**5881.47**	**176.29**

（热量表）

单位：10^{15}焦耳

产品				
能源				
其他洗煤	型煤	焦碳	城市废物	工业废物
2.11		13.67		
3.03		9.40		
4.24		1.96		
22.69		6.46		
8.01		2.22		
0.65		0.40		
0.58		0.60		
5.04		0.94		
54.11		90.63		
69.05		36.95		3.12
60.56		878.34		
1.55		34.08		
34.74		79.20		
10.14		9.64		
1.14		3.63		
2.46		10.45		
1.75		3.33		
		1.10		
		1.10		
3.75		2.18		
0.65		0.38		
		0.30		
		0.30		
7.12		0.22		
8.00		0.25		
0.32		0.01		
3.14		0.10		
16.23		6.15		
36.58		3.22		
357.63		**1195.79**		**3.12**
277.98		**1164.90**		**3.12**

6-8 能源使用表-热力(热量表)(续1)

部门		能源 生物能源 秸杆	薪柴	沼气
01	农业		434.76	
04	金属矿采选业			
05	其他非金属矿采选业			
06	食品制造业			
07	纺织业			
08	缝纫及皮革制品业			
09	木材加工及家具制造业			
10	造纸及文教用品制造业			
14	化学工业			
15	建筑材料及其他非金属矿物制品业			
16	金属冶炼及压延加工业			
17	金属制品业			
18	机械工业			
19	交通运输设备制造业			
20	电气机械及器材制造业			
21	电子及通信设备制造业			
22	仪器仪表及其他计量器具制造业			
23	机械设备修理业			
24	其他工业			
25	建筑业			
26	货运邮电业			
	铁路			
	公路			
	水运			
	航空			
	管道			
	其他			
	邮电通讯			
27	商业			
28	饮食业			
29	旅客运输业			
	铁路			
	公路			
	水运			
	航空			
	其他			
30	公用事业及居民服务业			
31	文教卫生科研事业			
32	金融保险业			
33	行政机关			
RH	农村住户	3633.27	2799.39	22.61
UH	城镇住户			
合计		**3633.27**	**3234.15**	**22.61**
工业合计				

单位:10^{15}焦耳

产　品					
气体能源				液体产品	
天然气	焦炉煤气	炼厂干气	其他煤气	原　油	液化石油气
				0.29	
5.54				0.17	
1.58	0.18		0.09	0.88	
1.19	5.63		0.53	0.46	0.20
				0.08	
0.79	0.18		0.09	0.59	
84.32	15.30	11.43	0.44	18.44	13.24
8.31	3.87	0.18	0.88	6.40	2.01
29.67	138.75		10.20	13.77	0.10
1.58	0.35		0.26	0.17	0.05
12.02	3.70		10.44	0.42	0.18
1.88	0.60		0.40	0.55	0.02
2.72	2.73		0.24	0.83	0.05
0.40			0.09	0.04	0.65
34.03				41.36	0.45
0.95				9.67	
0.95					
				9.42	
				0.25	
	0.76		0.08	0.14	0.09
	0.12		0.01	0.03	0.01
0.24					
0.24					
1.67	1.21		0.61	0.55	1.12
1.87	1.36		0.68	0.61	1.25
0.07	0.05		0.03	0.02	0.05
0.74	0.54		0.27	0.24	0.49
					0.05
30.47	12.31	1.24	8.79		62.45
220.03	**187.63**	**12.86**	**34.11**	**95.71**	**82.47**
150.00	**171.28**	**11.61**	**23.65**	**42.80**	**16.50**

6－8 能源使用表－热力(热量表)(续2)

部门		能源		
		液体		
		汽油	燃料油	柴油
01	农业			
04	金属矿采选业		1.54	
05	其他非金属矿采选业		0.62	
06	食品制造业		6.91	
07	纺织业		9.74	
08	缝纫及皮革制品业		0.17	
09	木材加工及家具制造业		1.50	
10	造纸及文教用品制造业		9.87	
14	化学工业		127.56	
15	建筑材料及其他非金属矿物制品业		121.28	
16	金属冶炼及压延加工业		149.42	
17	金属制品业		3.66	
18	机械工业		25.55	
19	交通运输设备制造业		8.05	
20	电气机械及器材制造业		5.95	
21	电子及通信设备制造业			
22	仪器仪表及其他计量器具制造业			
23	机械设备修理业			
24	其他工业		14.86	
25	建筑业		18.86	
26	货运邮电业		42.94	
	铁路		6.62	
	公路		33.42	
	水运			
	航空		1.00	
	管道		0.66	
	其他		0.20	
	邮电通讯		1.04	
27	商业		0.84	
28	饮食业		0.07	
29	旅客运输业		7.10	
	铁路		1.59	
	公路		5.23	
	水运			
	航空		0.24	
	其他		0.05	
30	公用事业及居民服务业		1.13	
31	文教卫生科研事业		1.27	
32	金融保险业		0.05	
33	行政机关		0.50	
RH	农村住户			
UH	城镇住户			
合计			**559.47**	
工业合计			**486.70**	

单位:10^{15}焦耳

产　品			电　力	热　力	其他能源
能　源					
煤　油	其他石油制品	其他焦化产品			
1.21			129.53	0.03	
0.09			30.76	0.01	
0.09			35.08	0.52	
0.22			60.48	16.15	
0.34			76.51	40.99	
0.04			5.37	0.23	
0.04			5.73	0.69	
0.43			42.94	16.69	
1.02	507.60		278.07	143.70	
1.21			105.68	4.62	
0.30			227.82	67.40	
0.39			25.32	0.38	
1.50			66.40	16.07	
1.80			39.38	14.38	
0.19			16.54	3.82	
0.39			17.58	0.97	
0.73			21.04	0.21	
6.26			17.46	0.42	
0.30			1.54	0.16	
3.94			11.20	0.18	
0.14			0.63	0.01	
			0.09		
0.06			0.87	0.01	
0.02			0.67	0.01	
1.80			2.46	0.04	
0.51			14.49	0.72	
0.05			3.20	0.16	
0.72			0.70	0.02	
0.07			0.19	0.02	
0.62			0.37	0.01	
0.03			0.06		
			0.01		
0.0037			0.07		
26.04			20.58	4.61	
29.27			23.13	5.18	
1.17			0.92	0.21	
11.49			9.08	2.03	
51.23			44.74		
3.88			58.46	77.51	
140.61	**507.60**	**69.62**	**1376.97**	**417.73**	
8.05	**507.60**	**69.62**	**1033.66**	**326.63**	

6－9　能源使用表－原材料

（1987 年）

部门		能源		
		固体		
		煤	原煤	洗煤
01	农业			
04	金属矿采选业			
05	其他非金属矿采选业			
06	食品制造业			
07	纺织业			
08	缝纫及皮革制品业			
09	木材加工及家具制造业			
10	造纸及文教用品制造业			
14	化学工业	1169.28	1146.24	11.02
15	建筑材料及其他非金属矿物制品业			
16	金属冶炼及压延加工业			
17	金属制品业			
18	机械工业			
19	交通运输设备制造业			
20	电气机械及器材制造业			
21	电子及通信设备制造业			
22	仪器仪表及其他计量器具制造业			
23	机械设备修理业			
24	其他工业			
25	建筑业			
26	货运邮电业			
	铁路			
	公路			
	水运			
	航空			
	管道			
	其他			
	邮电通讯			
27	商业			
28	饮食业			
29	旅客运输业			
	铁路			
	公路			
	水运			
	航空			
	其他			
30	公用事业及居民服务业			
31	文教卫生科研事业			
32	金融保险业			
33	行政机关			
RH	农村住户			
UH	城镇住户			
合　计		**1169.28**	**1146.24**	**11.02**
工业合计		**1169.28**	**1146.24**	**11.02**

（实物量表）

单位:万吨

产　品				
能　源				
		焦　碳	城市废物	工业废物
其他洗煤	型　煤			
12.02		465.95		
				475
		982.83		
12.02		**1448.78**		**475.00**
12.02		**1448.78**		**475.00**

6-9　能源使用表-原材料(实物量表)(续1)

部　门		能　源		
		生物能源		
		秸　杆	薪　柴	沼　气 (10^4m^3)
01	农业			
04	金属矿采选业			
05	其他非金属矿采选业			
06	食品制造业			
07	纺织业			
08	缝纫及皮革制品业			
09	木材加工及家具制造业			
10	造纸及文教用品制造业			
14	化学工业			
15	建筑材料及其他非金属矿物制品业			
16	金属冶炼及压延加工业			
17	金属制品业			
18	机械工业			
19	交通运输设备制造业			
20	电气机械及器材制造业			
21	电子及通信设备制造业			
22	仪器仪表及其他计量器具制造业			
23	机械设备修理业			
24	其他工业			
25	建筑业			
26	货运邮电业			
	铁路			
	公路			
	水运			
	航空			
	管道			
	其他			
	邮电通讯			
27	商业			
28	饮食业			
29	旅客运输业			
	铁路			
	公路			
	水运			
	航空			
	其他			
30	公用事业及居民服务业			
31	文教卫生科研事业			
32	金融保险业			
33	行政机关			
RH	农村住户			
UH	城镇住户			
合　计				
工业合计				

单位:万吨

产　品					
气体能源				液体能源	
天然气（10^8m^3）	焦炉煤气（10^8m^3）	炼厂干气	其他煤气（10^8m^3）	原　油	液化石油气
27.29		10.26		52.85	6.16
27.29		**10.26**		**52.85**	**6.16**
27.29		**10.26**		**52.85**	**6.16**

6－9　能源使用表－原材料（实物量表）（续2）

部　门		能　源		
		液　体		
		汽　油	燃料油	柴　油
01	农业			
04	金属矿采选业			
05	其他非金属矿采选业			
06	食品制造业			
07	纺织业			
08	缝纫及皮革制品业			
09	木材加工及家具制造业			
10	造纸及文教用品制造业			
14	化学工业	5.20	95.80	11.86
15	建筑材料及其他非金属矿物制品业			
16	金属冶炼及压延加工业			
17	金属制品业			
18	机械工业			
19	交通运输设备制造业			
20	电气机械及器材制造业			
21	电子及通信设备制造业			
22	仪器仪表及其他计量器具制造业			
23	机械设备修理业			
24	其他工业			
25	建筑业			
26	货运邮电业			
	铁路			
	公路			
	水运			
	航空			
	管道			
	其他			
	邮电通讯			
27	商业			
28	饮食业			
29	旅客运输业			
	铁路			
	公路			
	水运			
	航空			
	其他			
30	公用事业及居民服务业			
31	文教卫生科研事业			
32	金融保险业			
33	行政机关			
RH	农村住户			
UH	城镇住户			
合　计		**5.20**	**95.80**	**11.86**
工业合计		**5.20**	**95.80**	**11.86**

单位：万元

产　品			电　力 (10^8kwh)	热　力 (10TJ)	其他能源 (10^4tce)
能　源					
煤　油	其他石油制品	其他焦化产品			
0.53					
0.53					
0.53					

6－10 能源使用表－原材料

(1987 年)

部门		能源 固体 煤	原煤	洗煤
01	农业			
04	金属矿采选业			
05	其他非金属矿采选业			
06	食品制造业			
07	纺织业			
08	缝纫及皮革制品业			
09	木材加工及家具制造业			
10	造纸及文教用品制造业			
14	化学工业	245.13	240.38	2.91
15	建筑材料及其他非金属矿物制品业			
16	金属冶炼及压延加工业			
17	金属制品业			
18	机械工业			
19	交通运输设备制造业			
20	电气机械及器材制造业			
21	电子及通信设备制造业			
22	仪器仪表及其他计量器具制造业			
23	机械设备修理业			
24	其他工业			
25	建筑业			
26	货运邮电业			
	铁路			
	公路			
	水运			
	航空			
	管道			
	其他			
	邮电通讯			
27	商业			
28	饮食业			
29	旅客运输业			
	铁路			
	公路			
	水运			
	航空			
	其他			
30	公用事业及居民服务业			
31	文教卫生科研事业			
32	金融保险业			
33	行政机关			
RH	农村住户			
UH	城镇住户			
合计		**245.13**	**240.38**	**2.91**
工业合计		**245.13**	**240.38**	**2.91**

(热量表)

单位:10^{15}焦耳

产　品				
能　源				
		焦　　碳	城市废物	工业废物
其他洗煤	型　　煤			
1.85		132.66		
				59.27
		279.81		
1.85		**412.46**		**59.27**
1.85		**412.46**		**59.27**

6－10 能源使用表－原材料(热量表)(续1)

部门		能源		
		生物能源		
		秸杆	薪柴	沼气
01	农业			
04	金属矿采选业			
05	其他非金属矿采选业			
06	食品制造业			
07	纺织业			
08	缝纫及皮革制品业			
09	木材加工及家具制造业			
10	造纸及文教用品制造业			
14	化学工业			
15	建筑材料及其他非金属矿物制品业			
16	金属冶炼及压延加工业			
17	金属制品业			
18	机械工业			
19	交通运输设备制造业			
20	电气机械及器材制造业			
21	电子及通信设备制造业			
22	仪器仪表及其他计量器具制造业			
23	机械设备修理业			
24	其他工业			
25	建筑业			
26	货运邮电业			
	铁路			
	公路			
	水运			
	航空			
	管道			
	其他			
	邮电通讯			
27	商业			
28	饮食业			
29	旅客运输业			
	铁路			
	公路			
	水运			
	航空			
	其他			
30	公用事业及居民服务业			
31	文教卫生科研事业			
32	金融保险业			
33	行政机关			
RH	农村住户			
UH	城镇住户			
合计				
工业合计				

单位：10^{15}焦耳

产　品					
气体能源				液体能源	
天然气	焦炉煤气	炼厂干气	其他煤气	原　油	液化石油气
107.97		4.72		22.12	3.09
107.97		**4.72**		**22.12**	**3.09**
107.97		**4.72**		**22.12**	**3.09**

6－10　能源使用表－原材料(热量表)(续2)

部门		能源		
		液体		
		汽油	燃料油	柴油
01	农业			
04	金属矿采选业			
05	其他非金属矿采选业			
06	食品制造业			
07	纺织业			
08	缝纫及皮革制品业			
09	木材加工及家具制造业			
10	造纸及文教用品制造业			
14	化学工业	2.24	39.89	5.04
15	建筑材料及其他非金属矿物制品业			
16	金属冶炼及压延加工业			
17	金属制品业			
18	机械工业			
19	交通运输设备制造业			
20	电气机械及器材制造业			
21	电子及通信设备制造业			
22	仪器仪表及其他计量器具制造业			
23	机械设备修理业			
24	其他工业			
25	建筑业			
26	货运邮电业			
	铁路			
	公路			
	水运			
	航空			
	管道			
	其他			
	邮电通讯			
27	商业			
28	饮食业			
29	旅客运输业			
	铁路			
	公路			
	水运			
	航空			
	其他			
30	公用事业及居民服务业			
31	文教卫生科研事业			
32	金融保险业			
33	行政机关			
RH	农村住户			
UH	城镇住户			
合计		**2.24**	**39.89**	**5.04**
工业合计		**2.24**	**39.89**	**5.04**

单位:10^{15}焦耳

产品 / 能源 煤油	其他石油制品	其他焦化产品	电力	热力	其他能源
0.23					
0.23					
0.23					

6－11 能源使用表－运输动力

（1987年）

部门		能源		
		固体		
		煤	原煤	洗煤
01	农业			
04	金属矿采选业			
05	其他非金属矿采选业			
06	食品制造业			
07	纺织业			
08	缝纫及皮革制品业			
09	木材加工及家具制造业			
10	造纸及文教用品制造业			
14	化学工业			
15	建筑材料及其他非金属矿物制品业			
16	金属冶炼及压延加工业			
17	金属制品业			
18	机械工业			
19	交通运输设备制造业			
20	电气机械及器材制造业			
21	电子及通信设备制造业			
22	仪器仪表及其他计量器具制造业			
23	机械设备修理业			
24	其他工业			
25	建筑业			
26	货运邮电业	1955.41	1883.53	5.10
	铁路	1955.41	1883.53	5.10
	公路			
	水运			
	航空			
	管道			
	其他			
	邮电通讯			
27	商业			
28	饮食业			
29	旅客运输业	96.00	84.68	0.80
	铁路	96.00	84.68	0.80
	公路			
	水运			
	航空			
	其他			
30	公用事业及居民服务业			
31	文教卫生科研事业			
32	金融保险业			
33	行政机关			
RH	农村住户			
UH	城镇住户			
合计		**2051.41**	**1968.21**	**5.90**
工业合计				

（实物量表）

单位：万吨

产　品				
能　源				
		焦　碳	城市废物	工业废物
其他洗煤	型　煤			
66.78				
66.78				
10.52				
10.52				
77.30				

6－11　能源使用表－运输动力（实物量表）（续1）

部　门		能　源		
		生物能源		
		秸　杆	薪　柴	沼　气 (10^4m^3)
01	农业			
04	金属矿采选业			
05	其他非金属矿采选业			
06	食品制造业			
07	纺织业			
08	缝纫及皮革制品业			
09	木材加工及家具制造业			
10	造纸及文教用品制造业			
14	化学工业			
15	建筑材料及其他非金属矿物制品业			
16	金属冶炼及压延加工业			
17	金属制品业			
18	机械工业			
19	交通运输设备制造业			
20	电气机械及器材制造业			
21	电子及通信设备制造业			
22	仪器仪表及其他计量器具制造业			
23	机械设备修理业			
24	其他工业			
25	建筑业			
26	货运邮电业			
	铁路			
	公路			
	水运			
	航空			
	管道			
	其他			
	邮电通讯			
27	商业			
28	饮食业			
29	旅客运输业			
	铁路			
	公路			
	水运			
	航空			
	其他			
30	公用事业及居民服务业			
31	文教卫生科研事业			
32	金融保险业			
33	行政机关			
RH	农村住户			
UH	城镇住户			
合　计				
工业合计				

单位:万吨

产　　品					
气体能源				液体能源	
天然气（$10^8 m^3$）	焦炉煤气（$10^8 m^3$）	炼厂干气	其他煤气（$10^8 m^3$）	原　　油	液化石油气

6－11　能源使用表－运输动力(实物量表)(续2)

部　门		能　源		
		液　体		
		汽　油	燃料油	柴　油
01	农业	146.30	4.00	729.70
04	金属矿采选业	11.10		13.00
05	其他非金属矿采选业	34.50		30.20
06	食品制造业	38.80		29.60
07	纺织业	23.90		22.40
08	缝纫及皮革制品业	7.90		4.60
09	木材加工及家具制造业	7.30		4.40
10	造纸及文教用品制造业	17.00		10.90
14	化学工业	66.80		150.34
15	建筑材料及其他非金属矿物制品业	53.00		75.10
16	金属冶炼及压延加工业	29.50		30.80
17	金属制品业	14.70		14.70
18	机械工业	59.78		37.94
19	交通运输设备制造业	25.10		25.30
20	电气机械及器材制造业	16.12		12.86
21	电子及通信设备制造业			
22	仪器仪表及其他计量器具制造业			
23	机械设备修理业			
24	其他工业	13.50		18.60
25	建筑业	88.20		154.90
26	货运邮电业	471.79	45.10	548.36
	铁路	7.47		154.61
	公路	411.73		263.41
	水运	7.07	45.10	97.08
	航空	20.81		13.43
	管道	2.31		11.80
	其他	10.54		5.84
	邮电通讯	11.85		2.19
27	商业	31.41		19.93
28	饮食业	2.79		1.77
29	旅客运输业	60.71	10.81	101.64
	铁路	1.77		29.79
	公路	49.83		44.05
	水运	1.68	10.81	23.20
	航空	4.93		3.21
	其他	2.50		1.40
30	公用事业及居民服务业	116.12		29.92
31	文教卫生科研事业	130.52		33.63
32	金融保险业	5.21		1.34
33	行政机关	51.25		13.21
RH	农村住户	2.80		2.10
UH	城镇住户	11.80		0.80
合　计		**1537.90**	**59.91**	**2118.04**
工业合计		**419.00**		**480.74**

单位：万吨

产　品			电　力 (10^8 kwh)	热　力 (10TJ)	其他能源 (10^4 tce)
能　源					
煤　油	其他石油制品	其他焦化产品			
16.07			23.98		
			23.98		
16.07					
35.43			2.30		
			2.30		
35.43					
51.50			**26.28**		

6－12 能源使用表－运输动力

（1987年）

部门		能源		
		固体		
		煤	原煤	洗煤
01	农业			
04	金属矿采选业			
05	其他非金属矿采选业			
06	食品制造业			
07	纺织业			
08	缝纫及皮革制品业			
09	木材加工及家具制造业			
10	造纸及文教用品制造业			
14	化学工业			
15	建筑材料及其他非金属矿物制品业			
16	金属冶炼及压延加工业			
17	金属制品业			
18	机械工业			
19	交通运输设备制造业			
20	电气机械及器材制造业			
21	电子及通信设备制造业			
22	仪器仪表及其他计量器具制造业			
23	机械设备修理业			
24	其他工业			
25	建筑业			
26	货运邮电业	406.60	394.99	1.35
	铁路	406.60	394.99	1.35
	公路			
	水运			
	航空			
	管道			
	其他			
	邮电通讯			
27	商业			
28	饮食业			
29	旅客运输业	19.59	17.76	0.21
	铁路	19.59	17.76	0.21
	公路			
	水运			
	航空			
	其他			
30	公用事业及居民服务业			
31	文教卫生科研事业			
32	金融保险业			
33	行政机关			
RH	农村住户			
UH	城镇住户			
合计		**426.19**	**412.75**	**1.56**
工业合计				

(热量表)

单位:10^{15}焦耳

产　品				
能　源				
		焦　碳	城市废物	工业废物
其他洗煤	型　煤			
10.26				
10.26				
1.62				
1.62				
11.88				

6－12　能源使用表－运输动力(热量表)(续1)

部门		能源		
		生物能源		
		秸杆	薪柴	沼气
01	农业			
04	金属矿采选业			
05	其他非金属矿采选业			
06	食品制造业			
07	纺织业			
08	缝纫及皮革制品业			
09	木材加工及家具制造业			
10	造纸及文教用品制造业			
14	化学工业			
15	建筑材料及其他非金属矿物制品业			
16	金属冶炼及压延加工业			
17	金属制品业			
18	机械工业			
19	交通运输设备制造业			
20	电气机械及器材制造业			
21	电子及通信设备制造业			
22	仪器仪表及其他计量器具制造业			
23	机械设备修理业			
24	其他工业			
25	建筑业			
26	货运邮电业			
	铁路			
	公路			
	水运			
	航空			
	管道			
	其他			
	邮电通讯			
27	商业			
28	饮食业			
29	旅客运输业			
	铁路			
	公路			
	水运			
	航空			
	其他			
30	公用事业及居民服务业			
31	文教卫生科研事业			
32	金融保险业			
33	行政机关			
RH	农村住户			
UH	城镇住户			
合计				
工业合计				

单位:10^{15}焦耳

产　品					
气体能源				液体能源	
天然气	焦炉煤气	炼厂干气	其他煤气	原　油	液化石油气

6-12　能源使用表-运输动力(热量表)(续2)

部门		能源 液体 汽油	燃料油	柴油
01	农业	63.09	1.67	310.10
04	金属矿采选业	4.79		5.52
05	其他非金属矿采选业	14.88		12.83
06	食品制造业	16.73		12.58
07	纺织业	10.31		9.52
08	缝纫及皮革制品业	3.41		1.95
09	木材加工及家具制造业	3.15		1.87
10	造纸及文教用品制造业	7.33		4.63
14	化学工业	28.81		63.89
15	建筑材料及其他非金属矿物制品业	22.86		31.92
16	金属冶炼及压延加工业	12.72		13.09
17	金属制品业	6.34		6.25
18	机械工业	25.78		16.12
19	交通运输设备制造业	10.82		10.75
20	电气机械及器材制造业	6.95		5.47
21	电子及通信设备制造业			
22	仪器仪表及其他计量器具制造业			
23	机械设备修理业			
24	其他工业	5.82		7.90
25	建筑业	38.04		65.83
26	货运邮电业	203.45	18.78	233.04
	铁路	3.22		65.71
	公路	177.55		111.94
	水运	3.05	18.78	41.26
	航空	8.97		5.71
	管道	1.00		5.01
	其他	4.55		2.48
	邮电通讯	5.11		0.93
27	商业	13.55		8.47
28	饮食业	1.20		0.75
29	旅客运输业	26.18	4.50	43.19
	铁路	0.76		12.66
	公路	21.49		18.72
	水运	0.72	4.50	9.86
	航空	2.13		1.36
	其他	1.08		0.59
30	公用事业及居民服务业	50.08		12.72
31	文教卫生科研事业	56.28		14.29
32	金融保险业	2.25		0.57
33	行政机关	22.10		5.61
RH	农村住户	1.21		0.89
UH	城镇住户	5.09		0.34
合计		**663.20**	**24.94**	**900.11**
工业合计		**180.69**		**204.30**

单位:10^{15}焦耳

产　品			电　力	热　力	其他能源
能　源					
煤　油	其他石油制品	其他焦化产品			
6.93			8.64		
			8.64		
6.93					
15.28			0.83		
			0.83		
15.28					
22.21			**9.47**		

6－13 能源平衡表

（1995 年）

部门		能源产品	固体	
			煤	原煤
01	农业	7400.75	1856.72	1824.36
02	煤炭采选业	3287.30	2555.55	2246.88
03	石油和天然气开采业	2135.74	220.02	219.66
04	金属矿采选业	1557.00	245.92	197.39
05	其他非金属矿采选业	1654.39	542.31	540.46
06	食品制造业	9214.86	3555.20	3371.62
07	纺织业	9508.96	2354.38	2337.14
08	缝纫及皮革制品业	590.79	249.93	247.15
09	木材加工及家具制造业	723.32	398.43	397.53
10	造纸及文教用品制造业	6005.36	1845.22	1833.98
11	电力及蒸汽、热水生产和供应业	6971.49	895.87	534.52
12	石油加工业	18553.66	33.66	29.48
13	炼焦、煤气及煤制品业	3994.73	509.28	446.06
14	化学工业	41915.83	10287.60	10000.49
15	建筑材料及其他非金属矿物制品业	16131.26	13343.18	12526.74
16	金属冶炼及压延加工业	29495.61	5072.23	4657.35
17	金属制品业	863.48	457.09	447.43
18	机械工业	4850.00	1515.92	1382.37
19	交通运输设备制造业	3191.87	682.69	666.93
20	电气机械及器材制造业	1055.95	329.85	326.06
21	电子及通信设备制造业	387.89	136.99	134.29
22	仪器仪表及其他计量器具制造业	245.97	70.74	69.63
23	机械设备修理业			
24	其他工业	1059.48	748.21	740.82
25	建筑业	1016.03	439.80	439.45
26	货运邮电业	3646.48	1224.93	1154.05
	铁路	1607.90	1050.58	979.73
	公路	1117.57	73.99	73.97
	水运	415.53	12.37	12.36
	航空	129.17	5.44	5.44
	管道	144.50	11.07	11.07
	其他	56.22	22.46	22.46
	邮电通讯	175.59	49.02	49.02
27	商业	1392.48	805.97	777.90
28	饮食业	297.09	187.27	180.62
29	旅客运输业	710.01	74.30	63.14
	铁路	162.04	55.21	44.05
	公路	260.99	12.36	12.36
	水运	97.51	2.07	2.07
	航空	178.74	0.91	0.91
	其他	10.71	3.75	3.75
30	公用事业及居民服务业	2769.53	788.72	729.14
31	文教卫生科研事业	1635.64	584.31	540.18
32	金融保险业	546.92	125.11	115.66
33	行政机关	1438.31	488.53	451.63
RH	农村住户	209476.81	7675.00	7153.33
UH	城镇住户	19777.90	5855.12	5360.30
合计		**413502.89**	**66156.05**	**62143.74**
工业合计		**163394.94**	**46050.27**	**43353.98**

（实物量表）

单位：万吨

能源					
洗煤	其他洗煤	型煤	焦碳	城市废物	工业废物
5.11	27.25		128.62		
68.13	240.54		40.90		
	0.36		1.21		
0.55	47.98		77.48		
1.41	0.44		27.06		
66.28	117.30		32.37		
9.49	7.75		5.78		
2.43	0.35		1.92		
0.79	0.11		2.42		
5.58	5.66		5.89		
16.79	344.56		3.80	6.65	2040.00
3.07	1.10		0.60		
46.51	16.72		42.11		
170.84	116.27		1279.85		
99.65	716.79		276.66		560.00
204.06	210.82		7983.23		
7.72	1.94		123.24		
100.94	32.61		340.41		
6.24	9.52		41.42		
2.72	1.07		15.59		
2.70			1.05		
0.56	0.55		3.42		
4.45	2.94		28.29		
0.28	0.07		10.77		
23.36	47.51		8.42		
23.33	47.51		2.42		
0.02			3.63		
0.01			0.09		
			0.04		
			0.46		
			0.02		
			1.77		
0.53	27.54		14.52		
0.12	6.53		11.19		
3.68	7.49		1.68		
3.68	7.49		0.66		
			0.98		
			0.02		
			0.01		
0.31	59.27		3.04		
0.23	43.91		1.73		
0.05	9.40		0.60		
0.19	36.71		1.07		
	499.63	22.04	67.60		
	470.09	24.73	64.01		
854.77	**3110.77**	**46.77**	**10647.95**	**6.65**	**2600.00**
820.91	**1875.38**		**10334.70**	**6.65**	**2600.00**

6－13　能源平衡表(实物量表)(续1)

部门		能源 生物能源 秸杆	薪柴	沼气 ($10^4 m^3$)
01	农业		2727.12	896.17
02	煤炭采选业			
03	石油和天然气开采业			
04	金属矿采选业			
05	其他非金属矿采选业			
06	食品制造业			
07	纺织业			
08	缝纫及皮革制品业			
09	木材加工及家具制造业			
10	造纸及文教用品制造业			
11	电力及蒸汽、热水生产和供应业			
12	石油加工业			
13	炼焦、煤气及煤制品业			
14	化学工业			
15	建筑材料及其他非金属矿物制品业			
16	金属冶炼及压延加工业			
17	金属制品业			
18	机械工业			
19	交通运输设备制造业			
20	电气机械及器材制造业			
21	电子及通信设备制造业			
22	仪器仪表及其他计量器具制造业			
23	机械设备修理业			
24	其他工业			
25	建筑业			
26	货运邮电业			
	铁路			
	公路			
	水运			
	航空			
	管道			
	其他			
	邮电通讯			
27	商业			
28	饮食业			
29	旅客运输业			
	铁路			
	公路			
	水运			
	航空			
	其他			
30	公用事业及居民服务业			
31	文教卫生科研事业			
32	金融保险业			
33	行政机关			
RH	农村住户	30330.56	17559.69	153301.41
UH	城镇住户			
合计		**30330.56**	**20286.81**	**154197.58**
工业合计				

单位:万吨

产　品					
气体能源				液体能源	
天然气(10^8m^3)	焦炉煤气(10^8m^3)	炼厂干气	其他煤气(10^8m^3)	原　油	液化石油气
0.02					0.14
	0.10		0.02		0.03
41.60		25.07		174.99	13.12
0.59			0.75		0.08
0.67			0.01		0.07
1.05	0.03		0.42	1.97	2.34
3.95	0.15		0.44	1.29	7.14
	0.04		0.01	0.08	0.07
			0.02		2.64
0.06	0.06		0.41	0.36	0.22
0.17	2.61		0.01	0.96	0.52
15.56				30.86	
0.16	16.20	254.40	6.20		84.61
66.96	8.93	80.33	7.14	50.42	52.86
2.27	3.11	1.27	9.43	17.31	13.38
4.08	140.05		569.26	3.52	0.51
0.45	0.12		0.20	0.17	1.27
3.27	1.11		53.72	0.43	7.25
0.51	0.18		2.07	0.57	0.82
0.74	0.82		1.21	0.85	1.81
1.01	0.33		0.52		1.27
0.01	0.01		0.05		0.01
	0.44		1.74	0.98	0.68
0.28		0.01		2.71	0.48
0.14				21.94	0.47
0.01				0.14	0.02
					0.11
					0.10
0.01					
0.10				21.23	0.17
				0.57	
0.02					0.07
0.33	0.43		0.01	0.29	10.07
0.23	0.34		0.01	0.21	7.33
0.33	1.73	0.05	1.35		1.55
0.28	0.99	0.03	0.77		1.31
0.04	0.34	0.01	0.27		0.18
0.55	0.61	0.02	0.48		2.62
			1.89		28.12
19.93	22.18	3.94	32.62		505.83
165.23	**200.91**	**365.12**	**691.02**	**309.91**	**748.81**
143.11	**174.29**	**361.07**	**653.63**	**284.76**	**190.70**

6－13 能源平衡表(实物量表)(续2)

部门		能源		
		液体		
		汽油	燃料油	柴油
01	农业	179.66	8.37	1001.39
02	煤炭采选业	37.87	1.16	31.58
03	石油和天然气开采业	58.99	166.43	147.13
04	金属矿采选业	12.92	11.79	17.62
05	其他非金属矿采选业	28.38	6.79	33.33
06	食品制造业	71.97	22.09	43.46
07	纺织业	42.72	32.09	35.48
08	缝纫及皮革制品业	16.77	2.29	13.75
09	木材加工及家具制造业	8.39	2.01	7.52
10	造纸及文教用品制造业	23.42	9.77	22.21
11	电力及蒸汽、热水生产和供应业	33.55	27.85	36.73
12	石油加工业	19.98	359.91	29.64
13	炼焦、煤气及煤制品业	12.46	27.51	6.91
14	化学工业	108.04	432.24	127.58
15	建筑材料及其他非金属矿物制品业	82.14	324.66	148.84
16	金属冶炼及压延加工业	55.26	455.38	90.85
17	金属制品业	18.19	11.13	23.39
18	机械工业	89.27	43.77	46.93
19	交通运输设备制造业	37.48	13.79	31.30
20	电气机械及器材制造业	24.07	10.20	15.91
21	电子及通信设备制造业	9.15	7.69	10.20
22	仪器仪表及其他计量器具制造业	4.69	1.24	3.91
23	机械设备修理业			
24	其他工业	16.40	5.46	14.18
25	建筑业	103.62	14.24	118.18
26	货运邮电业	792.20	184.64	1024.46
	铁路	21.28	0.82	440.36
	公路	728.96	6.21	285.10
	水运	7.25	169.47	217.26
	航空	6.51	0.40	38.65
	管道	2.37	5.92	26.40
	其他	10.81	1.77	13.07
	邮电通讯	15.02	0.06	3.63
27	商业	192.05	6.23	102.35
28	饮食业	11.62	0.39	6.10
29	旅客运输业	183.66	42.81	217.24
	铁路	5.05	0.20	84.84
	公路	172.79	1.49	68.12
	水运	1.72	40.60	51.92
	航空	1.54	0.09	9.23
	其他	2.56	0.42	3.12
30	公用事业及居民服务业	309.47	16.72	350.17
31	文教卫生科研事业	73.87	3.99	83.59
32	金融保险业	37.73	2.04	42.69
33	行政机关	149.58	8.08	169.25
RH	农村住户	12.52		11.67
UH	城镇住户	51.18		4.47
合计		**2909.27**	**2262.76**	**4070.01**
工业合计		**812.11**	**1975.25**	**938.45**

单位：万吨

产　品			电　力 (10^8 kwh)	热　力 (10TJ)	其他能源 (10^4 tce)
能　源					
煤　油	其他石油制品	其他焦化产品			
3.57			582.42	16.55	
1.59			392.38	186.46	39.66
0.59			258.85	994.15	33.59
0.48			117.28	1071.41	0.68
0.46			184.61	830.6	0.1
2.89			322.93	5033.37	124.77
2.91			335.22	6686.32	1.09
0.53			84.10	1336.03	0.45
1.18			39.04	261.52	0.15
5.29			207.34	3880.7	4.41
1.30			795.24	3116.52	9.71
1.13	837.56	1.73	136.52	16989.50	97.00
	194.92	79.66	30.37	2713.04	16.91
8.98	1465.83	64.58	1353.45	26479.22	41.82
2.59		5.09	599.61	720.72	21
0.98		143.14	1330.97	13604.69	41.46
3.37			113.51	110.87	0.48
4.06			260.77	2482.65	0.44
4.87			154.63	2221.49	0.05
0.50			64.96	589.28	0.16
0.23			38.64	177.97	2.84
0.12			17.12	144.65	
0.89			77.75	164.36	0.1
3.51			159.62	149.50	13.31
82.38			167.50	139.39	
0.26			90.49	1.51	
2.34			16.58	0.66	
2.13			6.85		
75.51			2.57	0.05	
0.88			9.58	66.32	
0.24			7.29	0.01	
1.03			34.14	70.83	
8.02			157.29	94.92	
0.50			44.58	27.32	
167.62			12.40	10.31	
0.06			9.06	6.97	
0.55			1.66	3.04	
0.50			0.69		
166.45			0.26	0.24	
0.05			0.73	0.07	
74.47			95.41	1126.52	
17.78			67.70	799.31	
9.08			25.68	303.15	
35.99			45.41	536.13	
57.42			430.93		
6.83			574.65	12637.14	
512.11	**2498.31**	**294.20**	**9278.88**	**104520.57**	**450.18**
44.94	**2498.31**	**294.20**	**6915.29**	**88680.34**	**436.87**

6－14 能源平衡表

（1995 年）

部门		能源产品	固体 煤	原煤
01	农业	1600.89	388.12	382.58
02	煤炭采选业	723.73	526.13	471.19
03	石油和天然气开采业	570.51	46.12	46.06
04	金属矿采选业	145.27	48.91	41.40
05	其他非金属矿采选业	228.39	113.78	113.34
06	食品制造业	1021.43	742.58	707.06
07	纺织业	751.61	493.81	490.12
08	缝纫及皮革制品业	111.25	52.53	51.83
09	木材加工及家具制造业	110.50	83.59	83.37
10	造纸及文教用品制造业	530.21	386.94	384.60
11	电力及蒸汽、热水生产和供应业	794.02	169.48	112.09
12	石油加工业	821.96	7.16	6.18
13	炼焦、煤气及煤制品业	478.57	108.38	93.54
14	化学工业	4525.31	2160.13	2097.20
15	建筑材料及其他非金属矿物制品业	3359.59	2763.44	2626.97
16	金属冶炼及压延加工业	5007.26	1062.92	976.69
17	金属制品业	200.10	96.17	93.83
18	机械工业	617.57	290.10	258.56
19	交通运输设备制造业	274.68	142.97	139.86
20	电气机械及器材制造业	131.24	69.26	68.38
21	电子及通信设备制造业	62.88	28.87	28.16
22	仪器仪表及其他计量器具制造业	27.77	14.83	14.60
23	机械设备修理业			
24	其他工业	275.40	188.41	186.69
25	建筑业	263.02	92.24	92.16
26	货运邮电业	1242.45	233.98	220.52
	铁路	420.61	197.42	183.96
	公路	461.70	15.52	15.51
	水运	172.04	2.60	2.59
	航空	106.07	1.14	1.14
	管道	31.01	2.32	2.32
	其他	18.63	4.71	4.71
	邮电通讯	32.39	10.28	10.28
27	商业	368.83	167.51	163.13
28	饮食业	71.67	38.91	37.88
29	旅客运输业	258.52	36.86	34.74
	铁路	81.71	32.86	30.74
	公路	107.82	2.59	2.59
	水运	40.60	0.43	0.43
	航空	24.70	0.19	0.19
	其他	3.68	0.79	0.79
30	公用事业及居民服务业	536.18	162.10	152.91
31	文教卫生科研事业	233.78	120.09	113.28
32	金融保险业	78.42	25.71	24.25
33	行政机关	282.67	100.40	94.71
RH	农村住户	8611.52	1580.76	1500.12
UH	城镇住户	1978.56	1200.68	1124.10
合计		**36295.76**	**13743.91**	**13032.11**
工业合计		**20769.24**	**9596.54**	**9091.73**

（热量表）

单位：10^{15}焦耳

能　源					
			焦　碳	城市废物	工业废物
洗　煤	其他洗煤	型　煤			
1.35	4.19		36.62		
17.97	36.97		11.64		
	0.06		0.35		
0.14	7.37		22.06		
0.37	0.07		7.70		
17.48	18.03		9.21		
2.50	1.19		1.64		
0.64	0.06		0.55		
0.21	0.02		0.69		
1.47	0.87		1.68		
4.43	52.96		1.08	0.31	254.56
0.81	0.17		0.17		
12.27	2.57		11.99		
45.06	17.87		364.38		
26.29	110.18		78.77		14.63
53.83	32.41		2272.83		
2.04	0.30		35.09		
26.53	5.01		96.34		
1.65	1.46		11.79		
0.72	0.16		4.44		
0.71			0.30		
0.15	0.08		0.97		
1.27	0.45		8.63		
0.07	0.01		3.07		
6.16	7.30		2.40		
6.16	7.30		0.69		
0.005			1.03		
0.002			0.02		
			0.01		
			0.13		
			0.004		
			0.50		
0.14	4.23		4.13		
0.03	1.00		3.18		
0.97	1.15		0.48		
0.97	1.15		0.19		
			0.28		
			0.01		
			0.003		
0.08	9.11		0.86		
0.06	6.75		0.49		
0.01	1.44		0.17		
0.05	5.64		0.31		
	76.80	3.85	19.25		
	72.26	4.32	18.22		
225.46	**478.17**	**8.17**	**3031.48**	**0.31**	**269.19**
216.53	**288.27**		**2942.30**	**0.31**	**269.19**

6－14　能源平衡表(热量表)(续1)

部门		能源		
		生物能源		
		秸　杆	薪　柴	沼　气
01	农业		457.80	0.19
02	煤炭采选业			
03	石油和天然气开采业			
04	金属矿采选业			
05	其他非金属矿采选业			
06	食品制造业			
07	纺织业			
08	缝纫及皮革制品业			
09	木材加工及家具制造业			
10	造纸及文教用品制造业			
11	电力及蒸汽、热水生产和供应业			
12	石油加工业			
13	炼焦、煤气及煤制品业			
14	化学工业			
15	建筑材料及其他非金属矿物制品业			
16	金属冶炼及压延加工业			
17	金属制品业			
18	机械工业			
19	交通运输设备制造业			
20	电气机械及器材制造业			
21	电子及通信设备制造业			
22	仪器仪表及其他计量器具制造业			
23	机械设备修理业			
24	其他工业			
25	建筑业			
26	货运邮电业			
	铁路			
	公路			
	水运			
	航空			
	管道			
	其他			
	邮电通讯			
27	商业			
28	饮食业			
29	旅客运输业			
	铁路			
	公路			
	水运			
	航空			
	其他			
30	公用事业及居民服务业			
31	文教卫生科研事业			
32	金融保险业			
33	行政机关			
RH	农村住户	3825.60	2947.70	32.19
UH	城镇住户			
合　计		**3825.60**	**3405.50**	**32.38**
工业合计				

单位:10^{15}焦耳

产品					
气体能源				液体能源	
天然气	焦炉煤气	炼厂干气	其他煤气	原油	液化石油气
0.08					0.07
	0.18		0.02		0.01
162.16		11.54		73.27	6.58
2.30			0.63		0.04
2.61			0.01		0.04
4.09	0.05		0.35	0.83	1.17
15.40	0.26		0.37	0.54	3.58
	0.07		0.01	0.04	0.04
			0.02		1.32
0.23	0.11		0.35	0.15	0.11
0.66	4.58		0.01	0.40	0.26
60.66				12.92	
0.61	28.45	117.06	5.23		42.40
261.01	15.68	36.96	6.02	21.11	26.49
8.85	5.46	0.58	7.95	7.25	6.71
15.90	245.96		479.75	1.47	0.25
1.75	0.21		0.17	0.07	0.64
9.31	1.91		44.19	0.18	3.63
1.99	0.32		1.74	0.24	0.41
2.88	1.44		1.02	0.35	0.91
3.94	0.58		0.44		0.64
0.04	0.02		0.04		0.01
3.43	0.81		2.54	0.41	0.34
1.09		0.01		1.13	0.24
0.55				9.19	0.23
0.04				0.06	0.01
					0.05
					0.05
0.04					
0.39				8.89	0.08
				0.24	
0.08					0.03
1.28	0.76		0.01	0.12	5.04
0.90	0.59		0.01	0.09	3.67
1.27	3.04	0.02	1.14		0.78
1.08	1.73	0.01	0.65		0.66
0.15	0.60	0.004	0.23		0.09
2.14	1.07	0.01	0.40		1.31
			1.59		14.09
77.69	38.95	1.81	27.49		253.51
644.06	**352.85**	**168.00**	**582.38**	**129.75**	**375.28**
557.83	**306.10**	**166.14**	**550.87**	**119.23**	**95.58**

6－14　能源平衡表(热量表)(续2)

	部　门	能　源		
		液　体		
		汽　油	燃料油	柴　油
01	农业	77.48	3.48	425.56
02	煤炭采选业	16.33	0.48	13.42
03	石油和天然气开采业	25.44	69.26	62.53
04	金属矿采选业	5.57	4.91	7.49
05	其他非金属矿采选业	12.24	2.83	14.16
06	食品制造业	31.04	9.19	18.47
07	纺织业	18.42	13.36	15.08
08	缝纫及皮革制品业	7.23	0.95	5.84
09	木材加工及家具制造业	3.62	0.84	3.19
10	造纸及文教用品制造业	10.10	4.07	9.44
11	电力及蒸汽、热水生产和供应业	14.47	11.59	15.61
12	石油加工业	8.62	149.79	12.60
13	炼焦、煤气及煤制品业	5.37	11.45	2.94
14	化学工业	46.59	179.89	54.22
15	建筑材料及其他非金属矿物制品业	35.42	135.12	63.25
16	金属冶炼及压延加工业	23.83	189.52	38.61
17	金属制品业	7.84	4.63	9.94
18	机械工业	36.80	13.55	19.34
19	交通运输设备制造业	16.16	5.74	13.30
20	电气机械及器材制造业	10.38	4.24	6.76
21	电子及通信设备制造业	3.94	3.20	4.33
22	仪器仪表及其他计量器具制造业	2.02	0.52	1.66
23	机械设备修理业			
24	其他工业	8.77	6.94	6.63
25	建筑业	44.69	5.93	50.22
26	货运邮电业	341.63	76.85	428.38
	铁路	9.18	0.34	180.15
	公路	314.36	2.59	121.16
	水运	3.13	70.53	92.33
	航空	2.81	0.16	16.42
	管道	1.02	2.46	11.22
	其他	4.66	0.74	5.55
	邮电通讯	6.48	0.02	1.54
27	商业	82.82	2.59	43.50
28	饮食业	5.01	0.16	2.59
29	旅客运输业	79.20	17.82	99.31
	铁路	2.18	0.08	43.05
	公路	74.51	0.62	28.95
	水运	0.74	16.90	22.06
	航空	0.67	0.04	3.92
	其他	1.10	0.18	1.33
30	公用事业及居民服务业	133.46	6.96	148.81
31	文教卫生科研事业	31.86	1.66	35.52
32	金融保险业	16.27	0.85	18.14
33	行政机关	64.50	3.36	71.93
RH	农村住户	5.40		4.96
UH	城镇住户	22.07		1.90
合　计		**1254.61**	**941.71**	**1729.63**
工业合计		**350.22**	**822.05**	**398.81**

单位:10^{15}焦耳

产 品					
能 源			电 力	热 力	其他能源
煤 油	其他石油制品	其他焦化产品			
1.54			209.79	0.16	
0.69			141.34	1.86	11.62
0.25			93.24	9.94	9.84
0.21			42.25	10.71	0.20
0.20			66.49	8.30	0.03
1.25			116.32	50.30	36.57
1.25			120.75	66.82	0.32
0.23			30.29	13.34	0.13
0.51			14.06	2.61	0.04
2.28			74.68	38.78	1.29
0.56			286.44	31.15	2.85
0.49	321.57	0.58	49.17	169.80	28.43
	74.84	26.85	10.94	27.11	4.96
3.87	562.79	21.77	487.51	264.64	12.26
1.12		1.71	215.98	7.20	6.15
0.42		48.24	479.41	135.97	12.15
1.45			40.89	1.11	0.14
1.71			84.28	16.09	0.13
2.10			55.70	22.20	0.01
0.22			23.40	5.89	0.05
0.10			13.92	1.78	0.83
0.05			6.17	1.44	
0.43			37.66	10.37	0.03
1.51			57.49	1.49	3.90
87.52			60.34	1.39	
0.11			32.59	0.02	
1.01			5.97	0.01	
0.92			2.47		
84.55			0.93		
0.38			3.45	0.66	
0.10			2.63		
0.44			12.30	0.71	
3.46			56.66	0.95	
0.22			16.06	0.27	
20.29			4.46	0.10	
0.03			3.26	0.07	
0.24			0.60	0.03	
0.22			0.25		
19.79			0.09		
0.02			0.26		
32.11			34.37	11.26	
7.67			24.39	7.99	
3.92			9.25	3.03	
15.52			16.36	5.36	
24.76			155.22		
2.95			206.99	126.30	
220.84	**959.20**	**99.16**	**3342.24**	**1055.73**	**131.94**
19.38	**959.20**	**99.16**	**2490.88**	**897.42**	**128.04**

6－15 能源使用表

（1995年）

部门		能源		
		固体		
		煤	原煤	洗煤
01	农业	1856.72	1824.36	5.11
04	金属矿采选业	245.92	197.39	0.55
05	其他非金属矿采选业	542.31	540.46	1.41
06	食品制造业	3555.20	3371.62	66.28
07	纺织业	2354.38	2337.14	9.49
08	缝纫及皮革制品业	249.93	247.15	2.43
09	木材加工及家具制造业	398.44	397.54	0.79
10	造纸及文教用品制造业	1845.22	1833.98	5.58
14	化学工业	10287.60	10000.49	170.84
15	建筑材料及其他非金属矿物制品业	13343.18	12526.74	99.65
16	金属冶炼及压延加工业	5072.23	4657.35	204.06
17	金属制品业	457.09	447.43	7.72
18	机械工业	1515.92	1382.37	100.94
19	交通运输设备制造业	682.69	666.93	6.24
20	电气机械及器材制造业	329.85	326.06	2.72
21	电子及通信设备制造业	136.99	134.29	2.70
22	仪器仪表及其他计量器具制造业	70.74	69.63	0.56
23	机械设备修理业			
24	其他工业	748.21	740.82	4.45
25	建筑业	439.80	439.45	0.28
26	货运邮电业	1224.93	1154.05	23.36
	铁路	1050.58	979.73	23.33
	公路	73.99	73.97	0.02
	水运	12.37	12.36	0.01
	航空	5.44	5.44	
	管道	11.07	11.07	
	其他	22.46	22.46	
	邮电通讯	49.02	49.02	
27	商业	805.97	777.90	0.53
28	饮食业	187.27	180.62	0.12
29	旅客运输业	74.30	63.14	3.68
	铁路	55.21	44.05	3.68
	公路	12.36	12.36	0.003
	水运	2.07	2.07	0.001
	航空	0.91	0.91	
	其他	3.75	3.75	
30	公用事业及居民服务业	788.72	729.14	0.31
31	文教卫生科研事业	584.31	540.18	0.23
32	金融保险业	125.11	115.66	0.05
33	行政机关	488.53	451.63	0.19
RH	农村住户	7675.00	7153.33	
UH	城镇住户	5855.12	5360.30	
合计		**61941.68**	**58667.15**	**720.27**
工业合计		**41835.90**	**39877.39**	**686.41**

（实物量表）

单位：万吨

产　品				
能　源				
		焦　碳	城市废物	工业废物
其他洗煤	型　煤			
27.25		128.62		
47.98		77.48		
0.44		27.06		
117.30		32.37		
7.75		5.78		
0.35		1.92		
0.11		2.42		
5.66		5.89		
116.27		1279.85		
716.79		276.66		560.00
210.82		7983.23		
1.94		123.24		
32.61		340.41		
9.52		41.42		
1.07		15.59		
		1.05		
0.55		3.42		
2.94		28.29		
0.07		10.77		
47.51		8.42		
47.51		2.42		
		3.63		
		0.09		
		0.04		
		0.46		
		0.02		
		1.77		
27.54		14.52		
6.53		11.19		
7.49		1.68		
7.49		0.66		
		0.98		
		0.02		
		0.01		
		0.004		
59.27		3.04		
43.91		1.73		
9.40		0.60		
36.71		1.07		
499.63	22.04	67.60		
470.09	24.73	64.01		
2507.49	**46.77**	**10559.33**		**560.00**
1272.10		**10246.08**		**560.00**

6－15　能源使用表(实物量表)(续1)

部　门		能　源		
		生物能源		
		秸　杆	薪　柴	沼　气（10^4m^3）
01	农业		2727.12	896.17
04	金属矿采选业			
05	其他非金属矿采选业			
06	食品制造业			
07	纺织业			
08	缝纫及皮革制品业			
09	木材加工及家具制造业			
10	造纸及文教用品制造业			
14	化学工业			
15	建筑材料及其他非金属矿物制品业			
16	金属冶炼及压延加工业			
17	金属制品业			
18	机械工业			
19	交通运输设备制造业			
20	电气机械及器材制造业			
21	电子及通信设备制造业			
22	仪器仪表及其他计量器具制造业			
23	机械设备修理业			
24	其他工业			
25	建筑业			
26	货运邮电业			
	铁路			
	公路			
	水运			
	航空			
	管道			
	其他			
	邮电通讯			
27	商业			
28	饮食业			
29	旅客运输业			
	铁路			
	公路			
	水运			
	航空			
	其他			
30	公用事业及居民服务业			
31	文教卫生科研事业			
32	金融保险业			
33	行政机关			
RH	农村住户	30330.56	17559.69	153301.41
UH	城镇住户			
合　计		**30330.56**	**20286.81**	**154197.58**
工业合计				

单位:万吨

产　品					
气体能源				液体能源	
天然气（10^8m^3）	焦炉煤气（10^8m^3）	炼厂干气	其他煤气（10^8m^3）	原　油	液化石油气
0.02					0.14
0.59			0.75		0.08
0.67			0.10		0.07
1.05	0.03		0.42	1.97	2.34
3.95	0.15		0.44	1.29	7.14
	0.04		0.01	0.08	0.07
			0.02		2.64
0.06	0.06		0.41	0.36	0.22
66.96	8.93	80.33	7.14	50.42	52.86
2.27	3.11	1.27	9.43	17.31	13.38
4.08	140.05		569.26	3.52	0.51
0.45	0.12		0.20	0.17	1.27
3.27	1.11		53.72	0.43	7.25
0.51	0.18		2.07	0.57	0.82
0.74	0.82		1.21	0.85	1.81
1.01	0.33		0.52		1.27
0.01	0.01		0.05		0.01
	0.44		1.74	0.98	0.68
0.28		0.01		2.71	0.48
0.14				21.94	0.47
0.01				0.14	0.02
					0.11
					0.10
0.01					
0.10				21.23	0.17
				0.57	
0.02					0.07
0.33	0.43		0.01	0.29	10.07
0.23	0.34		0.01	0.21	7.33
0.33	1.73	0.05	1.35		1.55
0.28	0.99	0.03	0.77		1.31
0.04	0.34	0.01	0.27		0.18
0.55	0.61	0.02	0.48		2.62
			1.89		28.12
19.93	22.18	3.94	32.62		505.83
107.74	**182.00**	**85.65**	**684.88**	**103.10**	**650.53**
85.62	**155.38**	**81.60**	**647.49**	**77.95**	**92.42**

6－15 能源使用表（实物量表）（续2）

部门		能源 液体 汽油	燃料油	柴油
01	农业	179.66	8.37	1001.39
04	金属矿采选业	12.92	11.79	17.62
05	其他非金属矿采选业	28.38	6.79	33.33
06	食品制造业	71.97	22.09	43.46
07	纺织业	42.72	32.09	35.48
08	缝纫及皮革制品业	16.77	2.29	13.75
09	木材加工及家具制造业	8.39	2.01	7.52
10	造纸及文教用品制造业	23.42	9.77	22.21
14	化学工业	108.04	432.24	127.58
15	建筑材料及其他非金属矿物制品业	82.14	324.66	148.84
16	金属冶炼及压延加工业	55.26	455.38	90.85
17	金属制品业	18.19	11.13	23.40
18	机械工业	89.27	43.77	46.93
19	交通运输设备制造业	37.48	13.79	31.30
20	电气机械及器材制造业	24.07	10.20	15.91
21	电子及通信设备制造业	9.15	7.69	10.20
22	仪器仪表及其他计量器具制造业	4.69	1.24	3.91
23	机械设备修理业			
24	其他工业	16.40	5.46	14.18
25	建筑业	103.62	14.24	118.18
26	货运邮电业	792.20	184.64	1024.46
	铁路	21.28	0.82	440.36
	公路	728.96	6.21	285.10
	水运	7.25	169.47	217.26
	航空	6.51	0.40	38.65
	管道	2.37	5.92	26.40
	其他	10.81	1.77	13.07
	邮电通讯	15.02	0.06	3.63
27	商业	192.05	6.23	102.35
28	饮食业	11.62	0.39	6.10
29	旅客运输业	183.66	42.81	217.24
	铁路	5.05	0.20	84.84
	公路	172.79	1.49	68.12
	水运	1.72	40.60	51.92
	航空	1.54	0.09	9.23
	其他	2.56	0.42	3.12
30	公用事业及居民服务业	309.47	16.72	350.17
31	文教卫生科研事业	73.87	3.99	83.59
32	金融保险业	37.73	2.04	42.69
33	行政机关	149.58	8.08	169.25
RH	农村住户	12.52		11.67
UH	城镇住户	51.18		4.47
合计		**2746.42**	**1679.90**	**3818.03**
工业合计		**649.26**	**1392.39**	**686.47**

单位:万吨

产　品 能　源 煤　油	其他石油制品	其他焦化产品	电　力 (10^8kwh)	热　力 (10TJ)	其他能源 (10^4tce)
3.57			582.42	16.55	
0.48			117.28	1071.41	0.68
0.46			184.61	830.6	0.1
2.89			322.93	5033.37	124.77
2.91			335.22	6686.32	1.09
0.53			84.10	1336.03	0.45
1.18			39.04	261.52	0.15
5.29			207.34	3880.7	4.41
8.98	1465.83	64.58	1353.45	26479.22	41.82
2.59		5.09	599.61	720.72	21
0.98		143.14	1330.97	13604.69	41.46
3.37			113.51	110.87	0.48
4.06			260.77	2482.65	0.44
4.87			154.63	2221.49	0.05
0.50			64.96	589.28	0.16
0.23			38.64	177.97	2.84
0.12			17.12	144.65	
0.89			77.75	164.36	0.1
3.51			159.62	149.50	13.31
82.38			167.50	139.39	
0.26			90.49	1.51	
2.34			16.58	0.66	
2.13			6.85		
75.51			2.57	0.05	
0.88			9.58	66.32	
0.24			7.29	0.01	
1.03			34.14	70.83	
8.02			157.29	94.92	
0.50			44.58	27.32	
167.62			12.40	10.31	
0.06			9.06	6.97	
0.55			1.66	3.04	
0.50			0.69		
166.45			0.26	0.24	
0.05			0.73	0.07	
74.47			95.41	1126.52	
17.78			67.70	799.31	
9.08			25.68	303.15	
35.99			45.41	536.13	
57.42			430.93		
6.83			574.65	12637.14	
507.50	**1465.83**	**212.81**	**7665.52**	**81636.08**	**253.31**
40.33	**1465.83**	**212.81**	**5301.93**	**65795.85**	**240.00**

6－16 能源使用表

（1995 年）

部门		能源		
		固体		
		煤	原煤	洗煤
01	农业	388.12	382.58	1.35
04	金属矿采选业	48.91	41.40	0.14
05	其他非金属矿采选业	113.78	113.34	0.37
06	食品制造业	742.58	707.06	17.48
07	纺织业	493.81	490.12	2.50
08	缝纫及皮革制品业	52.53	51.83	0.64
09	木材加工及家具制造业	83.59	83.37	0.21
10	造纸及文教用品制造业	386.94	384.60	1.47
14	化学工业	2160.13	2097.20	45.06
15	建筑材料及其他非金属矿物制品业	2763.44	2626.97	26.29
16	金属冶炼及压延加工业	1062.92	976.69	53.83
17	金属制品业	96.17	93.83	2.04
18	机械工业	290.10	258.56	26.53
19	交通运输设备制造业	142.97	139.86	1.65
20	电气机械及器材制造业	69.26	68.38	0.72
21	电子及通信设备制造业	28.87	28.16	0.71
22	仪器仪表及其他计量器具制造业	14.83	14.60	0.15
23	机械设备修理业			
24	其他工业	188.41	186.69	1.27
25	建筑业	92.24	92.16	0.07
26	货运邮电业	233.98	220.52	6.16
	铁路	197.42	183.96	6.16
	公路	15.52	15.51	0.005
	水运	2.60	2.59	0.002
	航空	1.14	1.14	
	管道	2.32	2.32	
	其他	4.71	4.71	
	邮电通讯	10.28	10.28	
27	商业	167.51	163.13	0.14
28	饮食业	38.91	37.88	0.03
29	旅客运输业	36.86	34.74	0.97
	铁路	32.86	30.74	0.97
	公路	2.59	2.59	0.0007
	水运	0.43	0.43	0.0004
	航空	0.19	0.19	
	其他	0.79	0.79	
30	公用事业及居民服务业	162.10	152.91	0.08
31	文教卫生科研事业	120.09	113.28	0.06
32	金融保险业	25.71	24.25	0.01
33	行政机关	100.40	94.71	0.05
RH	农村住户	1580.76	1500.12	
UH	城镇住户	1200.68	1124.10	
合计		**12886.63**	**12303.04**	**189.99**
工业合计		**8739.26**	**8362.66**	**181.06**

（热量表）

单位：10^{15}焦耳

产　品				
能　源				
其他洗煤	型　煤	焦　碳	城市废物	工业废物
4.19		36.62		
7.37		22.06		
0.07		7.70		
18.03		9.21		
1.19		1.64		
0.06		0.55		
0.02		0.69		
0.87		1.68		
17.87		364.38		
110.18		78.77		14.63
32.41		2272.83		
0.30		35.09		
5.01		96.34		
1.46		11.79		
0.16		4.44		
		0.30		
0.08		0.97		
0.45		8.63		
0.01		3.07		
7.30		2.40		
7.30		0.69		
		1.03		
		0.02		
		0.01		
		0.13		
		0.004		
		0.50		
4.23		4.13		
1.00		3.18		
1.15		0.48		
1.15		0.19		
		0.28		
		0.01		
		0.003		
		0.001		
9.11		0.86		
6.75		0.49		
1.44		0.17		
5.64		0.31		
76.80	3.85	19.25		
72.26	4.32	18.22		
385.44	**8.17**	**3006.25**		**14.63**
195.54		**2917.07**		**14.63**

6-16 能源使用表(热量表)(续1)

部门		能源		
		生物能源		
		秸杆	薪柴	沼气
01	农业		457.80	0.19
04	金属矿采选业			
05	其他非金属矿采选业			
06	食品制造业			
07	纺织业			
08	缝纫及皮革制品业			
09	木材加工及家具制造业			
10	造纸及文教用品制造业			
14	化学工业			
15	建筑材料及其他非金属矿物制品业			
16	金属冶炼及压延加工业			
17	金属制品业			
18	机械工业			
19	交通运输设备制造业			
20	电气机械及器材制造业			
21	电子及通信设备制造业			
22	仪器仪表及其他计量器具制造业			
23	机械设备修理业			
24	其他工业			
25	建筑业			
26	货运邮电业			
	铁路			
	公路			
	水运			
	航空			
	管道			
	其他			
	邮电通讯			
27	商业			
28	饮食业			
29	旅客运输业			
	铁路			
	公路			
	水运			
	航空			
	其他			
30	公用事业及居民服务业			
31	文教卫生科研事业			
32	金融保险业			
33	行政机关			
RH	农村住户	3825.60	2947.70	32.19
UH	城镇住户			
合计		**3825.60**	**3405.50**	**32.38**
工业合计				

单位:10^{15}焦耳

产品					
气体能源				液体能源	
天然气	焦炉煤气	炼厂干气	其他煤气	原油	液化石油气
0.08					0.07
2.30			0.63		0.04
2.61			0.01		0.04
4.09	0.05		0.35	0.83	1.17
15.40	0.26		0.37	0.54	3.58
	0.07		0.01	0.04	0.04
			0.02		1.32
0.23	0.11		0.35	0.15	0.11
261.01	15.68	36.96	6.02	21.11	26.49
8.85	5.46	0.58	7.95	7.25	6.71
15.90	245.96		479.75	1.47	0.25
1.75	0.21		0.17	0.07	0.64
9.31	1.91		44.19	0.18	3.63
1.99	0.32		1.74	0.24	0.41
2.88	1.44		1.02	0.35	0.91
3.94	0.58		0.44		0.64
0.04	0.02		0.04		0.01
3.43	0.81		2.54	0.41	0.34
1.09		0.01		1.13	0.24
0.55				9.19	0.23
0.04				0.06	0.01
					0.05
					0.05
0.04					
0.39				8.89	0.08
				0.24	
0.08					0.03
1.28	0.76		0.01	0.12	5.04
0.90	0.59		0.01	0.09	3.67
1.27	3.04	0.02	1.14		0.78
1.08	1.73	0.01	0.65		0.66
0.15	0.60		0.23		0.09
2.14	1.07	0.01	0.40		1.31
			1.59		14.09
77.69	38.95	1.81	27.49		253.51
419.96	**319.63**	**39.41**	**577.12**	**43.16**	**326.03**
333.74	**272.88**	**37.54**	**545.62**	**32.63**	**46.32**

6－16　能源使用表(实物量表)(续2)

部　门		能　源		
		液　体		
		汽　油	燃料油	柴　油
01	农业	77.48	3.48	425.56
04	金属矿采选业	5.57	4.91	7.49
05	其他非金属矿采选业	12.24	2.83	14.16
06	食品制造业	31.04	9.19	18.47
07	纺织业	18.42	13.36	15.08
08	缝纫及皮革制品业	7.23	0.95	5.84
09	木材加工及家具制造业	3.62	0.84	3.19
10	造纸及文教用品制造业	10.10	4.07	9.44
14	化学工业	46.59	179.89	54.22
15	建筑材料及其他非金属矿物制品业	35.42	135.12	63.25
16	金属冶炼及压延加工业	23.83	189.52	38.61
17	金属制品业	7.84	4.63	9.94
18	机械工业	36.80	13.55	19.34
19	交通运输设备制造业	16.16	5.74	13.30
20	电气机械及器材制造业	10.38	4.24	6.76
21	电子及通信设备制造业	3.94	3.20	4.33
22	仪器仪表及其他计量器具制造业	2.02	0.52	1.66
23	机械设备修理业			
24	其他工业	8.77	6.94	6.63
25	建筑业	44.69	5.93	50.22
26	货运邮电业	341.63	76.85	428.38
	铁路	9.18	0.34	180.15
	公路	314.36	2.59	121.16
	水运	3.13	70.53	92.33
	航空	2.81	0.16	16.42
	管道	1.02	2.46	11.22
	其他	4.66	0.74	5.55
	邮电通讯	6.48	0.02	1.54
27	商业	82.82	2.59	43.50
28	饮食业	5.01	0.16	2.59
29	旅客运输业	79.20	17.82	99.31
	铁路	2.18	0.08	43.05
	公路	74.51	0.62	28.95
	水运	0.74	16.90	22.06
	航空	0.67	0.04	3.92
	其他	1.10	0.18	1.33
30	公用事业及居民服务业	133.46	6.96	148.81
31	文教卫生科研事业	31.86	1.66	35.52
32	金融保险业	16.27	0.85	18.14
33	行政机关	64.50	3.36	71.93
RH	农村住户	5.40		4.96
UH	城镇住户	22.07		1.90
合　计		**1184.38**	**699.14**	**1622.55**
工业合计		**279.99**	**579.48**	**291.72**

单位:10^{15}焦耳

产　品			电　力	热　力	其他能源
能　源					
煤　油	其他石油制品	其他焦化产品			
1.54			209.79	0.16	
0.21			42.25	10.71	0.20
0.20			66.49	8.30	0.03
1.25			116.32	50.30	36.57
1.25			120.75	66.82	0.32
0.23			30.29	13.34	0.13
0.51			14.06	2.61	0.04
2.28			74.68	38.78	1.29
3.87	562.79	21.77	487.51	264.64	12.26
1.12		1.71	215.98	7.20	6.15
0.42		48.24	479.41	135.97	12.15
1.45			40.89	1.11	0.14
1.71			84.28	16.09	0.13
2.10			55.70	22.20	0.01
0.22			23.40	5.89	0.05
0.10			13.92	1.78	0.83
0.05			6.17	1.44	
0.43			37.66	10.37	0.03
1.51			57.49	1.49	3.90
87.52			60.34	1.39	
0.11			32.59	0.02	
1.01			5.97	0.01	
0.92			2.47		
84.55			0.93		
0.38			3.45	0.66	
0.10			2.63		
0.44			12.30	0.71	
3.46			56.66	0.95	
0.22			16.06	0.27	
20.29			4.46	0.10	
0.03			3.26	0.07	
0.24			0.60	0.03	
0.22			0.25		
19.79			0.09		
0.02			0.26		
32.11			34.37	11.26	
7.67			24.39	7.99	
3.92			9.25	3.03	
15.52			16.36	5.36	
24.76			155.22		
2.95			206.99	126.30	
218.86	**562.79**	**71.73**	**2761.11**	**815.87**	**74.24**
17.40	**562.79**	**71.73**	**1909.75**	**657.56**	**70.34**

6-17 能源供给表

(1995年)

部门	能源		
	固体		
	煤	原煤	洗煤
能源部门			
02 煤炭采选业			
原材料	-21880.86	-21880.86	
生产量	155919.50	136073.14	14884.62
其他能源使用	-2555.55	-2246.88	-68.13
03 石油和天然气开采业			
原材料			
生产量			
其他能源使用	-220.02	-219.66	
11 电力及蒸汽、热水生产和供应业			
原材料	-50327.41	-49189.98	-279.99
生产量			
其他能源使用	-895.87	-534.52	-16.79
12 石油加工业			
原材料			
生产量			
其他能源使用	-33.66	-29.48	-3.07
13 炼焦、煤气及煤制品业			
原材料	-19205.27	-6480.85	-12678.79
生产量	46.77		
其他能源使用	-509.28	-446.06	-46.51
能源部门之外的其他部门			
进口量	163.51	163.51	
我轮、机在外国加油量			
出口量(-)	-2861.70	-2187.28	-674.42
外轮、机在我国加油量(-)			
库存变化(增(-)、减(+))	86.76	113.31	-60.10
损失量			
运输中的损失量			
统计误差	-4214.77	-5532.76	336.54
供给合计	**61941.69**	**58667.15**	**720.28**

（实物量表）

单位：万吨

产品				
能源				
		焦碳	城市废物	工业废物
其他洗煤	型煤			
4961.74				
-240.54		-40.90		
-0.36		-1.21		
-857.44				
-344.56		-3.80	-6.65	-2040.00
-1.10		-0.60		
-45.63				
	46.77	13347.15		
-16.72		-42.11		
			6.65	2600.00
		0.12		
		-886.12		
33.55		-331.43		
981.45		1481.77		
2507.49	**46.77**	**10559.33**		**560.00**

6－17　能源供给表(实物量表)(续1)

部　　门	能　　源		
	生物能源		
	秸　　秆	薪　　柴	沼　　气 (10^4m^3)
能源部门			
02　煤炭采选业			
原材料			
生产量			
其他能源使用			
03　石油和天然气开采业			
原材料			
生产量			
其他能源使用			
11　电力及蒸汽、热水生产和供应业			
原材料			
生产量			
其他能源使用			
12　石油加工业			
原材料			
生产量			
其他能源使用			
13　炼焦、煤气及煤制品业			
原材料			
生产量			
其他能源使用			
能源部门之外的其他部门	30330.56	20286.81	154197.58
进口量			
我轮、机在外国加油量			
出口量(－)			
外轮、机在我国加油量(－)			
库存变化(增(－)、减(＋))			
损失量			
运输中的损失量			
统计误差			
供给合计	**30330.56**	**20286.81**	**154197.58**

单位:万吨

产　品					
气体能源				液体能源	
天然气（10^8m^3）	焦炉煤气（10^8m^3）	炼厂干气	其他煤气（10^8m^3）	原　油	液化石油气
	-0.10		-0.02		-0.03
179.47				15004.39	
-41.60		-25.07		-174.99	-13.12
-8.31	-11.13	-60.96	-52.11	-66.05	-0.30
-0.17	-2.61		-0.01	-0.96	-0.52
				-14353.35	
		428.06			540.83
-15.56				-30.86	
	223.27		740.39		
-0.16	-16.20	-254.40	-6.20		-84.61
				1708.99	232.55
				-1822.70	-7.08
				-95.76	8.01
3.86				157.08	1.49
0.9				134.83	1.34
2.07	11.23	1.98	-2.83	-91.47	23.71
107.74	**182.00**	**85.65**	**684.88**	**103.10**	**650.53**

6－17　能源供给表(实物量表)(续2)

部　门	能　源		
	液　体		
	汽　油	燃料油	柴　油
能源部门			
02　煤炭采选业			
原材料			
生产量			
其他能源使用	－37.87	－1.16	－31.58
03　石油和天然气开采业			
原材料			
生产量			
其他能源使用	－58.99	－166.43	－147.13
11　电力及蒸汽、热水生产和供应业			
原材料	－0.32	－1379.32	－251.43
生产量			
其他能源使用	－33.55	－27.85	－36.73
12　石油加工业			
原材料			
生产量	3051.56	2960.75	3972.60
其他能源使用	－19.98	－359.91	－29.64
13　炼焦、煤气及煤制品业			
原材料		－51.59	
生产量			
其他能源使用	－12.46	－27.51	－6.91
能源部门之外的其他部门			
进口量	15.88	659.14	612.26
我轮、机在外国加油量		200.00	33.00
出口量(－)	－185.53	－27.79	－130.63
外轮、机在我国加油量(－)	－7.54	－40.77	－38.88
库存变化(增(－)、减(＋))	27.58	－34.02	－44.18
损失量			
运输中的损失量			
统计误差	－7.64	23.64	82.72
供给合计	**2746.42**	**1679.90**	**3818.03**

单位:万吨

产品					
能源			电力 (10⁸kwh)	热力 (10TJ)	其他能源 (10⁴tce)
煤油	其他石油制品	其他焦化产品			
-1.59			-392.38	-186.46	-39.66
-0.59			-258.85	-994.15	-33.59
					-165.81
			10077.26	107200.21	
-1.30			-795.24	-3116.52	-9.71
445.80	2533.68				
-1.13	-837.56	-1.73	-136.52	-16989.50	-97.00
		294.20			
	-194.92	-79.66	-30.37	-2713.04	-16.91
					615.99
76.13	95.68		6.39		
39.55					
-37.44	-131.05		-60.25		
-25.00					
-12.66					
			744.52	1485.56	
			617.54	1485.56	
-25.73				78.90	
507.50	**1465.83**	**212.81**	**7665.52**	**81636.08**	**253.31**

6－18　能源供给表

（1995 年）

部　门	能源 固体 煤	原　煤	洗　煤
能源部门			
02　煤炭采选业			
原材料	－5222.03	－5222.03	
生产量	33176.76	28486.82	3926.19
其他能源使用	－526.13	－471.19	－17.97
03　石油和天然气开采业			
原材料			
生产量			
其他能源使用	－46.12	－46.06	
11　电力及蒸汽、热水生产和供应业			
原材料	－9753.72	－9547.88	－73.85
生产量			
其他能源使用	－169.48	－112.09	－4.43
12　石油加工业			
原材料			
生产量			
其他能源使用	－7.17	－6.18	－0.81
13　炼焦、煤气及煤制品业			
原材料	－4797.37	－1445.11	－3344.35
生产量	8.17		
其他能源使用	－108.38	－93.54	－12.27
能源部门之外的其他部门			
进口量	34.23	34.23	
我轮、机在外国加油量			
出口量（－）	－635.80	－457.90	－177.90
外轮、机在我国加油量（－）			
库存变化（增（－）、减（＋））	13.03	23.72	－15.85
损失量			
运输中的损失量			
统计误差	－920.64	－1160.27	88.77
供给合计	**12886.63**	**12303.04**	**189.99**

（热量表）

单位:10^{15}焦耳

产品				
能源				
		焦碳	城市废物	工业废物
其他洗煤	型煤			
763.75				
-36.97		-11.64		
-0.06		-0.35		
-131.98				
-52.96		-1.08	-0.31	-254.56
-0.17		-0.17		
-7.91				
	8.17	3799.95		
-2.57		-11.99		
			0.31	269.19
		0.04		
		-252.28		
5.16		-94.36		
150.85		421.86		
385.44	**8.17**	**3006.25**		**14.63**

6－18　能源供给表(热量表)(续1)

部　　门	能　　源		
	生物能源		
	秸　　杆	薪　　柴	沼　　气
能源部门			
02　煤炭采选业			
原材料			
生产量			
其他能源使用			
03　石油和天然气开采业			
原材料			
生产量			
其他能源使用			
11　电力及蒸汽、热水生产和供应业			
原材料			
生产量			
其他能源使用			
12　石油加工业			
原材料			
生产量			
其他能源使用			
13　炼焦、煤气及煤制品业			
原材料			
生产量			
其他能源使用			
能源部门之外的其他部门	3825.60	3405.50	32.38
进口量			
我轮、机在外国加油量			
出口量(－)			
外轮、机在我国加油量(－)			
库存变化(增(－)、减(＋))			
损失量			
运输中的损失量			
统计误差			
供给合计	**3825.60**	**3405.50**	**32.38**

单位:10^{15}焦耳

产　品					
气体能源				液体能源	
天然气	焦炉煤气	炼厂干气	其他煤气	原　油	液化石油气
	-0.18		-0.02		-0.01
699.58				6282.32	
-162.16		-11.54		-73.27	-6.58
-32.39	-19.55	-28.05	-43.92	-27.65	-0.15
-0.66	-4.58		-0.01	-0.40	-0.26
				-6009.73	
		196.97			271.05
-60.66				-12.92	
	392.11		623.89		
-0.61	-28.45	-117.06	-5.23		-42.40
				715.55	116.55
				-763.16	-3.55
				-40.10	4.01
15.05				65.77	0.75
3.51				56.45	0.67
8.08	19.72	0.91	-2.39	-38.29	11.88
419.96	**319.63**	**39.41**	**577.12**	**43.16**	**326.02**

6－18　能源供给表(热量表)(续2)

部　门	能　源		
	液　体		
	汽　油	燃料油	柴　油
能源部门			
02　煤炭采选业			
原材料			
生产量			
其他能源使用	－16.33	－0.48	－13.42
03　石油和天然气开采业			
原材料			
生产量			
其他能源使用	－25.44	－69.26	－62.53
11　电力及蒸汽、热水生产和供应业			
原材料	－0.14	－574.04	－106.85
生产量			
其他能源使用	－14.47	－11.59	－15.61
12　石油加工业			
原材料			
生产量	1315.96	1232.20	1688.24
其他能源使用	－8.62	－149.79	－12.59
13　炼焦、煤气及煤制品业			
原材料		－21.47	
生产量			
其他能源使用	－5.37	－11.45	－2.94
能源部门之外的其他部门			
进口量	6.85	274.32	260.19
我轮、机在外国加油量		83.24	14.02
出口量(－)	－80.01	－11.57	－55.51
外轮、机在我国加油量(－)	－3.25	－16.97	－16.52
库存变化(增(－)、减(＋))	11.89	－14.16	－18.77
损失量			
运输中的损失量			
统计误差	－3.30	9.84	35.16
供给合计	**1184.38**	**699.14**	**1622.55**

单位:10^{15}焦耳

产品 能源 煤油	其他石油制品	其他焦化产品	电力	热力	其他能源
-0.69			-141.34	-1.86	-11.62
-0.25			-93.24	-9.94	-9.84
					-48.60
			3629.82	1071.37	
-0.56			-286.44	-31.15	-2.85
192.25	972.78				
-0.49	-321.57	-0.58	-49.17	-169.79	-28.43
		99.16			
	-74.84	-26.85	-10.94	-27.12	-4.96
					180.54
32.83	36.74		2.30		
17.05					
-16.15	-50.32		-21.70		
-10.78					
-5.46					
			268.18	14.85	
			222.43	14.85	
-11.10			-0.003	0.79	
218.86	**562.79**	**71.73**	**2761.11**	**815.88**	**74.24**

6－19 能源使用表－热力

（1995年）

部门		能源		
		固体		
		煤	原煤	洗煤
01	农业	1856.72	1824.36	5.11
04	金属矿采选业	245.92	197.39	0.55
05	其他非金属矿采选业	542.31	540.46	1.41
06	食品制造业	3555.20	3371.62	66.28
07	纺织业	2354.38	2337.14	9.49
08	缝纫及皮革制品业	249.93	247.15	2.43
09	木材加工及家具制造业	398.44	397.54	0.79
10	造纸及文教用品制造业	1845.22	1833.98	5.58
14	化学工业	8510.57	8234.40	163.73
15	建筑材料及其他非金属矿物制品业	13343.18	12526.74	99.65
16	金属冶炼及压延加工业	5072.23	4657.35	204.06
17	金属制品业	457.09	447.43	7.72
18	机械工业	1515.92	1382.37	100.94
19	交通运输设备制造业	682.69	666.93	6.24
20	电气机械及器材制造业	329.85	326.06	2.72
21	电子及通信设备制造业	136.99	134.29	2.70
22	仪器仪表及其他计量器具制造业	70.74	69.63	0.56
23	机械设备修理业			
24	其他工业	748.21	740.82	4.45
25	建筑业	439.80	439.45	0.28
26	货运邮电业	174.35	174.32	0.03
	铁路			
	公路	73.99	73.97	0.02
	水运	12.37	12.36	0.01
	航空	5.44	5.44	
	管道	11.07	11.07	
	其他	22.46	22.46	
	邮电通讯	49.02	49.02	
27	商业	805.97	777.90	0.53
28	饮食业	187.27	180.62	0.12
29	旅客运输业	19.09	19.09	
	铁路			
	公路	12.36	12.36	0.003
	水运	2.07	2.07	0.001
	航空	0.91	0.91	
	其他	3.75	3.75	
30	公用事业及居民服务业	788.72	729.14	0.31
31	文教卫生科研事业	584.31	540.18	0.23
32	金融保险业	125.11	115.66	0.05
33	行政机关	488.53	451.63	0.19
RH	农村住户	7652.96	7153.33	
UH	城镇住户	5830.39	5360.30	
合计		**59058.86**	**55877.28**	**686.15**
工业合计		**40058.87**	**38111.30**	**679.30**

（实物量表）

单位：万吨

产　品				
能　源				
		焦　碳	城市废物	工业废物
其他洗煤	型　煤			
27.25		128.62		
47.98		77.48		
0.44		27.06		
117.30		32.37		
7.75		5.78		
0.35		1.92		
0.11		2.42		
5.66		5.89		
112.43		519.49		
716.79		276.66		28.00
210.82		6054.48		
1.94		123.24		
32.61		340.41		
9.52		41.42		
1.07		15.59		
		1.05		
0.55		3.42		
2.94		28.29		
0.07		10.77		
		8.42		
		2.42		
		3.63		
		0.09		
		0.04		
		0.46		
		0.02		
		1.77		
27.54		14.52		
6.53		11.19		
		1.68		
		0.66		
		0.98		
		0.02		
		0.01		
		0.004		
59.27		3.04		
43.91		1.73		
9.40		0.60		
36.71		1.07		
499.63	22.04	67.60		
470.09	24.73	64.01		
2448.65	**46.77**	**7870.22**		**28.00**
1268.26		**7556.97**		**28.00**

6－19　能源使用表－热力（实物量表）（续1）

部　门		能　源		
		生物能源		
		秸　杆	薪　柴	沼　气（10^4m^3）
01	农业		2727.12	896.17
04	金属矿采选业			
05	其他非金属矿采选业			
06	食品制造业			
07	纺织业			
08	缝纫及皮革制品业			
09	木材加工及家具制造业			
10	造纸及文教用品制造业			
14	化学工业			
15	建筑材料及其他非金属矿物制品业			
16	金属冶炼及压延加工业			
17	金属制品业			
18	机械工业			
19	交通运输设备制造业			
20	电气机械及器材制造业			
21	电子及通信设备制造业			
22	仪器仪表及其他计量器具制造业			
23	机械设备修理业			
24	其他工业			
25	建筑业			
26	货运邮电业			
	铁路			
	公路			
	水运			
	航空			
	管道			
	其他			
	邮电通讯			
27	商业			
28	饮食业			
29	旅客运输业			
	铁路			
	公路			
	水运			
	航空			
	其他			
30	公用事业及居民服务业			
31	文教卫生科研事业			
32	金融保险业			
33	行政机关			
RH	农村住户	30330.56	17559.69	153301.41
UH	城镇住户			
合　计		**30330.56**	**20286.81**	**154197.58**
工业合计				

单位：万吨

产　品					
气体能源				液体能源	
天然气（10^8m^3）	焦炉煤气（10^8m^3）	炼厂干气	其他煤气（10^8m^3）	原　油	液化石油气
0.02					0.14
0.59			0.75		0.08
0.67			0.10		0.07
1.05	0.03		0.42	1.97	2.34
3.95	0.15		0.44	1.29	7.14
	0.04		0.01	0.08	0.07
			0.02		2.64
0.06	0.06		0.41	0.36	0.22
29.36	8.93	56.85	7.14	22.92	42.85
2.27	3.11	1.27	9.43	17.31	13.38
4.08	140.05		569.26	3.52	0.51
0.45	0.12		0.20	0.17	1.27
3.27	1.11		53.72	0.43	7.25
0.51	0.18		2.07	0.57	0.82
0.74	0.82		1.21	0.85	1.81
1.01	0.33		0.52		1.27
0.01	0.01		0.05		0.01
	0.44		1.74	0.98	0.68
0.28		0.01		2.71	0.48
0.14				21.94	0.47
0.01				0.14	0.02
					0.11
					0.10
0.01					
0.10				21.23	0.17
				0.57	
0.02					0.07
0.33	0.43		0.01	0.29	10.07
0.23	0.34		0.01	0.21	7.33
0.33	1.73	0.05	1.35		1.55
0.28	0.99	0.03	0.77		1.31
0.04	0.34	0.01	0.27		0.18
0.55	0.61	0.02	0.48		2.62
			1.89		28.12
19.93	22.18	3.94	32.62		505.83
70.14	**182.00**	**62.17**	**684.88**	**75.60**	**640.52**
48.02	**155.38**	**58.12**	**647.49**	**50.45**	**82.41**

6－19　能源使用表－热力(实物量表)(续2)

部门		能源		
		液体		
		汽油	燃料油	柴油
01	农业			
04	金属矿采选业		11.79	
05	其他非金属矿采选业		6.79	
06	食品制造业		22.09	
07	纺织业		32.09	
08	缝纫及皮革制品业		2.29	
09	木材加工及家具制造业		2.01	
10	造纸及文教用品制造业		9.77	
14	化学工业		329.28	
15	建筑材料及其他非金属矿物制品业		324.66	
16	金属冶炼及压延加工业		455.38	
17	金属制品业		11.13	
18	机械工业		43.77	
19	交通运输设备制造业		13.79	
20	电气机械及器材制造业		10.20	
21	电子及通信设备制造业		7.69	
22	仪器仪表及其他计量器具制造业		1.24	
23	机械设备修理业			
24	其他工业		5.46	
25	建筑业		14.24	
26	货运邮电业		15.18	
	铁路		0.82	
	公路		6.21	
	水运			
	航空		0.40	
	管道		5.92	
	其他		1.77	
	邮电通讯		0.06	
27	商业		6.23	
28	饮食业		0.39	
29	旅客运输业		2.20	
	铁路		0.20	
	公路		1.49	
	水运			
	航空		0.09	
	其他		0.42	
30	公用事业及居民服务业		16.72	
31	文教卫生科研事业		3.99	
32	金融保险业		2.04	
33	行政机关		8.08	
RH	农村住户			
UH	城镇住户			
合计			**1358.50**	
工业合计			**1289.43**	

单位:万吨

产品 能源 煤油	其他石油制品	其他焦化产品	电力 (10^8kwh)	热力 (10TJ)	其他能源 (10^4tce)
3.57			582.42	16.55	
0.48			117.28	1071.41	0.68
0.46			184.61	830.60	0.10
2.89			322.93	5033.37	124.77
2.91			335.22	6686.32	1.09
0.53			84.10	1336.03	0.45
1.18			39.04	261.52	0.15
5.29			207.34	3880.70	4.41
7.35	1465.83	64.58	1353.45	26479.22	41.82
2.59		5.09	599.61	720.72	21.00
0.98		143.14	1330.97	13604.69	41.46
3.37			113.51	110.87	0.48
4.06			260.77	2482.65	0.44
4.87			154.63	2221.49	0.05
0.50			64.96	589.28	0.16
0.23			38.64	177.97	2.84
0.12			17.12	144.65	
0.89			77.75	164.36	0.10
3.51			159.62	149.50	13.31
6.88			90.72	139.39	
0.26			13.70	1.51	
2.34			16.58	0.66	
2.13			6.85		
			2.57	0.05	
0.88			9.58	66.32	
0.24			7.29	0.01	
1.03			34.14	70.83	
8.02			157.29	94.92	
0.50			44.58	27.32	
1.16			5.03	10.31	
0.06			1.70	6.97	
0.55			1.66	3.04	
0.50			0.69		
			0.26	0.24	
0.05			0.73	0.07	
74.47			95.41	1126.52	
17.78			67.70	799.31	
9.08			25.68	303.15	
35.99			45.41	536.13	
57.42			430.93		
6.83			574.65	12637.14	
263.91	**1465.83**	**212.81**	**7581.37**	**81636.08**	**253.31**
38.70	**1465.83**	**212.81**	**5301.93**	**65795.85**	**240.00**

6－20　能源使用表－热力

（1995 年）

部　门		能源 固体 煤	原　煤	洗　煤
01	农业	388.12	382.58	1.35
04	金属矿采选业	48.91	41.40	0.14
05	其他非金属矿采选业	113.78	113.34	0.37
06	食品制造业	742.58	707.06	17.48
07	纺织业	493.81	490.12	2.50
08	缝纫及皮革制品业	52.53	51.83	0.64
09	木材加工及家具制造业	83.59	83.37	0.21
10	造纸及文教用品制造业	386.94	384.60	1.47
14	化学工业	1787.30	1726.83	43.19
15	建筑材料及其他非金属矿物制品业	2763.44	2626.97	26.29
16	金属冶炼及压延加工业	1062.92	976.69	53.83
17	金属制品业	96.17	93.83	2.04
18	机械工业	290.10	258.56	26.53
19	交通运输设备制造业	142.97	139.86	1.65
20	电气机械及器材制造业	69.26	68.38	0.72
21	电子及通信设备制造业	28.87	28.16	0.71
22	仪器仪表及其他计量器具制造业	14.83	14.60	0.15
23	机械设备修理业			
24	其他工业	188.41	186.69	1.27
25	建筑业	92.24	92.16	0.07
26	货运邮电业	36.56	36.56	0.01
	铁路			
	公路	15.52	15.51	0.005
	水运	2.60	2.59	0.002
	航空	1.14	1.14	
	管道	2.32	2.32	
	其他	4.71	4.71	
	邮电通讯	10.28	10.28	
27	商业	167.51	163.13	0.14
28	饮食业	38.91	37.88	0.03
29	旅客运输业	4.00	4.00	
	铁路			
	公路	2.59	2.59	0.0007
	水运	0.43	0.43	0.0004
	航空	0.19	0.19	
	其他	0.79	0.79	
30	公用事业及居民服务业	162.10	152.91	0.08
31	文教卫生科研事业	120.09	113.28	0.06
32	金融保险业	25.71	24.25	0.01
33	行政机关	100.40	94.71	0.05
RH	农村住户	1576.92	1500.12	
UH	城镇住户	1196.36	1124.10	
合　计		**12283.52**	**11717.98**	**180.99**
工业合计		**8366.43**	**7992.29**	**179.18**

（热量表）

单位：10^{15}焦耳

产　品				
能　源				
		焦　碳	城市废物	工业废物
其他洗煤	型　煤			
4.19		36.62		
7.37		22.06		
0.07		7.70		
18.03		9.21		
1.19		1.64		
0.06		0.55		
0.02		0.69		
0.87		1.68		
17.28		147.90		
110.18		78.77		0.73
32.41		1723.72		
0.30		35.09		
5.01		96.34		
1.46		11.79		
0.16		4.44		
		0.30		
0.08		0.97		
0.45		8.63		
0.01		3.07		
		2.39		
		0.69		
		1.03		
		0.02		
		0.01		
		0.13		
		0.004		
		0.50		
4.23		4.13		
1.00		3.18		
		0.47		
		0.19		
		0.28		
		0.01		
		0.003		
		0.001		
9.11		0.86		
6.75		0.49		
1.44		0.17		
5.64		0.31		
76.80	3.85	19.25		
72.26	4.32	18.22		
376.39	**8.17**	**2240.65**		**0.73**
194.95		**2151.48**		**0.73**

6－20　能源使用表－热力(热量表)(续1)

部　门		能　源		
		生物能源		
		秸　杆	薪　柴	沼　气
01	农业		457.80	0.19
04	金属矿采选业			
05	其他非金属矿采选业			
06	食品制造业			
07	纺织业			
08	缝纫及皮革制品业			
09	木材加工及家具制造业			
10	造纸及文教用品制造业			
14	化学工业			
15	建筑材料及其他非金属矿物制品业			
16	金属冶炼及压延加工业			
17	金属制品业			
18	机械工业			
19	交通运输设备制造业			
20	电气机械及器材制造业			
21	电子及通信设备制造业			
22	仪器仪表及其他计量器具制造业			
23	机械设备修理业			
24	其他工业			
25	建筑业			
26	货运邮电业			
	铁路			
	公路			
	水运			
	航空			
	管道			
	其他			
	邮电通讯			
27	商业			
28	饮食业			
29	旅客运输业			
	铁路			
	公路			
	水运			
	航空			
	其他			
30	公用事业及居民服务业			
31	文教卫生科研事业			
32	金融保险业			
33	行政机关			
RH	农村住户	3825.60	2947.70	32.19
UH	城镇住户			
合　计		**3825.60**	**3405.50**	**32.38**
工业合计				

单位:10^{15}焦耳

产　品					
气体能源				液体能源	
天 然 气	焦炉煤气	炼厂干气	其他煤气	原　油	液化石油气
0.08					0.07
2.30			0.63		0.04
2.61			0.01		0.04
4.09	0.05		0.35	0.83	1.17
15.40	0.26		0.37	0.54	3.58
	0.07		0.01	0.04	0.04
			0.02		1.32
0.23	0.11		0.35	0.15	0.11
114.45	15.68	26.16	6.02	9.60	21.47
8.85	5.46	0.58	7.95	7.25	6.71
15.90	245.96		479.75	1.47	0.25
1.75	0.21		0.17	0.07	0.64
9.31	1.91		44.19	0.18	3.63
1.99	0.32		1.74	0.24	0.41
2.88	1.44		1.02	0.35	0.91
3.94	0.58		0.44		0.64
0.04	0.02		0.04		0.01
3.43	0.81		2.54	0.41	0.34
1.09		0.01		1.13	0.24
0.55				9.19	0.23
0.04				0.06	0.01
					0.05
					0.05
0.04					
0.39				8.89	0.08
				0.24	
0.08					0.03
1.28	0.76		0.01	0.12	5.04
0.90	0.59		0.01	0.09	3.67
1.27	3.04	0.02	1.14		0.78
1.08	1.73	0.01	0.65		0.66
0.15	0.60		0.23		0.09
2.14	1.07	0.01	0.40		1.31
			1.59		14.09
77.69	38.95	1.81	27.49		253.51
273.41	**319.63**	**28.60**	**577.12**	**31.65**	**321.01**
187.18	**272.88**	**26.74**	**545.62**	**21.12**	**41.30**

6－20 能源使用表－热力(热量表)(续2)

部门		能源 液体 汽油	燃料油	柴油
01	农业			
04	金属矿采选业		4.91	
05	其他非金属矿采选业		2.83	
06	食品制造业		9.19	
07	纺织业		13.36	
08	缝纫及皮革制品业		0.95	
09	木材加工及家具制造业		0.84	
10	造纸及文教用品制造业		4.07	
14	化学工业		137.04	
15	建筑材料及其他非金属矿物制品业		135.12	
16	金属冶炼及压延加工业		189.52	
17	金属制品业		4.63	
18	机械工业		13.55	
19	交通运输设备制造业		5.74	
20	电气机械及器材制造业		4.24	
21	电子及通信设备制造业		3.20	
22	仪器仪表及其他计量器具制造业		0.52	
23	机械设备修理业			
24	其他工业		6.94	
25	建筑业		5.93	
26	货运邮电业		6.32	
	铁路		0.34	
	公路		2.59	
	水运			
	航空		0.16	
	管道		2.46	
	其他		0.74	
	邮电通讯		0.02	
27	商业		2.59	
28	饮食业		0.16	
29	旅客运输业		0.92	
	铁路		0.08	
	公路		0.62	
	水运			
	航空		0.04	
	其他		0.18	
30	公用事业及居民服务业		6.96	
31	文教卫生科研事业		1.66	
32	金融保险业		0.85	
33	行政机关		3.36	
RH	农村住户			
UH	城镇住户			
合计			**565.37**	
工业合计			**536.63**	

单位:10^{15}焦耳

产品			电力	热力	其他能源
能源					
煤油	其他石油制品	其他焦化产品			
1.54			209.79	0.16	
0.21			42.25	10.71	0.20
0.20			66.49	8.30	0.03
1.25			116.32	50.30	36.57
1.25			120.75	66.82	0.32
0.23			30.29	13.34	0.13
0.51			14.06	2.61	0.04
2.28			74.68	38.78	1.29
3.17	562.79	21.77	487.51	264.64	12.26
1.12		1.71	215.98	7.20	6.15
0.42		48.24	479.41	135.97	12.15
1.45			40.89	1.11	0.14
1.71			84.28	16.09	0.13
2.10			55.70	22.20	0.01
0.22			23.40	5.89	0.05
0.10			13.92	1.78	0.83
0.05			6.17	1.44	
0.43			37.66	10.37	0.03
1.51			57.49	1.49	3.90
2.97			32.68	1.39	
0.11			4.93	0.02	
1.01			5.97	0.01	
0.92			2.47		
			0.93		
0.38			3.45	0.66	
0.10			2.63		
0.44			12.30	0.71	
3.46			56.66	0.95	
0.22			16.06	0.27	
0.50			1.81	0.10	
0.03			0.61	0.07	
0.24			0.60	0.03	
0.22			0.25		
			0.09		
0.02			0.26		
32.11			34.37	11.26	
7.67			24.39	7.99	
3.92			9.25	3.03	
15.52			16.36	5.36	
24.76			155.22		
2.95			206.99	126.30	
113.81	**562.79**	**71.73**	**2730.80**	**815.87**	**74.24**
16.69	**562.79**	**71.73**	**1909.75**	**657.56**	**70.34**

6－21 能源使用表－原材料

（1995 年）

部门		能源		
		固体		
		煤	原煤	洗煤
01	农业			
04	金属矿采选业			
05	其他非金属矿采选业			
06	食品制造业			
07	纺织业			
08	缝纫及皮革制品业			
09	木材加工及家具制造业			
10	造纸及文教用品制造业			
14	化学工业	1777.03	1766.09	7.11
15	建筑材料及其他非金属矿物制品业			
16	金属冶炼及压延加工业			
17	金属制品业			
18	机械工业			
19	交通运输设备制造业			
20	电气机械及器材制造业			
21	电子及通信设备制造业			
22	仪器仪表及其他计量器具制造业			
23	机械设备修理业			
24	其他工业			
25	建筑业			
26	货运邮电业			
	铁路			
	公路			
	水运			
	航空			
	管道			
	其他			
	邮电通讯			
27	商业			
28	饮食业			
29	旅客运输业			
	铁路			
	公路			
	水运			
	航空			
	其他			
30	公用事业及居民服务业			
31	文教卫生科研事业			
32	金融保险业			
33	行政机关			
RH	农村住户			
UH	城镇住户			
合计		**1777.03**	**1766.09**	**7.11**
工业合计		**1777.03**	**1766.09**	**7.11**

（实物量表）

单位：万吨

产品 能源 其他洗煤	型煤	焦碳	城市废物	工业废物
3.84		760.36		
				532
		1928.75		
3.84		**2689.11**		**532.00**
3.84		**2689.11**		**532.00**

6－21　能源使用表－原材料(实物量表)(续1)

部　　门		能　　源		
		生物能源		
		秸　　杆	薪　　柴	沼　　气 (10⁴m³)
01	农业			
04	金属矿采选业			
05	其他非金属矿采选业			
06	食品制造业			
07	纺织业			
08	缝纫及皮革制品业			
09	木材加工及家具制造业			
10	造纸及文教用品制造业			
14	化学工业			
15	建筑材料及其他非金属矿物制品业			
16	金属冶炼及压延加工业			
17	金属制品业			
18	机械工业			
19	交通运输设备制造业			
20	电气机械及器材制造业			
21	电子及通信设备制造业			
22	仪器仪表及其他计量器具制造业			
23	机械设备修理业			
24	其他工业			
25	建筑业			
26	货运邮电业			
	铁路			
	公路			
	水运			
	航空			
	管道			
	其他			
	邮电通讯			
27	商业			
28	饮食业			
29	旅客运输业			
	铁路			
	公路			
	水运			
	航空			
	其他			
30	公用事业及居民服务业			
31	文教卫生科研事业			
32	金融保险业			
33	行政机关			
RH	农村住户			
UH	城镇住户			
合　　计				
工业合计				

单位:万吨

产品					
气体能源				液体能源	
天然气（10^8m^3）	焦炉煤气（10^8m^3）	炼厂干气	其他煤气（10^8m^3）	原油	液化石油气
37.60		23.48		27.50	10.01
37.60		**23.48**		**27.50**	**10.01**
37.60		**23.48**		**27.50**	**10.01**

6-21 能源使用表-原材料(实物量表)(续2)

部门		能源		
		液体		
		汽油	燃料油	柴油
01	农业			
04	金属矿采选业			
05	其他非金属矿采选业			
06	食品制造业			
07	纺织业			
08	缝纫及皮革制品业			
09	木材加工及家具制造业			
10	造纸及文教用品制造业			
14	化学工业	7.80	102.96	9.33
15	建筑材料及其他非金属矿物制品业			
16	金属冶炼及压延加工业			
17	金属制品业			
18	机械工业			
19	交通运输设备制造业			
20	电气机械及器材制造业			
21	电子及通信设备制造业			
22	仪器仪表及其他计量器具制造业			
23	机械设备修理业			
24	其他工业			
25	建筑业			
26	货运邮电业			
	铁路			
	公路			
	水运			
	航空			
	管道			
	其他			
	邮电通讯			
27	商业			
28	饮食业			
29	旅客运输业			
	铁路			
	公路			
	水运			
	航空			
	其他			
30	公用事业及居民服务业			
31	文教卫生科研事业			
32	金融保险业			
33	行政机关			
RH	农村住户			
UH	城镇住户			
合计		**7.80**	**102.96**	**9.33**
工业合计		**7.80**	**102.96**	**9.33**

单位:万吨

产　品			电　力 (10^8 kwh)	热　力 (10TJ)	其他能源 (10^4 tce)
能　源					
煤　油	其他石油制品	其他焦化产品			
1.63					
1.63					
1.63					

6－22 能源使用表－原材料

（1995 年）

部门		能源		
		固体		
		煤	原煤	洗煤
01	农业			
04	金属矿采选业			
05	其他非金属矿采选业			
06	食品制造业			
07	纺织业			
08	缝纫及皮革制品业			
09	木材加工及家具制造业			
10	造纸及文教用品制造业			
14	化学工业	372.83	370.36	1.87
15	建筑材料及其他非金属矿物制品业			
16	金属冶炼及压延加工业			
17	金属制品业			
18	机械工业			
19	交通运输设备制造业			
20	电气机械及器材制造业			
21	电子及通信设备制造业			
22	仪器仪表及其他计量器具制造业			
23	机械设备修理业			
24	其他工业			
25	建筑业			
26	货运邮电业			
	铁路			
	公路			
	水运			
	航空			
	管道			
	其他			
	邮电通讯			
27	商业			
28	饮食业			
29	旅客运输业			
	铁路			
	公路			
	水运			
	航空			
	其他			
30	公用事业及居民服务业			
31	文教卫生科研事业			
32	金融保险业			
33	行政机关			
RH	农村住户			
UH	城镇住户			
合　计		**372.83**	**370.36**	**1.87**
工业合计		**372.83**	**370.36**	**1.87**

（热量表）

单位:10^{15}焦耳

产 品 能 源				
其他洗煤	型 煤	焦 碳	城市废物	工业废物
0.59		216.48		
				13.90
		549.12		
0.59		**765.59**		**13.90**
0.59		**765.59**		**13.90**

6－22　能源使用表－原材料(热量表)(续1)

部门		能源		
		生物能源		
		秸杆	薪柴	沼气
01	农业			
04	金属矿采选业			
05	其他非金属矿采选业			
06	食品制造业			
07	纺织业			
08	缝纫及皮革制品业			
09	木材加工及家具制造业			
10	造纸及文教用品制造业			
14	化学工业			
15	建筑材料及其他非金属矿物制品业			
16	金属冶炼及压延加工业			
17	金属制品业			
18	机械工业			
19	交通运输设备制造业			
20	电气机械及器材制造业			
21	电子及通信设备制造业			
22	仪器仪表及其他计量器具制造业			
23	机械设备修理业			
24	其他工业			
25	建筑业			
26	货运邮电业			
	铁路			
	公路			
	水运			
	航空			
	管道			
	其他			
	邮电通讯			
27	商业			
28	饮食业			
29	旅客运输业			
	铁路			
	公路			
	水运			
	航空			
	其他			
30	公用事业及居民服务业			
31	文教卫生科研事业			
32	金融保险业			
33	行政机关			
RH	农村住户			
UH	城镇住户			
合计				
工业合计				

单位:10^{15}焦耳

产　品					
气体能源				液体能源	
天 然 气	焦炉煤气	炼厂干气	其他煤气	原　油	液化石油气
146.56		10.80		11.51	5.02
146.56		**10.80**		**11.51**	**5.02**
146.56		**10.80**		**11.51**	**5.02**

6－22 能源使用表－原材料（热量表）（续 2）

	部门	能源 液体 汽油	 燃料油	 柴油
01	农业			
04	金属矿采选业			
05	其他非金属矿采选业			
06	食品制造业			
07	纺织业			
08	缝纫及皮革制品业			
09	木材加工及家具制造业			
10	造纸及文教用品制造业			
14	化学工业	3.36	42.85	3.96
15	建筑材料及其他非金属矿物制品业			
16	金属冶炼及压延加工业			
17	金属制品业			
18	机械工业			
19	交通运输设备制造业			
20	电气机械及器材制造业			
21	电子及通信设备制造业			
22	仪器仪表及其他计量器具制造业			
23	机械设备修理业			
24	其他工业			
25	建筑业			
26	货运邮电业			
	铁路			
	公路			
	水运			
	航空			
	管道			
	其他			
	邮电通讯			
27	商业			
28	饮食业			
29	旅客运输业			
	铁路			
	公路			
	水运			
	航空			
	其他			
30	公用事业及居民服务业			
31	文教卫生科研事业			
32	金融保险业			
33	行政机关			
RH	农村住户			
UH	城镇住户			
合计		**3.36**	**42.85**	**3.96**
工业合计		**3.36**	**42.85**	**3.96**

单位:10^{15}焦耳

产　品			电　力	热　力	其他能源
能　源					
煤　油	其他石油制品	其他焦化产品			
0.70					
0.70					
0.70					

6－23 能源使用表－运输动力

（1995 年）

部门		能源 固体 煤	原煤	洗煤
01	农业			
04	金属矿采选业			
05	其他非金属矿采选业			
06	食品制造业			
07	纺织业			
08	缝纫及皮革制品业			
09	木材加工及家具制造业			
10	造纸及文教用品制造业			
14	化学工业			
15	建筑材料及其他非金属矿物制品业			
16	金属冶炼及压延加工业			
17	金属制品业			
18	机械工业			
19	交通运输设备制造业			
20	电气机械及器材制造业			
21	电子及通信设备制造业			
22	仪器仪表及其他计量器具制造业			
23	机械设备修理业			
24	其他工业			
25	建筑业			
26	货运邮电业	1050.58	979.73	23.33
	铁路	1050.58	979.73	23.33
	公路			
	水运			
	航空			
	管道			
	其他			
	邮电通讯			
27	商业			
28	饮食业			
29	旅客运输业	55.21	44.05	3.68
	铁路	55.21	44.05	3.68
	公路			
	水运			
	航空			
	其他			
30	公用事业及居民服务业			
31	文教卫生科研事业			
32	金融保险业			
33	行政机关			
RH	农村住户			
UH	城镇住户			
合计		**1105.79**	**1023.78**	**27.01**
工业合计				

（实物量表）

单位：万吨

产品 能源				
其他洗煤	型煤	焦碳	城市废物	工业废物
47.51				
47.51				
7.49				
7.49				
55.00				

6－23　能源使用表－运输动力(实物量表)(续1)

部门		能源		
		生物能源		
		秸　　杆	薪　　柴	沼　　气 (10^4m^3)
01	农业			
04	金属矿采选业			
05	其他非金属矿采选业			
06	食品制造业			
07	纺织业			
08	缝纫及皮革制品业			
09	木材加工及家具制造业			
10	造纸及文教用品制造业			
14	化学工业			
15	建筑材料及其他非金属矿物制品业			
16	金属冶炼及压延加工业			
17	金属制品业			
18	机械工业			
19	交通运输设备制造业			
20	电气机械及器材制造业			
21	电子及通信设备制造业			
22	仪器仪表及其他计量器具制造业			
23	机械设备修理业			
24	其他工业			
25	建筑业			
26	货运邮电业			
	铁路			
	公路			
	水运			
	航空			
	管道			
	其他			
	邮电通讯			
27	商业			
28	饮食业			
29	旅客运输业			
	铁路			
	公路			
	水运			
	航空			
	其他			
30	公用事业及居民服务业			
31	文教卫生科研事业			
32	金融保险业			
33	行政机关			
RH	农村住户			
UH	城镇住户			
合　计				
工业合计				

单位:万吨

产　　品					
气体能源				液体能源	
天 然 气 (10^8m^3)	焦炉煤气 (10^8m^3)	炼厂干气	其他煤气 (10^8m^3)	原　　油	液化石油气

6-23　能源使用表-运输动力(实物量表)(续2)

部　门		能　源		
		液　体		
		汽　油	燃料油	柴　油
01	农业	179.66	8.37	1001.39
04	金属矿采选业	12.92		17.62
05	其他非金属矿采选业	28.38		33.33
06	食品制造业	71.97		43.46
07	纺织业	42.72		35.48
08	缝纫及皮革制品业	16.77		13.75
09	木材加工及家具制造业	8.39		7.52
10	造纸及文教用品制造业	23.42		22.21
14	化学工业	100.24		118.25
15	建筑材料及其他非金属矿物制品业	82.14		148.84
16	金属冶炼及压延加工业	55.26		90.85
17	金属制品业	18.19		23.40
18	机械工业	89.27		46.93
19	交通运输设备制造业	37.48		31.30
20	电气机械及器材制造业	24.07		15.91
21	电子及通信设备制造业	9.15		10.20
22	仪器仪表及其他计量器具制造业	4.69		3.91
23	机械设备修理业			
24	其他工业	16.40		14.18
25	建筑业	103.62		118.18
26	货运邮电业	792.20	169.47	1024.46
	铁路	21.28		440.36
	公路	728.96		285.10
	水运	7.25	169.47	217.26
	航空	6.51		38.65
	管道	2.37		26.40
	其他	10.81		13.07
	邮电通讯	15.02		3.63
27	商业	192.05		102.35
28	饮食业	11.62		6.10
29	旅客运输业	183.66	40.60	217.24
	铁路	5.05		84.84
	公路	172.79		68.12
	水运	1.72	40.60	51.92
	航空	1.54		9.23
	其他	2.56		3.12
30	公用事业及居民服务业	309.47		350.17
31	文教卫生科研事业	73.87		83.59
32	金融保险业	37.73		42.69
33	行政机关	149.58		169.25
RH	农村住户	12.52		11.67
UH	城镇住户	51.18		4.47
合　计		**2738.62**	**218.44**	**3808.70**
工业合计		**641.46**		**677.14**

单位:万吨

产　品			电　力 (10^8 kwh)	热　力 (10TJ)	其他能源 (10^4 tce)
能　源					
煤　油	其他石油制品	其他焦化产品			
75.51			76.79		
			76.79		
75.51					
166.45			7.36		
			7.36		
166.45					
241.96			**84.15**		

6－24 能源使用表－运输动力

（1995年）

部门		能源		
		固体		
		煤	原煤	洗煤
01	农业			
04	金属矿采选业			
05	其他非金属矿采选业			
06	食品制造业			
07	纺织业			
08	缝纫及皮革制品业			
09	木材加工及家具制造业			
10	造纸及文教用品制造业			
14	化学工业			
15	建筑材料及其他非金属矿物制品业			
16	金属冶炼及压延加工业			
17	金属制品业			
18	机械工业			
19	交通运输设备制造业			
20	电气机械及器材制造业			
21	电子及通信设备制造业			
22	仪器仪表及其他计量器具制造业			
23	机械设备修理业			
24	其他工业			
25	建筑业			
26	货运邮电业	197.42	183.96	6.16
	铁路	197.42	183.96	6.16
	公路			
	水运			
	航空			
	管道			
	其他			
	邮电通讯			
27	商业			
28	饮食业			
29	旅客运输业	32.86	30.74	0.97
	铁路	32.86	30.74	0.97
	公路			
	水运			
	航空			
	其他			
30	公用事业及居民服务业			
31	文教卫生科研事业			
32	金融保险业			
33	行政机关			
RH	农村住户			
UH	城镇住户			
合计		**230.28**	**214.70**	**7.13**
工业合计				

（热量表）

单位：10^{15}焦耳

产 品				
固体能源				
		焦 碳	城市废物	工业废物
其他洗煤	型 煤			
7.30				
7.30				
1.15				
1.15				
8.46				

6－24　能源使用表－运输动力(热量表)(续1)

部　门		能　源		
		生物能源		
		秸　杆	薪　柴	沼　气 (10^4m^3)
01	农业			
04	金属矿采选业			
05	其他非金属矿采选业			
06	食品制造业			
07	纺织业			
08	缝纫及皮革制品业			
09	木材加工及家具制造业			
10	造纸及文教用品制造业			
14	化学工业			
15	建筑材料及其他非金属矿物制品业			
16	金属冶炼及压延加工业			
17	金属制品业			
18	机械工业			
19	交通运输设备制造业			
20	电气机械及器材制造业			
21	电子及通信设备制造业			
22	仪器仪表及其他计量器具制造业			
23	机械设备修理业			
24	其他工业			
25	建筑业			
26	货运邮电业			
	铁路			
	公路			
	水运			
	航空			
	管道			
	其他			
	邮电通讯			
27	商业			
28	饮食业			
29	旅客运输业			
	铁路			
	公路			
	水运			
	航空			
	其他			
30	公用事业及居民服务业			
31	文教卫生科研事业			
32	金融保险业			
33	行政机关			
RH	农村住户			
UH	城镇住户			
合　计				
工业合计				

单位：10^{15}焦耳

产　品					
气体能源				液体能源	
天然气	焦炉煤气	炼厂干气	其他煤气	原　油	液化石油气

6－24　能源使用表－运输动力(热量表)(续2)

部　门		能　源		
		液　体		
		汽　油	燃料油	柴　油
01	农业	77.48	3.48	425.56
04	金属矿采选业	5.57		7.49
05	其他非金属矿采选业	12.24		14.16
06	食品制造业	31.04		18.47
07	纺织业	18.42		15.08
08	缝纫及皮革制品业	7.23		5.84
09	木材加工及家具制造业	3.62		3.19
10	造纸及文教用品制造业	10.10		9.44
14	化学工业	43.23		50.25
15	建筑材料及其他非金属矿物制品业	35.42		63.25
16	金属冶炼及压延加工业	23.83		38.61
17	金属制品业	7.84		9.94
18	机械工业	36.80		19.34
19	交通运输设备制造业	16.16		13.30
20	电气机械及器材制造业	10.38		6.76
21	电子及通信设备制造业	3.94		4.33
22	仪器仪表及其他计量器具制造业	2.02		1.66
23	机械设备修理业			
24	其他工业	8.77		6.63
25	建筑业	44.69		50.22
26	货运邮电业	341.63	70.53	428.38
	铁路	9.18		180.15
	公路	314.36		121.16
	水运	3.13	70.53	92.33
	航空	2.81		16.42
	管道	1.02		11.22
	其他	4.66		5.55
	邮电通讯	6.48		1.54
27	商业	82.82		43.50
28	饮食业	5.01		2.59
29	旅客运输业	79.20	16.90	99.31
	铁路	2.18		43.05
	公路	74.51		28.95
	水运	0.74	16.90	22.06
	航空	0.67		3.92
	其他	1.10		1.33
30	公用事业及居民服务业	133.46		148.81
31	文教卫生科研事业	31.86		35.52
32	金融保险业	16.27		18.14
33	行政机关	64.50		71.93
RH	农村住户	5.40		4.96
UH	城镇住户	22.07		1.90
合　计		**1181.02**	**90.91**	**1618.58**
工业合计		**276.63**		**287.76**

单位:10^{15}焦耳

产　品			电　力	热　力	其他能源
能　源					
煤　油	其他石油制品	其他焦化产品			
84.55			27.66		
			27.66		
84.55					
19.79			2.65		
			2.65		
19.79					
104.34			**30.31**		

6-25 能源平衡表

（1997年）

部门		能源产品	能源 固体 煤	原煤
01	农业	17071.39	1926.70	1879.42
02	煤炭采选业	3133.99	2459.23	2005.69
03	石油和天然气开采业	2560.63	321.06	320.99
04	金属矿采选业	470.15	186.97	164.69
05	其他非金属矿采选业	1474.94	493.35	493.26
06	食品制造业	8403.12	3022.71	2858.86
07	纺织业	8310.17	1814.25	1803.31
08	缝纫及皮革制品业	563.13	218.10	216.20
09	木材加工及家具制造业	863.86	327.34	317.03
10	造纸及文教用品制造业	6044.72	1567.32	1554.89
11	电力及蒸汽、热水生产和供应业	10987.83	3334.38	3058.75
12	石油加工业	15956.80	97.08	76.97
13	炼焦、煤气及煤制品业	6698.66	711.81	537.11
14	化学工业	44634.03	8608.20	8454.77
15	建筑材料及其他非金属矿物制品业	16293.58	12732.98	12011.59
16	金属冶炼及压延加工业	32010.77	4956.09	4313.81
17	金属制品业	907.78	374.84	368.67
18	机械工业	5247.94	1401.36	1292.39
19	交通运输设备制造业	2863.13	635.40	620.06
20	电气机械及器材制造业	1015.38	281.41	272.67
21	电子及通信设备制造业	520.83	101.57	100.09
22	仪器仪表及其他计量器具制造业	221.20	52.94	52.30
23	机械设备修理业			
24	其他工业	835.92	521.91	518.59
25	建筑业	1005.15	382.79	372.05
26	货运邮电业	4153.82	1152.35	1145.03
	铁路	1777.74	1005.35	998.25
	公路	1467.27	57.42	57.24
	水运	429.10	1.66	1.63
	航空	144.54	0.81	0.81
	管道	87.98	10.71	10.71
	其他	78.48	19.70	19.70
	邮电通讯	168.71	56.71	56.69
27	商业	1983.89	554.62	544.11
28	饮食业	556.59	330.58	324.11
29	旅客运输业	1651.62	256.98	255.20
	铁路	525.75	237.66	235.98
	公路	309.39	7.50	7.48
	水运	461.00	4.60	4.53
	航空	340.04	3.92	3.92
	其他	15.44	3.29	3.29
30	公用事业及居民服务业	1996.33	254.04	205.53
31	文教卫生科研事业	1584.89	369.83	299.21
32	金融保险业	443.07	11.92	9.65
33	行政机关	1824.89	99.36	80.39
RH	农村住户	218426.93	7132.35	6408.81
UH	城镇住户	23206.21	5105.95	4108.46
合计		**443923.34**	**61797.77**	**57044.65**
工业合计		**170018.56**	**44220.30**	**41412.69**

（实物量表）

单位：万吨

产　品					
能　源					
			焦　碳	城市废物	工业废物
洗　煤	其他洗煤	型　煤			
20.10	27.18		144.66		
266.03	187.51		52.47		
0.03	0.04		2.59		
3.64	18.61	0.03	90.86		
0.02	0.07		37.51		
72.00	90.50	1.35	30.62		
5.11	5.62	0.21	8.13		
0.09	1.78	0.03	3.36		
0.12	10.13	0.06	3.75		
0.64	11.47	0.32	9.63		
56.01	219.62		7.25	7.80	2150.00
13.16	6.95				
133.58	41.11	0.01	92.54		
116.34	36.88	0.21	1355.66		
96.05	625.33	0.01	269.03		588.00
373.17	269.10	0.01	8048.39		
3.27	2.86	0.04	113.43		
95.11	12.69	1.17	296.45		
3.30	11.90	0.14	36.72		
2.46	6.26	0.02	17.03		
0.42	1.06		1.72		
0.56	0.07	0.01	1.78		
1.73	1.07	0.52	27.28		
0.70	10.04		12.49		
0.54	6.78		5.63		
0.52	6.58		1.88		
	0.18		3.10		
0.03			0.17		
			0.06		
			0.01		
	0.02		0.41		
0.24	5.43	4.84	19.88		
0.09	3.37	3.01	15.32		
0.20	1.58		0.84		
0.12	1.56		0.80		
	0.02				
0.07			0.04		
0.07	47.60	0.83	15.53		
0.11	69.30	1.21	3.61		
	2.24	0.04	0.01		
0.03	18.62	0.33			
	348.16	375.38	62.64		
	380.52	616.97	62.09		
1264.92	**2481.45**	**1006.75**	**10848.90**	**7.80**	**2738.00**
1242.84	**1560.63**	**4.14**	**10506.20**	**7.80**	**2738.00**

6－25　能源平衡表(实物量表)(续1)

部　门		能　源		
		生物能源		
		秸　杆	薪　柴	沼　气 (10⁴m³)
01	农业		2656.75	10393.94
02	煤炭采选业			
03	石油和天然气开采业			
04	金属矿采选业			
05	其他非金属矿采选业			
06	食品制造业			
07	纺织业			
08	缝纫及皮革制品业			
09	木材加工及家具制造业			
10	造纸及文教用品制造业			
11	电力及蒸汽、热水生产和供应业			
12	石油加工业			
13	炼焦、煤气及煤制品业			
14	化学工业			
15	建筑材料及其他非金属矿物制品业			
16	金属冶炼及压延加工业			
17	金属制品业			
18	机械工业			
19	交通运输设备制造业			
20	电气机械及器材制造业			
21	电子及通信设备制造业			
22	仪器仪表及其他计量器具制造业			
23	机械设备修理业			
24	其他工业			
25	建筑业			
26	货运邮电业			
	铁路			
	公路			
	水运			
	航空			
	管道			
	其他			
	邮电通讯			
27	商业			
28	饮食业			
29	旅客运输业			
	铁路			
	公路			
	水运			
	航空			
	其他			
30	公用事业及居民服务业			
31	文教卫生科研事业			
32	金融保险业			
33	行政机关			
RH	农村住户	28623.88	14712.59	167189.00
UH	城镇住户			
合　计		**28623.88**	**17369.34**	**177582.94**
工业合计				

单位：万吨

产品					
气体能源				液体能源	
天然气（10^8m^3）	焦炉煤气（10^8m^3）	炼厂干气	其他煤气（10^8m^3）	原油	液化石油气
	0.14			1.31	0.06
41.94		35.18		316.51	14.06
0.10				12.39	0.05
0.09				0.07	0.09
0.59	0.07		0.08	1.41	1.63
0.89	0.13		0.15	0.06	0.56
	0.01		0.01	0.39	0.06
					0.02
0.09	0.01		0.88	0.05	0.20
1.27	0.04		7.49	0.11	0.58
8.81		355.26	0.25	63.13	110.81
1.21	17.78	5.78	7.75	0.47	12.40
78.58	8.39	67.35	4.31	60.16	43.16
3.06	2.14	0.62	7.56	10.52	10.01
3.04	146.43		498.33	3.49	0.82
0.31	0.19		0.65	0.01	1.22
2.43	0.36		12.76	0.09	0.70
0.45	0.09	0.02	2.78	0.09	0.47
1.07	0.42		0.23	0.73	1.48
1.35	0.59		0.98	0.01	1.95
	0.01		0.05		
			0.01		0.19
0.01				2.98	5.21
0.08	0.08		0.01	16.66	0.92
				0.03	0.12
				0.02	
0.02					0.47
0.03	0.01				0.01
0.02				15.91	0.30
	0.07		0.01	0.70	0.03
0.01					
0.01	1.42		0.40	0.20	41.68
0.99	1.12		0.78	0.14	1.30
0.12					0.55
0.02					0.03
0.10					
					0.50
					0.01
0.28	2.75		1.27	1.05	8.73
0.30	0.64		1.31	0.20	1.48
			0.12		0.67
0.01			0.52	0.17	3.59
			0.87		88.64
21.22	40.09		58.91		653.55
168.30	**222.90**	**464.21**	**608.46**	**492.39**	**1006.84**
145.28	**176.80**	**464.21**	**544.27**	**471.00**	**200.52**

6－25　能源平衡表(实物量表)(续2)

部门		能源 液体 汽油	燃料油	柴油
01	农业	176.36	2.88	1075.69
02	煤炭采选业	33.11	4.92	34.74
03	石油和天然气开采业	49.27	160.74	164.59
04	金属矿采选业	12.14	0.67	21.17
05	其他非金属矿采选业	33.56	1.64	33.80
06	食品制造业	73.30	25.53	55.78
07	纺织业	31.48	33.97	26.43
08	缝纫及皮革制品业	14.67	6.20	14.60
09	木材加工及家具制造业	8.88	1.59	6.00
10	造纸及文教用品制造业	18.39	8.86	25.40
11	电力及蒸汽、热水生产和供应业	22.26	125.14	65.62
12	石油加工业	18.67	369.21	35.90
13	炼焦、煤气及煤制品业	3.29	19.02	2.07
14	化学工业	101.52	466.19	127.26
15	建筑材料及其他非金属矿物制品业	63.04	299.62	135.71
16	金属冶炼及压延加工业	48.93	415.16	84.66
17	金属制品业	17.63	13.72	21.29
18	机械工业	83.18	30.50	45.86
19	交通运输设备制造业	36.48	11.35	35.23
20	电气机械及器材制造业	26.40	12.98	20.71
21	电子及通信设备制造业	8.77	12.72	12.31
22	仪器仪表及其他计量器具制造业	3.91	0.05	3.12
23	机械设备修理业			
24	其他工业	13.34	6.06	16.13
25	建筑业	107.68	19.21	146.01
26	货运邮电业	950.33	305.60	965.14
	铁路	55.88	35.00	356.06
	公路	850.60	11.33	396.10
	水运	7.21	243.99	173.04
	航空	5.54	0.27	12.32
	管道	1.20	2.45	0.79
	其他	9.52	12.56	22.55
	邮电通讯	20.38		4.28
27	商业	210.14	6.05	142.82
28	饮食业	6.41	0.19	4.43
29	旅客运输业	227.98	276.63	413.56
	铁路	16.87	10.57	107.50
	公路	188.28	2.51	87.68
	水运	7.68	259.95	184.36
	航空	12.89	0.62	28.64
	其他	2.25	2.98	5.38
30	公用事业及居民服务业	492.02	8.84	466.81
31	文教卫生科研事业	83.54	1.50	79.26
32	金融保险业	37.62	0.68	35.69
33	行政机关	202.62	3.64	192.23
RH	农村住户	22.15		17.77
UH	城镇住户	72.07		21.41
合计		**3311.13**	**2651.05**	**4549.21**
工业合计		**722.22**	**2025.84**	**988.38**

单位:万吨

产　品					
能　源			电　力 $(10^8 kwh)$	热　力 (10TJ)	其他能源 $(10^4 tce)$
煤　油	其他石油制品	其他焦化产品			
1.38			639.77	53.26	
3.42	0.02		380.97	152.2	11.4
0.66	58.91		314.68	1049.78	30.66
0.47	4.74		129.19	11.4	
0.34	0.05		206.66	667.78	
1.06	1.41	12.99	298.84	4819.68	57.42
2.01	2.69		344.05	6036.26	9.11
0.34	0.01		54.02	251.36	
0.66	1.80	0.60	55.62	457.6	
4.75	2.97		206.84	4199.33	
0.65	0.26	0.01	961.82	4303.15	
10.39	2088.80		118.87	12649.59	30.02
0.23	34.00	53.74	76.76	5647.39	12.43
7.40	1566.77	50.96	1506.83	30581	0.29
2.01	28.30	8.06	608.08	1524.84	
1.51	23.73	164.89	1447.68	16098.07	69.55
2.48	3.59		140.98	217.44	
3.83	2.01	0.22	259.17	3109.02	
3.49	0.79		201.23	1898.54	
0.46	0.46	0.02	74.55	577.43	
0.14	38.93		69.72	270.07	
0.13	0.50		16.74	141.97	
0.22	34.57		123.98	92.23	
4.23			117.41	207.13	
127.72			199.78	429.51	
0.15			78.17	245.11	
1.37			37.76	109.58	
0.96			1.58		
125.11			0.33	0.12	
0.02			15.97	40.55	
0.05			13.25	0.03	
0.07			52.72	34.13	
8.72			250.34	747.61	
0.27			33.29	161.77	
292.37			37.60	145.00	
0.04			22.07	130.18	
0.30			8.65	14.36	
1.02			2.85		
290.99			2.70	0.26	
0.01			1.33	0.19	
83.05			100.83	561.14	
14.10			161.51	867.62	
6.35			22.45	327.56	
34.20			72.61	1215.94	
57.67			518.80	0.57	
4.99			734.35	16431.58	
681.71	**3895.31**	**291.49**	**10486.02**	**115904.81**	**220.88**
46.65	**3895.31**	**291.49**	**7597.28**	**94756.13**	**220.88**

6－26 能源平衡表

（1997 年）

部　　门		能源产品	固　　体	
			煤	原　　煤
01	农业	1658.92	403.61	394.13
02	煤炭采选业	710.03	519.62	420.61
03	石油和天然气开采业	703.51	67.33	67.31
04	金属矿采选业	133.02	38.36	34.54
05	其他非金属矿采选业	225.31	103.46	103.44
06	食品制造业	888.91	632.67	599.53
07	纺织业	614.23	380.42	378.17
08	缝纫及皮革制品业	84.03	45.64	45.34
09	木材加工及家具制造业	101.95	68.08	66.48
10	造纸及文教用品制造业	473.82	328.06	326.07
11	电力及蒸汽、热水生产和供应业	1455.63	689.98	641.45
12	石油加工业	1461.88	20.68	16.14
13	炼焦、煤气及煤制品业	361.27	154.20	112.64
14	化学工业	4362.69	1809.44	1773.04
15	建筑材料及其他非金属矿物制品业	3222.78	2640.39	2518.94
16	金属冶炼及压延加工业	5042.13	1044.46	904.65
17	金属制品业	191.41	78.62	77.31
18	机械工业	599.27	298.27	271.03
19	交通运输设备制造业	276.42	132.76	130.03
20	电气机械及器材制造业	128.42	58.80	57.18
21	电子及通信设备制造业	87.09	21.26	20.99
22	仪器仪表及其他计量器具制造业	22.41	11.13	10.97
23	机械设备修理业			
24	其他工业	191.41	109.46	108.75
25	建筑业	249.86	79.75	78.02
26	货运邮电业	1329.32	241.31	240.12
	铁路	431.73	210.49	209.34
	公路	568.06	12.03	12.00
	水运	179.93	0.35	0.34
	航空	62.12	0.17	0.17
	管道	17.19	2.25	2.25
	其他	28.29	4.13	4.13
	邮电通讯	42.01	11.89	11.89
27	商业	400.60	115.85	114.10
28	饮食业	99.12	69.04	67.97
29	旅客运输业	585.10	53.81	53.52
	铁路	116.70	49.76	49.49
	公路	124.86	1.57	1.57
	水运	192.58	0.97	0.95
	航空	145.28	0.82	0.82
	其他	5.67		0.69
30	公用事业及居民服务业	558.83	50.58	43.10
31	文教卫生科研事业	222.14	73.64	62.75
32	金融保险业	48.57	2.37	2.02
33	行政机关	245.71	19.78	16.86
RH	农村住户	7870.23	1463.04	1343.99
UH	城镇住户	2049.87	1027.79	861.58
合　计		**36655.91**	**12853.67**	**11962.79**
工业合计		**21337.64**	**9253.10**	**8684.62**

（热量表）

单位：10^{15}焦耳

能　源					
洗　煤	其他洗煤	型　煤	焦　碳	城市废物	工业废物
5.30	4.18		41.18		
70.19	28.82		14.94		
0.01	0.01		0.74		
0.96	2.86	0.01	25.87		
0.01	0.01		10.68		
19.00	13.91	0.24	8.72		
1.35	0.86	0.04	2.31		
0.02	0.27	0.01	0.96		
0.03	1.56	0.01	1.07		
0.17	1.76	0.06	2.74		
14.78	33.75		2.06	0.36	272.12
3.47	1.07				
35.24	6.32	0.001	26.35		
30.69	5.67	0.04	385.95		
25.34	96.11		76.59		15.36
98.45	41.36	0.0017	2291.36		
0.86	0.44	0.01	32.29		
25.09	1.95	0.20	84.40		
0.87	1.83	0.02	10.45		
0.65	0.96	0.0035	4.85		
0.11	0.16		0.49		
0.15	0.01	0.0017	0.51		
0.46	0.16	0.09	7.77		
0.18	1.54		3.56		
0.14	1.04		1.60		
0.14	1.01		0.54		
	0.03		0.88		
0.007			0.05		
			0.02		
			0.003		
	0.0031		0.12		
0.06	0.83	0.85	5.66		
0.02	0.52	0.52	4.36		
0.05	0.24		0.24		
0.03	0.24		0.23		
	0.0036				
0.02			0.01		
0.02	7.32	0.15	4.42		
0.03	10.65	0.21	1.03		
	0.34	0.01	0.0017		
0.01	2.86	0.06			
	53.51	65.54	17.83		
	58.48	107.72	17.68		
333.73	**381.38**	**175.78**	**3088.66**	**0.36**	**287.48**
327.90	**239.86**	**0.72**	**2991.09**	**0.36**	**287.48**

6－26 能源平衡表(热量表)(续1)

部门		能源 生物能源 秸杆	薪柴	沼气
01	农业		445.99	2.18
02	煤炭采选业			
03	石油和天然气开采业			
04	金属矿采选业			
05	其他非金属矿采选业			
06	食品制造业			
07	纺织业			
08	缝纫及皮革制品业			
09	木材加工及家具制造业			
10	造纸及文教用品制造业			
11	电力及蒸汽、热水生产和供应业			
12	石油加工业			
13	炼焦、煤气及煤制品业			
14	化学工业			
15	建筑材料及其他非金属矿物制品业			
16	金属冶炼及压延加工业			
17	金属制品业			
18	机械工业			
19	交通运输设备制造业			
20	电气机械及器材制造业			
21	电子及通信设备制造业			
22	仪器仪表及其他计量器具制造业			
23	机械设备修理业			
24	其他工业			
25	建筑业			
26	货运邮电业			
	铁路			
	公路			
	水运			
	航空			
	管道			
	其他			
	邮电通讯			
27	商业			
28	饮食业			
29	旅客运输业			
	铁路			
	公路			
	水运			
	航空			
	其他			
30	公用事业及居民服务业			
31	文教卫生科研事业			
32	金融保险业			
33	行政机关			
RH	农村住户	3610.34	2469.76	35.11
UH	城镇住户			
合计		**3610.34**	**2915.75**	**37.29**
工业合计				

单位:10^{15}焦耳

产品					
气体能源				液体能源	
天然气	焦炉煤气	炼厂干气	其他煤气	原油	液化石油气
	0.25			0.55	0.03
165.94		16.19		132.49	7.06
0.40				5.19	0.03
0.36				0.03	0.05
2.33	0.12		0.07	0.59	0.82
3.52	0.23		0.13	0.03	0.28
	0.02		0.01	0.16	0.03
					0.01
0.36	0.02		0.77	0.02	0.10
5.02	0.07		6.59	0.05	0.29
34.87		163.47	0.22	26.43	55.67
4.78	31.27	2.66	6.81	0.20	6.23
310.91	14.75	30.99	3.79	25.18	21.68
12.11	3.76	0.29	6.65	4.40	5.03
12.03	257.50		438.16	1.46	0.41
1.23	0.33		0.57		0.61
9.61	0.63		11.22	0.04	0.35
1.78	0.16	0.0092	2.44	0.04	0.24
4.23	0.74		0.20	0.31	0.74
5.34	1.04		0.86	0.0050	0.98
	0.02		0.04		
			0.01		0.10
0.04				1.25	2.62
0.32	0.14		0.01	6.97	0.46
				0.01	0.06
				0.01	
0.08					0.24
0.12	0.02				0.003
0.08				6.66	0.15
	0.12		0.01	0.29	0.02
0.04					
0.04	2.49		0.35	0.08	20.94
3.92	1.97		0.69	0.06	0.65
0.4748					0.2759
0.0791					0.0175
0.3957					
					0.2514
					0.0070
1.11	4.84		1.12	0.4378	4.38
1.18	1.12		1.15	0.0817	0.74
			0.11		0.34
0.05			0.46	0.0708	1.81
			0.76		44.54
83.96	70.50		51.80		328.36
665.90	**391.97**	**213.60**	**534.99**	**206.12**	**505.87**
574.82	**310.90**	**213.60**	**478.55**	**197.16**	**100.75**

6-26 能源平衡表(热量表)(续2)

部门		能源 液体 汽油	燃料油	柴油
01	农业	76.05	1.20	457.14
02	煤炭采选业	14.28	2.05	14.76
03	石油和天然气开采业	21.25	66.92	69.95
04	金属矿采选业	5.24	0.28	9.00
05	其他非金属矿采选业	14.47	0.68	14.36
06	食品制造业	31.61	10.63	23.70
07	纺织业	13.58	14.14	11.23
08	缝纫及皮革制品业	6.33	2.58	6.20
09	木材加工及家具制造业	3.83	0.66	2.55
10	造纸及文教用品制造业	7.93	3.69	10.79
11	电力及蒸汽、热水生产和供应业	9.60	52.10	27.89
12	石油加工业	8.05	153.72	15.25
13	炼焦、煤气及煤制品业	1.42	7.92	0.88
14	化学工业	43.78	194.09	54.08
15	建筑材料及其他非金属矿物制品业	27.19	124.74	57.67
16	金属冶炼及压延加工业	21.10	172.85	35.98
17	金属制品业	7.60	5.71	9.05
18	机械工业	35.87	12.70	19.49
19	交通运输设备制造业	15.73	4.73	14.97
20	电气机械及器材制造业	11.38	5.40	8.80
21	电子及通信设备制造业	3.78	5.30	5.23
22	仪器仪表及其他计量器具制造业	1.69	0.02	1.33
23	机械设备修理业			
24	其他工业	5.75	2.52	6.85
25	建筑业	46.44	8.00	62.05
26	货运邮电业	409.82	127.23	410.16
	铁路	24.10	14.57	151.32
	公路	366.81	4.72	168.33
	水运	3.11	101.58	73.54
	航空	2.39	0.11	5.23
	管道	0.52	1.02	0.34
	其他	4.11	5.23	9.58
	邮电通讯	8.79		1.82
27	商业	90.62	2.52	60.69
28	饮食业	2.76	0.08	1.88
29	旅客运输业	98.31	115.17	175.75
	铁路	7.28	4.40	45.68
	公路	81.20	1.04	37.26
	水运	3.31	108.23	78.35
	航空	5.56	0.26	12.17
	其他	0.97	1.24	2.29
30	公用事业及居民服务业	212.18	3.68	198.38
31	文教卫生科研事业	36.03	0.62	33.68
32	金融保险业	16.22	0.28	15.17
33	行政机关	87.38	1.51	81.69
RH	农村住户	9.55		7.55
UH	城镇住户	31.08		9.10
合计		**1427.89**	**1103.74**	**1933.29**
工业合计		**311.45**	**843.44**	**420.03**

单位：10^{15}焦耳

产　品			电　力	热　力	其他能源
能　源					
煤　油	其他石油制品	其他焦化产品			
0.60			230.44	0.53	
1.47	0.01		137.22	1.51	3.34
0.28	22.62		113.35	10.41	8.99
0.20	1.82		46.53	0.11	
0.15	0.02		74.44	6.62	
0.46	0.54	4.38	107.64	47.80	16.83
0.87	1.03		123.93	59.86	2.67
0.15			19.46	2.49	
0.28	0.69	0.20	20.03	4.54	
2.05	1.14		74.50	41.64	
0.28	0.10	0.0034	346.44	42.67	
4.48	801.97		42.82	125.45	8.80
0.10	13.05	18.12	27.65	56.01	3.64
3.19	601.54	17.18	542.76	303.27	0.08
0.87	10.87	2.72	219.03	15.12	
0.65	9.11	55.59	521.45	159.64	20.38
1.07	1.38		50.78	2.16	
1.65	0.77	0.07	93.35	30.83	
1.51	0.30		72.48	18.83	
0.20	0.18	0.01	26.85	5.73	
0.06	14.95		25.11	2.68	
0.06	0.19		6.03	1.41	
0.09	13.27		44.66	0.91	
1.82			42.29	2.05	
55.08			71.96	4.26	
0.06			28.16	2.43	
0.59			13.60	1.09	
0.41			0.57		
53.95			0.12	0.0012	
0.01			5.75	0.40	
0.02			4.77	0.0003	
0.03			18.99	0.34	
3.76			90.17	7.41	
0.12			11.99	1.60	
126.08			13.54	1.44	
0.02			7.95	1.29	
0.13			3.12	0.14	
0.44			1.03		
125.49			0.97	0.0026	
0.0045			0.48	0.0019	
35.82			36.32	5.56	
6.08			58.18	8.60	
2.74			8.08	3.25	
14.75			26.15	12.06	
24.87			186.87	0.01	
2.15			264.51	162.95	
293.98	**1495.56**	**98.27**	**3777.03**	**1149.43**	**64.74**
20.12	**1495.56**	**98.27**	**2736.52**	**939.70**	**64.74**

6－27 能源使用表

（1997 年）

部门		能源		
		固体		
		煤	原煤	洗煤
01	农业	1926.70	1879.42	20.10
04	金属矿采选业	186.97	164.69	3.64
05	其他非金属矿采选业	493.35	493.26	0.02
06	食品制造业	3022.71	2858.86	72.00
07	纺织业	1814.25	1803.31	5.11
08	缝纫及皮革制品业	218.10	216.20	0.09
09	木材加工及家具制造业	327.34	317.03	0.12
10	造纸及文教用品制造业	1567.32	1554.89	0.64
14	化学工业	8608.20	8454.77	116.34
15	建筑材料及其他非金属矿物制品业	12732.98	12011.59	96.05
16	金属冶炼及压延加工业	4956.09	4313.81	373.17
17	金属制品业	374.84	368.67	3.27
18	机械工业	1401.36	1292.39	95.11
19	交通运输设备制造业	635.40	620.06	3.30
20	电气机械及器材制造业	281.41	272.67	2.46
21	电子及通信设备制造业	101.57	100.09	0.42
22	仪器仪表及其他计量器具制造业	52.94	52.30	0.56
23	机械设备修理业			
24	其他工业	521.91	518.59	1.73
25	建筑业	382.79	372.05	0.70
26	货运邮电业	1152.35	1145.03	0.54
	铁路	1005.35	998.25	0.52
	公路	57.42	57.24	
	水运	1.66	1.63	0.03
	航空	0.81	0.81	
	管道	10.71	10.71	
	其他	19.70	19.70	
	邮电通讯	56.71	56.69	
27	商业	554.62	544.11	0.24
28	饮食业	330.58	324.11	0.09
29	旅客运输业	256.98	255.20	0.20
	铁路	237.66	235.98	0.12
	公路	7.50	7.48	
	水运	4.60	4.53	0.074
	航空	3.92	3.92	
	其他	3.29	3.29	
30	公用事业及居民服务业	254.04	205.53	0.07
31	文教卫生科研事业	369.83	299.21	0.11
32	金融保险业	11.92	9.65	
33	行政机关	99.36	80.39	0.03
RH	农村住户	7132.35	6408.81	
UH	城镇住户	5105.95	4108.46	
合计		**54874.21**	**51045.14**	**796.11**
工业合计		**37296.74**	**35413.18**	**774.03**

（实物量表）

单位：万吨

产　品				
能　源				
其他洗煤	型　煤	焦　碳	城市废物	工业废物
27.18		144.66		
18.61	0.03	90.86		
0.07		37.51		
90.50	1.35	30.62		
5.62	0.21	8.13		
1.78	0.03	3.36		
10.13	0.06	3.75		
11.47	0.32	9.63		
36.88	0.21	1355.66		
625.33	0.01	269.03		588.00
269.10	0.01	8048.39		
2.86	0.04	113.43		
12.69	1.17	296.45		
11.90	0.14	36.72		
6.26	0.02	17.03		
1.06		1.72		
0.07	0.01	1.78		
1.07	0.52	27.28		
10.04		12.49		
6.78		5.63		
6.58		1.88		
0.17689		3.10		
		0.17		
		0.06		
		0.01		
0.02		0.41		
5.43	4.84	19.88		
3.37	3.01	15.32		
1.58		0.84		
1.56		0.80		
0.023				
		0.04		
47.60	0.83	15.53		
69.30	1.21	3.61		
2.24	0.04	0.01		
18.62	0.33			
348.16	375.38	62.64		
380.52	616.97	62.09		
2026.22	**1006.74**	**10694.05**		**588.00**
1105.40	**4.13**	**10351.35**		**588.00**

6-27　能源使用表(实物量表)(续1)

部　门		能　源		
		生物能源		
		秸　杆	薪　柴	沼　气 ($10^4 m^3$)
01	农业		2656.75	10393.94
04	金属矿采选业			
05	其他非金属矿采选业			
06	食品制造业			
07	纺织业			
08	缝纫及皮革制品业			
09	木材加工及家具制造业			
10	造纸及文教用品制造业			
14	化学工业			
15	建筑材料及其他非金属矿物制品业			
16	金属冶炼及压延加工业			
17	金属制品业			
18	机械工业			
19	交通运输设备制造业			
20	电气机械及器材制造业			
21	电子及通信设备制造业			
22	仪器仪表及其他计量器具制造业			
23	机械设备修理业			
24	其他工业			
25	建筑业			
26	货运邮电业			
	铁路			
	公路			
	水运			
	航空			
	管道			
	其他			
	邮电通讯			
27	商业			
28	饮食业			
29	旅客运输业			
	铁路			
	公路			
	水运			
	航空			
	其他			
30	公用事业及居民服务业			
31	文教卫生科研事业			
32	金融保险业			
33	行政机关			
RH	农村住户	28623.88	14712.59	167189.00
UH	城镇住户			
合　计		**28623.88**	**17369.34**	**177582.94**
工业合计				

单位:万吨

产　品					
气体能源				液体能源	
天然气 (10^8m^3)	焦炉煤气 (10^8m^3)	炼厂干气	其他煤气 (10^8m^3)	原　油	液化石油气
0.10				12.39	0.05
0.09				0.07	0.09
0.59	0.07		0.08	1.41	1.63
0.89	0.13		0.15	0.06	0.56
	0.01		0.01	0.39	0.06
					0.02
0.09	0.01		0.88	0.05	0.20
78.58	8.39	67.35	4.31	60.16	43.16
3.06	2.14	0.62	7.56	10.52	10.01
3.04	146.43		498.33	3.49	0.82
0.31	0.19		0.65	0.01	1.22
2.43	0.36		12.76	0.09	0.70
0.45	0.09	0.02	2.78	0.09	0.47
1.07	0.42		0.23	0.73	1.48
1.35	0.59		0.98	0.01	1.95
	0.01		0.05		
			0.01		0.19
0.01				2.98	5.21
0.08	0.08		0.01	16.66	0.92
				0.03	0.12
				0.02	
0.02					0.47
0.03	0.01				0.01
0.02				15.91	0.30
	0.07		0.01	0.70	0.03
0.01					
0.01	1.42		0.40	0.20	41.68
0.99	1.12		0.78	0.14	1.30
0.12					0.55
0.02					0.03
0.10					
					0.50
					0.01
0.28	2.75		1.27	1.046	8.73
0.30	0.64		1.31	0.195	1.48
			0.12		0.67
0.01			0.52	0.169	3.59
			0.87		88.64
21.22	40.09		58.91		653.55
115.07	**204.94**	**67.99**	**592.97**	**110.86**	**868.93**
92.05	**158.84**	**67.99**	**528.78**	**89.47**	**62.61**

6－27　能源使用表(实物量表)(续2)

部门		能源 液体 汽油	燃料油	柴油
01	农业	176.36	2.88	1075.69
04	金属矿采选业	12.14	0.67	21.17
05	其他非金属矿采选业	33.56	1.64	33.80
06	食品制造业	73.30	25.53	55.78
07	纺织业	31.48	33.97	26.43
08	缝纫及皮革制品业	14.67	6.20	14.60
09	木材加工及家具制造业	8.88	1.59	6.00
10	造纸及文教用品制造业	18.39	8.86	25.40
14	化学工业	101.52	466.19	127.26
15	建筑材料及其他非金属矿物制品业	63.04	299.62	135.71
16	金属冶炼及压延加工业	48.93	415.16	84.66
17	金属制品业	17.63	13.72	21.29
18	机械工业	83.18	30.50	45.86
19	交通运输设备制造业	36.48	11.35	35.23
20	电气机械及器材制造业	26.40	12.98	20.71
21	电子及通信设备制造业	8.77	12.72	12.31
22	仪器仪表及其他计量器具制造业	3.91	0.05	3.12
23	机械设备修理业			
24	其他工业	13.34	6.06	16.13
25	建筑业	107.68	19.21	146.01
26	货运邮电业	950.33	305.60	965.14
	铁路	55.88	35.00	356.06
	公路	850.60	11.33	396.10
	水运	7.21	243.99	173.04
	航空	5.54	0.27	12.32
	管道	1.20	2.45	0.79
	其他	9.52	12.56	22.55
	邮电通讯	20.38		4.28
27	商业	210.14	6.05	142.82
28	饮食业	6.41	0.19	4.43
29	旅客运输业	227.98	276.63	413.56
	铁路	16.87	10.57	107.50
	公路	188.28	2.51	87.68
	水运	7.68	259.95	184.36
	航空	12.89	0.62	28.64
	其他	2.25	2.98	5.38
30	公用事业及居民服务业	492.02	8.84	466.81
31	文教卫生科研事业	83.54	1.50	79.26
32	金融保险业	37.62	0.68	35.69
33	行政机关	202.62	3.64	192.23
RH	农村住户	22.15		17.77
UH	城镇住户	72.07		21.41
合计		**3184.53**	**1972.02**	**4246.29**
工业合计		**595.62**	**1346.81**	**685.46**

单位：万吨

产　品			电　力 (10^8kwh)	热　力 (10TJ)	其他能源 (10^4tce)
能　源					
煤　油	其他石油制品	其他焦化产品			
1.38			639.77	53.26	
0.47	4.74		129.19	11.4	
0.34	0.05		206.66	667.78	
1.06	1.41	12.99	298.84	4819.68	57.42
2.01	2.69		344.05	6036.26	9.11
0.34	0.01		54.02	251.36	
0.66	1.80	0.60	55.62	457.6	
4.75	2.97		206.84	4199.33	
7.40	1566.77	50.96	1506.83	30581	0.29
2.01	28.30	8.06	608.08	1524.84	
1.51	23.73	164.89	1447.68	16098.07	69.55
2.48	3.59		140.98	217.44	
3.83	2.01	0.22	259.17	3109.02	
3.49	0.79		201.23	1898.54	
0.46	0.46	0.02	74.55	577.43	
0.14	38.93		69.72	270.07	
0.13	0.50		16.74	141.97	
0.22	34.57		123.98	92.23	
4.23			117.41	207.13	
127.72			199.78	429.51	
0.15			78.17	245.11	
1.37			37.76	109.58	
0.96			1.58		
125.11			0.33	0.12	
0.02			15.97	40.55	
0.05			13.25	0.03	
0.07			52.72	34.13	
8.72			250.34	747.61	
0.27			33.29	161.77	
292.37			37.60	145.00	
0.04			22.07	130.18	
0.30			8.65	14.36	
1.02			2.85		
290.99			2.70	0.26	
0.01			1.33	0.19	
83.05			100.83	561.14	
14.10			161.51	867.62	
6.35			22.45	327.56	
34.20			72.61	1215.94	
57.67			518.80	0.57	
4.99			734.35	16431.58	
666.36	**1713.32**	**237.74**	**8632.92**	**92102.70**	**136.37**
31.30	**1713.32**	**237.74**	**5744.18**	**70954.02**	**136.37**

6－28　能源使用表

（1997年）

部门		能源		
		固体		
		煤	原煤	洗煤
01	农业	403.61	394.13	5.30
04	金属矿采选业	38.36	34.54	0.96
05	其他非金属矿采选业	103.46	103.44	0.01
06	食品制造业	632.67	599.53	19.00
07	纺织业	380.42	378.17	1.35
08	缝纫及皮革制品业	45.64	45.34	0.02
09	木材加工及家具制造业	68.08	66.48	0.03
10	造纸及文教用品制造业	328.06	326.07	0.17
14	化学工业	1809.44	1773.04	30.69
15	建筑材料及其他非金属矿物制品业	2640.39	2518.94	25.34
16	金属冶炼及压延加工业	1044.46	904.65	98.45
17	金属制品业	78.62	77.31	0.86
18	机械工业	298.27	271.03	25.09
19	交通运输设备制造业	132.76	130.03	0.87
20	电气机械及器材制造业	58.80	57.18	0.65
21	电子及通信设备制造业	21.26	20.99	0.11
22	仪器仪表及其他计量器具制造业	11.13	10.97	0.15
23	机械设备修理业			
24	其他工业	109.46	108.75	0.46
25	建筑业	79.75	78.02	0.18
26	货运邮电业	241.31	240.12	0.14
	铁路	210.49	209.34	0.14
	公路	12.03	12.00	
	水运	0.35	0.34	0.01
	航空	0.17	0.17	
	管道	2.25	2.25	
	其他	4.13	4.13	
	邮电通讯	11.89	11.89	
27	商业	115.85	114.10	0.06
28	饮食业	69.04	67.97	0.02
29	旅客运输业	53.81	53.52	0.05
	铁路	49.76	49.49	0.03
	公路	1.57	1.57	
	水运	0.97	0.95	0.02
	航空	0.82	0.82	
	其他	0.69	0.69	
30	公用事业及居民服务业	50.58	43.10	0.02
31	文教卫生科研事业	73.64	62.75	0.03
32	金融保险业	2.37	2.02	
33	行政机关	19.78	16.86	0.01
RH	农村住户	1463.04	1343.99	
UH	城镇住户	1027.79	861.58	
合计		**11401.87**	**10704.63**	**210.04**
工业合计		**7801.30**	**7426.47**	**204.21**

（热量表）

单位:10^{15}焦耳

产品				
能源				
		焦碳	城市废物	工业废物
其他洗煤	型煤			
4.18		41.18		
2.86	0.01	25.87		
0.01		10.68		
13.91	0.24	8.72		
0.86	0.04	2.31		
0.27	0.01	0.96		
1.56	0.01	1.07		
1.76	0.06	2.74		
5.67	0.04	385.95		
96.11	0.0017	76.59		15.36
41.36	0.0017	2291.36		
0.44	0.01	32.29		
1.95	0.20	84.40		
1.83	0.02	10.45		
0.96	0.0035	4.85		
0.16		0.49		
0.01	0.0017	0.51		
0.16	0.09	7.77		
1.54		3.56		
1.04		1.60		
1.01		0.54		
0.027		0.88		
		0.05		
		0.02		
		0.0028		
0.0031		0.12		
0.83	0.85	5.66		
0.52	0.52	4.36		
0.24		0.24		
0.24		0.23		
0.0036				
		0.01		
7.32	0.15	4.42		
10.65	0.21	1.03		
0.34	0.01	0.0017		
2.86	0.06			
53.51	65.54	17.83		
58.48	107.72	17.68		
311.42	**175.78**	**3044.57**		**15.36**
169.89	**0.72**	**2947.01**		**15.36**

6-28 能源使用表(热量表)(续1)

部门		能源		
		生物能源		
		秸杆	薪柴	沼气
01	农业		445.99	2.18
04	金属矿采选业			
05	其他非金属矿采选业			
06	食品制造业			
07	纺织业			
08	缝纫及皮革制品业			
09	木材加工及家具制造业			
10	造纸及文教用品制造业			
14	化学工业			
15	建筑材料及其他非金属矿物制品业			
16	金属冶炼及压延加工业			
17	金属制品业			
18	机械工业			
19	交通运输设备制造业			
20	电气机械及器材制造业			
21	电子及通信设备制造业			
22	仪器仪表及其他计量器具制造业			
23	机械设备修理业			
24	其他工业			
25	建筑业			
26	货运邮电业			
	铁路			
	公路			
	水运			
	航空			
	管道			
	其他			
	邮电通讯			
27	商业			
28	饮食业			
29	旅客运输业			
	铁路			
	公路			
	水运			
	航空			
	其他			
30	公用事业及居民服务业			
31	文教卫生科研事业			
32	金融保险业			
33	行政机关			
RH	农村住户	3610.34	2469.76	35.11
UH	城镇住户			
合计		**3610.34**	**2915.75**	**37.29**
工业合计				

单位:10^{15}焦耳

产品					
气体能源				液体能源	
天然气	焦炉煤气	炼厂干气	其他煤气	原油	液化石油气
0.40				5.19	0.03
0.36				0.03	0.05
2.33	0.12		0.07	0.59	0.82
3.52	0.23		0.13	0.03	0.28
	0.02		0.01	0.16	0.03
					0.01
0.36	0.02		0.77	0.02	0.10
310.91	14.75	30.99	3.79	25.18	21.68
12.11	3.76	0.29	6.65	4.40	5.03
12.03	257.50		438.16	1.46	0.41
1.23	0.33		0.57		0.61
9.61	0.63		11.22	0.04	0.35
1.78	0.16	0.01	2.44	0.04	0.24
4.23	0.74		0.20	0.31	0.74
5.34	1.04		0.86	0.01	0.98
	0.02		0.04		
			0.01		0.10
0.04				1.25	2.62
0.32	0.14		0.01	6.97	0.46
				0.01	0.06
				0.01	
0.08					0.24
0.12	0.02				
0.08				6.66	0.15
	0.12		0.01	0.29	0.02
0.04					
0.04	2.49		0.35	0.08	20.94
3.92	1.97		0.69	0.06	0.65
0.47					0.28
0.08					0.02
0.40					
					0.25
					0.01
1.11	4.84		1.12	0.44	4.38
1.18	1.12		1.15	0.08	0.74
			0.11		0.34
0.05			0.46	0.07	1.81
			0.76		44.54
83.96	70.50		51.80		328.36
455.29	**360.39**	**31.29**	**521.37**	**46.41**	**436.58**
364.21	**279.32**	**31.29**	**464.93**	**37.45**	**31.46**

6－28　能源使用表(热量表)(续2)

	部　门	能　源		
		液　体		
		汽　油	燃料油	柴　油
01	农业	76.05	1.20	457.14
04	金属矿采选业	5.24	0.28	9.00
05	其他非金属矿采选业	14.47	0.68	14.36
06	食品制造业	31.61	10.63	23.70
07	纺织业	13.58	14.14	11.23
08	缝纫及皮革制品业	6.33	2.58	6.20
09	木材加工及家具制造业	3.83	0.66	2.55
10	造纸及文教用品制造业	7.93	3.69	10.79
14	化学工业	43.78	194.09	54.08
15	建筑材料及其他非金属矿物制品业	27.19	124.74	57.67
16	金属冶炼及压延加工业	21.10	172.85	35.98
17	金属制品业	7.60	5.71	9.05
18	机械工业	35.87	12.70	19.49
19	交通运输设备制造业	15.73	4.73	14.97
20	电气机械及器材制造业	11.38	5.40	8.80
21	电子及通信设备制造业	3.78	5.30	5.23
22	仪器仪表及其他计量器具制造业	1.69	0.02	1.33
23	机械设备修理业			
24	其他工业	5.75	2.52	6.85
25	建筑业	46.44	8.00	62.05
26	货运邮电业	409.82	127.23	410.16
	铁路	24.10	14.57	151.32
	公路	366.81	4.72	168.33
	水运	3.11	101.58	73.54
	航空	2.39	0.11	5.23
	管道	0.52	1.02	0.34
	其他	4.11	5.23	9.58
	邮电通讯	8.79		1.82
27	商业	90.62	2.52	60.69
28	饮食业	2.76	0.08	1.88
29	旅客运输业	98.31	115.17	175.75
	铁路	7.28	4.40	45.68
	公路	81.20	1.04	37.26
	水运	3.31	108.23	78.35
	航空	5.56	0.26	12.17
	其他	0.97	1.24	2.29
30	公用事业及居民服务业	212.18	3.68	198.38
31	文教卫生科研事业	36.03	0.62	33.68
32	金融保险业	16.22	0.28	15.17
33	行政机关	87.38	1.51	81.69
RH	农村住户	9.55		7.55
UH	城镇住户	31.08		9.10
合	**计**	**1373.30**	**821.03**	**1804.55**
工业合计		**256.86**	**560.73**	**291.30**

单位:10^{15}焦耳

产　品			电　力	热　力	其他能源
能　源					
煤　油	其他石油制品	其他焦化产品			
0.60			230.44	0.53	
0.20	1.82		46.53	0.11	
0.15	0.02		74.44	6.62	
0.46	0.54	4.38	107.64	47.80	16.83
0.87	1.03		123.93	59.86	2.67
0.15			19.46	2.49	
0.28	0.69	0.20	20.03	4.54	
2.05	1.14		74.50	41.64	
3.19	601.54	17.18	542.76	303.27	0.08
0.87	10.87	2.72	219.03	15.12	
0.65	9.11	55.59	521.45	159.64	20.38
1.07	1.38		50.78	2.16	
1.65	0.77	0.07	93.35	30.83	
1.51	0.30		72.48	18.83	
0.20	0.18	0.01	26.85	5.73	
0.06	14.95		25.11	2.68	
0.06	0.19		6.03	1.41	
0.09	13.27		44.66	0.91	
1.82			42.29	2.05	
55.08			71.96	4.26	
0.06			28.16	2.43	
0.59			13.60	1.09	
0.41			0.57		
53.95			0.12	0.0012	
0.01			5.75	0.40	
0.02			4.77	0.0003	
0.03			18.99	0.34	
3.76			90.17	7.41	
0.12			11.99	1.60	
126.08			13.54	1.44	
0.02			7.95	1.29	
0.13			3.12	0.14	
0.44			1.03		
125.49			0.97	0.0026	
0.0045			0.48	0.0019	
35.82			36.32	5.56	
6.08			58.18	8.60	
2.74			8.08	3.25	
14.75			26.15	12.06	
24.87			186.87	0.01	
2.15			264.51	162.95	
287.36	**657.81**	**80.15**	**3109.55**	**913.38**	**39.97**
13.50	**657.81**	**80.15**	**2069.04**	**703.65**	**39.97**

6－29　能源供给表

（1997年）

部　　门	能　　源 固　　体 煤	原　　煤	洗　　煤
能源部门			
02　煤炭采选业			
原材料	－23108.60	－23108.60	
生产量	158079.74	137282.00	13069.77
其他能源使用	－2459.23	－2005.69	－266.03
03　石油和天然气开采业			
原材料			
生产量			
其他能源使用	－321.06	－320.99	－0.03
11　电力及蒸汽、热水生产和供应业			
原材料	－55223.88	－53493.54	－226.74
生产量			
其他能源使用	－3334.38	－3058.75	－56.01
12　石油加工业			
原材料			
生产量			
其他能源使用	－97.08	－76.97	－13.16
13　炼焦、煤气及煤制品业			
原材料	－20917.87	－8383.78	－12457.56
生产量	1001.66		
其他能源使用	－711.81	－537.11	－133.58
能源部门之外的其他部门			
进口量	201.29	161.49	39.80
我轮、机在外国加油量			
出口量（－）	－3073.02	－2612.94	－460.08
外轮、机在我国加油量（－）			
库存变化（增（－）、减（＋））	－1251.06	－1166.99	－117.48
损失量	5.37		
运输中的损失量	5.25		
统计误差	－6094.88	－8367.01	－1417.21
供给合计	**54874.21**	**51045.14**	**796.11**

（实物量表）

单位：万吨

产　品				
能　源				
		焦　碳	城市废物	工业废物
其他洗煤	型　煤			
7727.97				
－187.51		－52.47		
－0.04		－2.59		
－1503.60				
－219.62		－7.25	－7.80	－2150.00
－6.95				
－76.53				
	1001.66	13574.97		
－41.11	－0.01	－92.54		
			7.80	2738.00
		0.13		
		－1058.07		
28.01	5.40	36.05		
5.37				
5.25				
3689.03	0.31	1704.18		
2026.22	**1006.74**	**10694.05**		**588.00**

6－29　能源供给表（实物量表）（续1）

部　门	能　源		
	生物能源		
	秸　秆	薪　柴	沼　气（10^4m^3）
能源部门			
02　煤炭采选业			
原材料			
生产量			
其他能源使用			
03　石油和天然气开采业			
原材料			
生产量			
其他能源使用			
11　电力及蒸汽、热水生产和供应业			
原材料			
生产量			
其他能源使用			
12　石油加工业			
原材料			
生产量			
其他能源使用			
13　炼焦、煤气及煤制品业			
原材料			
生产量			
其他能源使用			
能源部门之外的其他部门	28623.88	17369.34	177582.94
进口量			
我轮、机在外国加油量			
出口量（－）			
外轮、机在我国加油量（－）			
库存变化（增（－）、减（＋））			
损失量			
运输中的损失量			
统计误差			
供给合计	**28623.88**	**17369.34**	**177582.94**

单位:万吨

产　品					
气体能源				液体能源	
天然气（10^8m^3）	焦炉煤气（10^8m^3）	炼厂干气	其他煤气（10^8m^3）	原　油	液化石油气
	-0.14			-1.31	-0.06
227.03				16074.14	
-41.94		-35.18		-316.51	-14.06
-21.91	-22.77	-74.33	-43.83	-79.16	-1.16
-1.27	-0.04		-7.49	-0.11	-0.58
				-16607.27	
		534.09			667.93
-8.81		-355.26	-0.25	-63.13	-110.81
	244.67		192.66		
-1.21	-17.78	-5.78	-7.75	-0.47	-12.40
				3546.97	358.24
-0.31				-1982.89	-39.22
				-138.63	5.06
5.55				188.36	1.72
3.49				148.02	1.72
30.99	-0.99	-4.45	-459.62	132.41	-17.71
115.04	**204.93**	**67.99**	**592.96**	**110.86**	**868.93**

6－29　能源供给表(实物量表)(续2)

部　门	能　源		
	液　体		
	汽　油	燃料油	柴　油
能源部门			
02　煤炭采选业			
原材料			
生产量			
其他能源使用	－33.11	－4.92	－34.74
03　石油和天然气开采业			
原材料			
生产量			
其他能源使用	－49.27	－160.74	－164.59
11　电力及蒸汽、热水生产和供应业			
原材料	－0.83	－1121.10	－742.00
生产量			
其他能源使用	－22.26	－125.14	－65.62
12　石油加工业			
原材料			
生产量	3517.82	2311.24	4924.45
其他能源使用	－18.67	－369.21	－35.90
13　炼焦、煤气及煤制品业			
原材料		－49.15	
生产量			
其他能源使用	－3.29	－19.02	－2.07
能源部门之外的其他部门			
进口量	8.43	1371.06	742.79
我轮、机在外国加油量		135.74	47.44
出口量(－)	－178.24	－51.73	－232.13
外轮、机在我国加油量(－)	－7.66	－39.51	－29.38
库存变化(增(－)、减(＋))	－56.36	－5.67	－181.96
损失量			
运输中的损失量			
统计误差	－27.97	－100.17	－20
供给合计	**3184.53**	**1972.02**	**4246.29**

单位:万吨

产品 能源 煤油	其他石油制品	其他焦化产品	电力 (10^8kwh)	热力 (10TJ)	其他能源 (10^4tce)
-3.42	-0.02		-380.97	-152.2	-11.4
-0.66	-58.91		-314.68	-1049.78	-30.66
					-168.19
			11355.55	117569.51	
-0.65	-0.26	-0.01	-961.82	-4303.15	
					-77.73
577.01	3692.73				
-10.39	-2088.80		-118.87	-12649.59	-30.02
		286.32			
-0.23	-34.00	-53.74	-76.76	-5647.39	-12.43
					466.8
138.07	358.24	30.30	0.89		
80.01					
-72.30	-155.66	-25.13	-72.04		
-26.49					
-14.59					
			798.38	1664.70	
			798.38	1611.60	
666.36	**1713.32**	**237.74**	**8632.92**	**92102.70**	**136.37**

6－30 能源供给表

（1997 年）

部门	能源 固体 煤	原煤	洗煤
能源部门			
02 煤炭采选业			
原材料	－4846.08	－4846.08	
生产量	33425.26	28789.29	3448.23
其他能源使用	－519.62	－420.61	－70.19
03 石油和天然气开采业			
原材料			
生产量			
其他能源使用	－67.33	－67.31	－0.01
11 电力及蒸汽、热水生产和供应业			
原材料	－11509.00	－11218.09	－59.82
生产量			
其他能源使用	－689.98	－641.45	－14.78
12 石油加工业			
原材料			
生产量			
其他能源使用	－20.68	－16.14	－3.47
13 炼焦、煤气及煤制品业			
原材料	－5056.62	－1758.16	－3286.71
生产量	174.89		
其他能源使用	－154.20	－112.64	－35.24
能源部门之外的其他部门			
进口量	44.37	33.87	10.50
我轮、机在外国加油量			
出口量（－）	－669.34	－547.96	－121.38
外轮、机在我国加油量（－）			
库存变化（增（－）、减（＋））	－270.48	－244.73	－31.00
损失量	0.83		
运输中的损失量	0.81		
统计误差	－1561.51	－1754.64	－373.91
供给合计	**11401.87**	**10704.63**	**210.04**

（热量表）

单位：10^{15}焦耳

产品				
能源				
		焦碳	城市废物	工业废物
其他洗煤	型煤			
1187.74				
-28.82		-14.94		
-0.01		-0.74		
-231.09				
-33.75		-2.06	-0.36	-272.12
-1.07				
-11.76				
	174.89	3864.76		
-6.32		-26.35		
			0.36	287.48
		0.04		
		-301.23		
4.30	0.94	10.26		
0.83				
0.81				
566.98	0.05	485.18		
311.42	**175.78**	**3044.57**		**15.36**

6－30　能源供给表(热量表)(续1)

部　　门	能　　源		
	生物能源		
	秸　　杆	薪　　柴	沼　　气
能源部门			
02　煤炭采选业			
原材料			
生产量			
其他能源使用			
03　石油和天然气开采业			
原材料			
生产量			
其他能源使用			
11　电力及蒸汽、热水生产和供应业			
原材料			
生产量			
其他能源使用			
12　石油加工业			
原材料			
生产量			
其他能源使用			
13　炼焦、煤气及煤制品业			
原材料			
生产量			
其他能源使用			
能源部门之外的其他部门	3610.34	2915.75	37.29
进口量			
我轮、机在外国加油量			
出口量（－）			
外轮、机在我国加油量(－)			
库存变化(增(－)、减(＋))			
损失量			
运输中的损失量			
统计误差			
供给合计	**3610.34**	**2915.75**	**37.29**

单位:10^{15}焦耳

产　品					
气体能源				液体能源	
天 然 气	焦炉煤气	炼厂干气	其他煤气	原　油	液化石油气
	-0.25			-0.55	-0.03
898.27				6728.76	
-165.94		-16.19		-132.49	-7.06
-86.69	-40.04	-34.20	-38.54	-33.14	-0.58
-5.02	-0.07		-6.59	-0.05	-0.29
				-6951.93	
		245.76			335.59
-34.86		-163.47	-0.22	-26.43	-55.67
	430.25		169.40		
-4.79	-31.27	-2.66	-6.81	-0.20	-6.23
				1484.79	179.99
-1.23				-830.05	-19.71
				-58.03	2.54
21.96				78.85	0.86
13.81				61.96	0.86
122.62	-1.76	-2.05	-404.12	55.43	-8.90
455.29	**360.39**	**31.29**	**521.36**	**46.41**	**436.58**

6-30 能源供给表(热量表)(续2)

部门	能源		
	液体		
	汽油	燃料油	柴油
能源部门			
02 煤炭采选业			
原材料			
生产量			
其他能源使用	-14.28	-2.05	-14.76
03 石油和天然气开采业			
原材料			
生产量			
其他能源使用	-21.25	-66.92	-69.95
11 电力及蒸汽、热水生产和供应业			
原材料	-0.36	-466.76	-315.33
生产量			
其他能源使用	-9.60	-52.10	-27.89
12 石油加工业			
原材料			
生产量	1517.02	962.26	2092.75
其他能源使用	-8.05	-153.72	-15.26
13 炼焦、煤气及煤制品业			
原材料		-20.46	
生产量			
其他能源使用	-1.42	-7.92	-0.88
能源部门之外的其他部门			
进口量	3.64	570.83	315.66
我轮、机在外国加油量		56.51	20.16
出口量(-)	-76.86	-21.54	-98.65
外轮、机在我国加油量(-)	-3.30	-16.45	-12.49
库存变化(增(-)、减(+))	-24.30	-2.36	-77.33
损失量			
运输中的损失量			
统计误差	-12.06	-41.70	-8.50
供给合计	**1373.30**	**821.03**	**1804.55**

单位：10^{15}焦耳

产品 能源 煤油	其他石油制品	其他焦化产品	电力	热力	其他能源
-1.47	-0.01		-137.22	-1.51	-3.34
-0.28	-22.62		-113.35	-10.41	-8.99
					-49.29
			4090.24	1165.94	
-0.28	-0.10	-0.0038	-346.44	-42.67	
					-22.78
248.83	1417.78				
-4.48	-801.97		-42.82	-125.45	-8.80
		96.53			
-0.10	-13.05	-18.12	-27.65	-56.01	-3.64
					136.81
59.54	137.54	10.22	0.32		
34.50					
-31.18	-59.76	-8.47	-25.95		
-11.42					
-6.29					
			287.57	16.51	
			287.57	15.98	
287.36	**657.81**	**80.15**	**3109.55**	**913.38**	**39.97**

6－31 能源使用表－热力

(1997年)

部门		能源		
		固体		
		煤	原煤	洗煤
01	农业	1926.70	1879.42	20.10
04	金属矿采选业	186.97	164.69	3.64
05	其他非金属矿采选业	493.35	493.26	0.02
06	食品制造业	3022.71	2858.86	72.00
07	纺织业	1814.25	1803.31	5.11
08	缝纫及皮革制品业	218.10	216.20	0.09
09	木材加工及家具制造业	327.34	317.03	0.12
10	造纸及文教用品制造业	1567.32	1554.89	0.64
14	化学工业	7109.02	6961.66	111.50
15	建筑材料及其他非金属矿物制品业	12732.98	12011.59	96.05
16	金属冶炼及压延加工业	4956.09	4313.81	373.17
17	金属制品业	374.84	368.67	3.27
18	机械工业	1401.36	1292.39	95.11
19	交通运输设备制造业	635.40	620.06	3.30
20	电气机械及器材制造业	281.41	272.67	2.46
21	电子及通信设备制造业	101.57	100.09	0.42
22	仪器仪表及其他计量器具制造业	52.94	52.30	0.56
23	机械设备修理业			
24	其他工业	521.91	518.59	1.73
25	建筑业	382.79	372.05	0.70
26	货运邮电业	146.81	146.78	0.03
	铁路			
	公路	57.42	57.24	
	水运	1.66	1.63	0.03
	航空	0.81	0.81	
	管道	10.71	10.71	
	其他	19.70	19.70	
	邮电通讯	56.71	56.69	
27	商业	554.62	544.11	0.24
28	饮食业	330.58	324.11	0.09
29	旅客运输业	19.32	19.22	0.07
	铁路			
	公路	7.50	7.48	
	水运	4.60	4.53	0.07
	航空	3.92	3.92	
	其他	3.29	3.29	
30	公用事业及居民服务业	254.04	205.53	0.07
31	文教卫生科研事业	369.83	299.21	0.11
32	金融保险业	11.92	9.65	
33	行政机关	99.36	80.39	0.03
RH	农村住户	7132.35	6408.81	
UH	城镇住户	5105.95	4108.46	
合计		**52132.02**	**48317.80**	**790.63**
工业合计		**35797.56**	**33920.07**	**769.19**

（实物量表）

单位：万吨

产　品				
能　源				
其他洗煤	型　煤	焦　碳	城市废物	工业废物
27.18		144.66		
18.61	0.03	90.86		
0.07		37.51		
90.50	1.35	30.62		
5.62	0.21	8.13		
1.78	0.03	3.36		
10.13	0.06	3.75		
11.47	0.32	9.63		
35.66	0.20	550.26		
625.33	0.01	269.03		29.40
269.10	0.01	6103.90		
2.86	0.04	113.43		
12.69	1.17	296.45		
11.90	0.14	36.72		
6.26	0.02	17.03		
1.06		1.72		
0.07	0.01	1.78		
1.07	0.52	27.28		
10.04		12.49		
0.20		5.63		
		1.88		
0.18		3.10		
		0.17		
		0.06		
		0.01		
0.02		0.41		
5.43	4.84	19.88		
3.37	3.01	15.32		
0.02		0.84		
		0.80		
0.02				
		0.04		
47.60	0.83	15.53		
69.30	1.21	3.61		
2.24	0.04	0.01		
18.62	0.33			
348.16	375.38	62.64		
380.52	616.97	62.09		
2016.86	**1006.73**	**7944.16**		**29.40**
1104.18	**4.12**	**7601.46**		**29.40**

6－31 能源使用表－热力(实物量表)(续1)

部门		能源		
		生物能源		
		秸秆	薪柴	沼气(10⁴m³)
01	农业		2656.75	10393.94
04	金属矿采选业			
05	其他非金属矿采选业			
06	食品制造业			
07	纺织业			
08	缝纫及皮革制品业			
09	木材加工及家具制造业			
10	造纸及文教用品制造业			
14	化学工业			
15	建筑材料及其他非金属矿物制品业			
16	金属冶炼及压延加工业			
17	金属制品业			
18	机械工业			
19	交通运输设备制造业			
20	电气机械及器材制造业			
21	电子及通信设备制造业			
22	仪器仪表及其他计量器具制造业			
23	机械设备修理业			
24	其他工业			
25	建筑业			
26	货运邮电业			
	铁路			
	公路			
	水运			
	航空			
	管道			
	其他			
	邮电通讯			
27	商业			
28	饮食业			
29	旅客运输业			
	铁路			
	公路			
	水运			
	航空			
	其他			
30	公用事业及居民服务业			
31	文教卫生科研事业			
32	金融保险业			
33	行政机关			
RH	农村住户	28623.88	14712.59	167189.00
UH	城镇住户			
合计		**28623.88**	**17369.34**	**177582.94**
工业合计				

单位:万吨

产　品					
气体能源				液体能源	
天然气(10⁸m³)	焦炉煤气(10⁸m³)	炼厂干气	其他煤气(10⁸m³)	原　油	液化石油气
0.10				12.39	0.05
0.09				0.07	0.09
0.59	0.07		0.08	1.41	1.63
0.89	0.13		0.15	0.06	0.56
	0.01		0.01	0.39	0.06
					0.02
0.09	0.01		0.88	0.05	0.20
34.46	8.39	47.66	4.31	27.35	34.99
3.06	2.14	0.62	7.56	10.52	10.01
3.04	146.43		498.33	3.49	0.82
0.31	0.19		0.65	0.01	1.22
2.43	0.36		12.76	0.09	0.70
0.45	0.09	0.02	2.78	0.09	0.47
1.07	0.42		0.23	0.73	1.48
1.35	0.59		0.98	0.01	1.95
	0.01		0.05		
			0.01		0.19
0.01				2.98	5.21
0.08	0.08		0.01	16.66	0.92
				0.03	0.12
				0.02	
0.02					0.47
0.03	0.01				0.01
0.02				15.91	0.30
	0.07		0.01	0.70	0.03
0.01					
0.01	1.42		0.40	0.20	41.68
0.99	1.12		0.78	0.14	1.30
0.12					0.55
0.02					0.03
0.10					
					0.50
					0.01
0.28	2.75		1.27	1.05	8.73
0.30	0.64		1.31	0.20	1.48
			0.12		0.67
0.01			0.52	0.17	3.59
			0.87		88.64
21.22	40.09		58.91		653.55
70.95	**204.94**	**48.30**	**592.97**	**78.05**	**860.76**
47.93	**158.84**	**48.30**	**528.78**	**56.66**	**54.44**

6－31 能源使用表－热力（实物量表）（续2）

部门		能源 液体 汽油	燃料油	柴油
01	农业			
04	金属矿采选业		0.67	
05	其他非金属矿采选业		1.64	
06	食品制造业		25.53	
07	纺织业		33.97	
08	缝纫及皮革制品业		6.20	
09	木材加工及家具制造业		1.59	
10	造纸及文教用品制造业		8.86	
14	化学工业		355.14	
15	建筑材料及其他非金属矿物制品业		299.62	
16	金属冶炼及压延加工业		415.16	
17	金属制品业		13.72	
18	机械工业		30.50	
19	交通运输设备制造业		11.35	
20	电气机械及器材制造业		12.98	
21	电子及通信设备制造业	8.77	12.72	12.31
22	仪器仪表及其他计量器具制造业	3.91	0.05	3.12
23	机械设备修理业			
24	其他工业		6.06	
25	建筑业		19.21	
26	货运邮电业		61.61	
	铁路		35.00	
	公路		11.33	
	水运			
	航空		0.27	
	管道		2.45	
	其他		12.56	
	邮电通讯			
27	商业		6.05	
28	饮食业		0.19	
29	旅客运输业		16.68	
	铁路		10.57	
	公路		2.51	
	水运			
	航空		0.62	
	其他		2.98	
30	公用事业及居民服务业		8.84	
31	文教卫生科研事业		1.50	
32	金融保险业		0.68	
33	行政机关		3.64	
RH	农村住户			
UH	城镇住户			
合计		**12.68**	**1354.15**	**15.43**
工业合计		**12.68**	**1235.76**	**15.43**

单位:万吨

产　品			电　力 (10⁸kwh)	热　力 (10TJ)	其他能源 (10⁴tce)
能　源					
煤　油	其他石油制品	其他焦化产品			
1.38			639.77	53.26	
0.47	4.74		129.19	11.40	
0.34	0.05		206.66	667.78	
1.06	1.41	12.99	298.84	4819.68	57.42
2.01	2.69		344.05	6036.26	9.11
0.34	0.01		54.02	251.36	
0.66	1.80	0.60	55.62	457.60	
4.75	2.97		206.84	4199.33	
6.06	1566.77	50.96	1506.83	30581.84	0.29
2.01	28.30	8.06	608.08	1524.84	
1.51	23.73	164.89	1447.68	16098.07	69.55
2.48	3.59		140.98	217.44	
3.83	2.01	0.22	259.17	3109.02	
3.49	0.79		201.23	1898.54	
0.46	0.46	0.02	74.55	577.43	
0.14	38.93		69.72	270.07	
0.13	0.50		16.74	141.97	
0.22	34.57		123.98	92.23	
4.23			117.41	207.13	
2.61			133.44	429.51	
0.15			11.83	245.11	
1.37			37.76	109.58	
0.96			1.58		
			0.33	0.12	
0.02			15.97	40.55	
0.05			13.25	0.03	
0.07			52.72	34.13	
8.72			250.34	747.61	
0.27			33.29	161.77	
1.38			19.67	145.00	
0.04			4.14	130.18	
0.30			8.65	14.36	
1.02			2.85		
			2.70	0.26	
0.01			1.33	0.19	
83.05			100.83	561.14	
14.10			161.51	867.62	
6.35			22.45	327.56	
34.20			72.61	1215.94	
57.67			518.80	0.57	
4.99			734.35	16431.58	
248.92	**1713.32**	**237.74**	**8548.66**	**92102.70**	**136.37**
29.96	**1713.32**	**237.74**	**5744.18**	**70954.02**	**136.37**

6－32 能源使用表－热力

（1997年）

	部门	能源		
		固体		
		煤	原煤	洗煤
01	农业	403.61	394.13	5.30
04	金属矿采选业	38.36	34.54	0.96
05	其他非金属矿采选业	103.46	103.44	0.01
06	食品制造业	632.67	599.53	19.00
07	纺织业	380.42	378.17	1.35
08	缝纫及皮革制品业	45.64	45.34	0.02
09	木材加工及家具制造业	68.08	66.48	0.03
10	造纸及文教用品制造业	328.06	326.07	0.17
14	化学工业	1494.86	1459.92	29.42
15	建筑材料及其他非金属矿物制品业	2640.39	2518.94	25.34
16	金属冶炼及压延加工业	1044.46	904.65	98.45
17	金属制品业	78.62	77.31	0.86
18	机械工业	298.27	271.03	25.09
19	交通运输设备制造业	132.76	130.03	0.87
20	电气机械及器材制造业	58.80	57.18	0.65
21	电子及通信设备制造业		20.99	0.11
22	仪器仪表及其他计量器具制造业		10.97	0.15
23	机械设备修理业			
24	其他工业	109.46	108.75	0.46
25	建筑业	79.75	78.02	0.18
26	货运邮电业	30.79	30.78	0.01
	铁路			
	公路	12.03	12.00	
	水运	0.35	0.34	0.007
	航空	0.17	0.17	
	管道	2.25	2.25	
	其他	4.13	4.13	
	邮电通讯	11.89	11.89	
27	商业	115.85	114.10	0.06
28	饮食业	69.04	67.97	0.02
29	旅客运输业	4.05	4.03	0.02
	铁路			
	公路	1.57	1.57	
	水运	0.97	0.95	0.02
	航空	0.82	0.82	
	其他	0.69	0.69	
30	公用事业及居民服务业	50.58	43.10	0.02
31	文教卫生科研事业	73.64	62.75	0.03
32	金融保险业	2.37	2.02	
33	行政机关	19.78	16.86	0.01
RH	农村住户	1463.04	1343.99	
UH	城镇住户	1027.79	861.58	
合计		**10827.03**	**10132.68**	**208.59**
工业合计		**7486.71**	**7113.35**	**202.94**

（热量表）

单位：10^{15}焦耳

产品				
能源				
		焦碳	城市废物	工业废物
其他洗煤	型煤			
4.18		41.18		
2.86	0.01	25.87		
0.01		10.68		
13.91	0.24	8.72		
0.86	0.04	2.31		
0.27	0.01	0.96		
1.56	0.01	1.07		
1.76	0.06	2.74		
5.48	0.04	156.66		
96.11	0.0017	76.59		0.77
41.36	0.0017	1737.77		
0.44	0.01	32.29		
1.95	0.20	84.40		
1.83	0.02	10.45		
0.96	0.0035	4.85		
0.16		0.49		
0.01	0.0017	0.51		
0.16	0.09	7.77		
1.54		3.56		
0.03		1.60		
		0.54		
0.03		0.88		
		0.05		
		0.02		
		0.0028		
0.0031		0.12		
0.83	0.85	5.66		
0.52	0.52	4.36		
0.0036		0.24		
		0.23		
0.0036				
		0.01		
7.32	0.15	4.42		
10.65	0.21	1.03		
0.34	0.01	0.0017		
2.86	0.06			
53.51	65.54	17.83		
58.48	107.72	17.68		
309.98	**175.78**	**2261.68**		**0.77**
169.71	**0.72**	**2164.12**		**0.77**

6－32　能源使用表－热力(热量表)(续1)

部　门		能源 生物能源 秸　秆	薪　柴	沼　气
01	农业		445.98	2.18
04	金属矿采选业			
05	其他非金属矿采选业			
06	食品制造业			
07	纺织业			
08	缝纫及皮革制品业			
09	木材加工及家具制造业			
10	造纸及文教用品制造业			
14	化学工业			
15	建筑材料及其他非金属矿物制品业			
16	金属冶炼及压延加工业			
17	金属制品业			
18	机械工业			
19	交通运输设备制造业			
20	电气机械及器材制造业			
21	电子及通信设备制造业			
22	仪器仪表及其他计量器具制造业			
23	机械设备修理业			
24	其他工业			
25	建筑业			
26	货运邮电业			
	铁路			
	公路			
	水运			
	航空			
	管道			
	其他			
	邮电通讯			
27	商业			
28	饮食业			
29	旅客运输业			
	铁路			
	公路			
	水运			
	航空			
	其他			
30	公用事业及居民服务业			
31	文教卫生科研事业			
32	金融保险业			
33	行政机关			
RH	农村住户	3610.34	2469.76	35.11
UH	城镇住户			
合　计		**3610.34**	**2915.75**	**37.29**
工业合计				

单位:10^{15}焦耳

产　品					
气体能源				液体能源	
天然气	焦炉煤气	炼厂干气	其他煤气	原　油	液化石油气
0.40				5.19	0.03
0.36				0.03	0.05
2.33	0.12		0.07	0.59	0.82
3.52	0.23		0.13	0.03	0.28
	0.02		0.01	0.16	0.03
					0.01
0.36	0.02		0.77	0.02	0.10
136.33	14.75	21.93	3.79	11.45	17.58
12.11	3.76	0.29	6.65	4.40	5.03
12.03	257.50		438.16	1.46	0.41
1.23	0.33		0.57		0.61
9.61	0.63		11.22	0.04	0.35
1.78	0.16	0.01	2.44	0.04	0.24
4.23	0.74		0.20	0.31	0.74
5.34	1.04		0.86	0.0042	0.98
	0.02		0.04		
			0.01		0.10
0.04				1.25	2.62
0.32	0.14		0.01	6.97	0.46
				0.01	0.06
				0.01	
0.08					0.24
0.12	0.02				0.003
0.08				6.66	0.15
	0.12		0.01	0.29	0.02
0.04					
0.04	2.49		0.35	0.08	20.94
3.92	1.97		0.69	0.06	0.65
0.47					0.28
0.08					0.02
0.40					
					0.25
					0.01
1.11	4.84		1.12	0.44	4.38
1.18	1.12		1.15	0.08	0.74
			0.11		0.34
0.05			0.46	0.07	1.81
			0.76		44.54
83.96	70.50		51.80		328.36
280.71	**360.39**	**22.23**	**521.37**	**32.67**	**432.47**
189.63	**279.32**	**22.23**	**464.93**	**23.72**	**27.35**

6－32　能源使用表－热力(热量表)(续2)

部　门		能　源		
		液　体		
		汽　油	燃料油	柴　油
01	农业			
04	金属矿采选业		0.28	
05	其他非金属矿采选业		0.68	
06	食品制造业		10.63	
07	纺织业		14.14	
08	缝纫及皮革制品业		2.58	
09	木材加工及家具制造业		0.66	
10	造纸及文教用品制造业		3.69	
14	化学工业		147.86	
15	建筑材料及其他非金属矿物制品业		124.74	
16	金属冶炼及压延加工业		172.85	
17	金属制品业		5.71	
18	机械工业		12.70	
19	交通运输设备制造业		4.73	
20	电气机械及器材制造业		5.40	
21	电子及通信设备制造业	3.78	5.30	5.23
22	仪器仪表及其他计量器具制造业	1.69	0.02	1.33
23	机械设备修理业			
24	其他工业		2.52	
25	建筑业		8.00	
26	货运邮电业		25.65	
	铁路		14.57	
	公路		4.72	
	水运			
	航空		0.11	
	管道		1.02	
	其他		5.23	
	邮电通讯			
27	商业		2.52	
28	饮食业		0.08	
29	旅客运输业		6.94	
	铁路		4.40	
	公路		1.04	
	水运			
	航空		0.26	
	其他		1.24	
30	公用事业及居民服务业		3.68	
31	文教卫生科研事业		0.62	
32	金融保险业		0.28	
33	行政机关		1.51	
RH	农村住户			
UH	城镇住户			
合　计		**5.47**	**563.79**	**6.56**
工业合计		**5.47**	**514.50**	**6.56**

单位:10^{15}焦耳

产　品 能　源 煤　油	其他石油制品	其他焦化产品	电　力	热　力	其他能源
0.60			230.44	0.53	
0.20	1.82		46.53	0.11	
0.15	0.02		74.44	6.62	
0.46	0.54	4.38	107.64	47.80	16.83
0.87	1.03		123.93	59.86	2.67
0.15			19.46	2.49	
0.28	0.69	0.20	20.03	4.54	
2.05	1.14		74.50	41.64	
2.61	601.54	17.18	542.76	303.27	0.08
0.87	10.87	2.72	219.03	15.12	
0.65	9.11	55.59	521.45	159.64	20.38
1.07	1.38		50.78	2.16	
1.65	0.77	0.07	93.35	30.83	
1.51	0.30		72.48	18.83	
0.20	0.18	0.01	26.85	5.73	
0.06	14.95		25.11	2.68	
0.06	0.19		6.03	1.41	
0.09	13.27		44.66	0.91	
1.82			42.29	2.05	
1.13			48.07	4.26	
0.06			4.26	2.43	
0.59			13.60	1.09	
0.41			0.57		
			0.12	0.0012	
0.01			5.75	0.40	
0.02			4.77		
0.03			18.99	0.34	
3.76			90.17	7.41	
0.12			11.99	1.60	
0.59			7.09	1.44	
0.02			1.49	1.29	
0.13			3.12	0.14	
0.44			1.03		
			0.97		
0.0045			0.48		
35.82			36.32	5.56	
6.08			58.18	8.60	
2.74			8.08	3.25	
14.75			26.15	12.06	
24.87			186.87		
2.15			264.51	162.95	
107.34	**657.81**	**80.15**	**3079.20**	**913.38**	**39.97**
12.92	**657.81**	**80.15**	**2069.04**	**703.65**	**39.97**

6－33 能源使用表－原材料

（1997年）

部门		能源		
		固体		
		煤	原煤	洗煤
01	农业			
04	金属矿采选业			
05	其他非金属矿采选业			
06	食品制造业			
07	纺织业			
08	缝纫及皮革制品业			
09	木材加工及家具制造业			
10	造纸及文教用品制造业			
14	化学工业	1499.18	1493.11	4.84
15	建筑材料及其他非金属矿物制品业			
16	金属冶炼及压延加工业			
17	金属制品业			
18	机械工业			
19	交通运输设备制造业			
20	电气机械及器材制造业			
21	电子及通信设备制造业			
22	仪器仪表及其他计量器具制造业			
23	机械设备修理业			
24	其他工业			
25	建筑业			
26	货运邮电业			
	铁路			
	公路			
	水运			
	航空			
	管道			
	其他			
	邮电通讯			
27	商业			
28	饮食业			
29	旅客运输业			
	铁路			
	公路			
	水运			
	航空			
	其他			
30	公用事业及居民服务业			
31	文教卫生科研事业			
32	金融保险业			
33	行政机关			
RH	农村住户			
UH	城镇住户			
合计		**1499.18**	**1493.11**	**4.84**
工业合计		**1499.18**	**1493.11**	**4.84**

（实物量表）

单位：万吨

产品				
能源				
		焦碳	城市废物	工业废物
其他洗煤	型煤			
1.22	0.0069	805.40		
				558.6
		1944.49		
1.22	**0.01**	**2749.89**		**558.60**
1.22	**0.01**	**2749.89**		**558.60**

6－33 能源使用表－原材料(实物量表)(续1)

部门		能源		
		生物能源		
		秸杆	薪柴	沼气 (10^4m^3)
01	农业			
04	金属矿采选业			
05	其他非金属矿采选业			
06	食品制造业			
07	纺织业			
08	缝纫及皮革制品业			
09	木材加工及家具制造业			
10	造纸及文教用品制造业			
14	化学工业			
15	建筑材料及其他非金属矿物制品业			
16	金属冶炼及压延加工业			
17	金属制品业			
18	机械工业			
19	交通运输设备制造业			
20	电气机械及器材制造业			
21	电子及通信设备制造业			
22	仪器仪表及其他计量器具制造业			
23	机械设备修理业			
24	其他工业			
25	建筑业			
26	货运邮电业			
	铁路			
	公路			
	水运			
	航空			
	管道			
	其他			
	邮电通讯			
27	商业			
28	饮食业			
29	旅客运输业			
	铁路			
	公路			
	水运			
	航空			
	其他			
30	公用事业及居民服务业			
31	文教卫生科研事业			
32	金融保险业			
33	行政机关			
RH	农村住户			
UH	城镇住户			
合计				
工业合计				

单位：万吨

产　品					
气体能源				液体能源	
天 然 气 （10^8m^3）	焦炉煤气 （10^8m^3）	炼厂干气	其他煤气 （10^8m^3）	原　　油	液化石油气
44.12		19.69		32.81	8.17
44.12		**19.69**		**32.81**	**8.17**
44.12		**19.69**		**32.81**	**8.17**

6－33　能源使用表－原材料(实物量表)(续2)

部门		能源		
		液体		
		汽油	燃料油	柴油
01	农业			
04	金属矿采选业			
05	其他非金属矿采选业			
06	食品制造业			
07	纺织业			
08	缝纫及皮革制品业			
09	木材加工及家具制造业			
10	造纸及文教用品制造业			
14	化学工业	7.33	111.05	9.30
15	建筑材料及其他非金属矿物制品业			
16	金属冶炼及压延加工业			
17	金属制品业			
18	机械工业			
19	交通运输设备制造业			
20	电气机械及器材制造业			
21	电子及通信设备制造业			
22	仪器仪表及其他计量器具制造业			
23	机械设备修理业			
24	其他工业			
25	建筑业			
26	货运邮电业			
	铁路			
	公路			
	水运			
	航空			
	管道			
	其他			
	邮电通讯			
27	商业			
28	饮食业			
29	旅客运输业			
	铁路			
	公路			
	水运			
	航空			
	其他			
30	公用事业及居民服务业			
31	文教卫生科研事业			
32	金融保险业			
33	行政机关			
RH	农村住户			
UH	城镇住户			
合计		**7.33**	**111.05**	**9.30**
工业合计		**7.33**	**111.05**	**9.30**

单位:万吨

产品					
能源			电力 (10⁸kwh)	热力 (10TJ)	其他能源 (10^4tce)
煤油	其他石油制品	其他焦化产品			
1.34					
1.34					
1.34					

6－34 能源使用表－原材料

(1997 年)

部门		能源 固体 煤	原煤	洗煤
01	农业			
04	金属矿采选业			
05	其他非金属矿采选业			
06	食品制造业			
07	纺织业			
08	缝纫及皮革制品业			
09	木材加工及家具制造业			
10	造纸及文教用品制造业			
14	化学工业	314.58	313.12	1.28
15	建筑材料及其他非金属矿物制品业			
16	金属冶炼及压延加工业			
17	金属制品业			
18	机械工业			
19	交通运输设备制造业			
20	电气机械及器材制造业			
21	电子及通信设备制造业			
22	仪器仪表及其他计量器具制造业			
23	机械设备修理业			
24	其他工业			
25	建筑业			
26	货运邮电业			
	铁路			
	公路			
	水运			
	航空			
	管道			
	其他			
	邮电通讯			
27	商业			
28	饮食业			
29	旅客运输业			
	铁路			
	公路			
	水运			
	航空			
	其他			
30	公用事业及居民服务业			
31	文教卫生科研事业			
32	金融保险业			
33	行政机关			
RH	农村住户			
UH	城镇住户			
合计		**314.58**	**313.12**	**1.28**
工业合计		**314.58**	**313.12**	**1.28**

（热量表）

单位：10^{15}焦耳

产　品				
能　源				
		焦　碳	城市废物	工业废物
其他洗煤	型　煤			
0.19		229.29		
				14.59
		553.59		
0.19		**782.89**		**14.59**
0.19		**782.89**		**14.59**

6－34　能源使用表－原材料(热量表)(续1)

部门		能源		
		生物能源		
		秸杆	薪柴	沼气
01	农业			
04	金属矿采选业			
05	其他非金属矿采选业			
06	食品制造业			
07	纺织业			
08	缝纫及皮革制品业			
09	木材加工及家具制造业			
10	造纸及文教用品制造业			
14	化学工业			
15	建筑材料及其他非金属矿物制品业			
16	金属冶炼及压延加工业			
17	金属制品业			
18	机械工业			
19	交通运输设备制造业			
20	电气机械及器材制造业			
21	电子及通信设备制造业			
22	仪器仪表及其他计量器具制造业			
23	机械设备修理业			
24	其他工业			
25	建筑业			
26	货运邮电业			
	铁路			
	公路			
	水运			
	航空			
	管道			
	其他			
	邮电通讯			
27	商业			
28	饮食业			
29	旅客运输业			
	铁路			
	公路			
	水运			
	航空			
	其他			
30	公用事业及居民服务业			
31	文教卫生科研事业			
32	金融保险业			
33	行政机关			
RH	农村住户			
UH	城镇住户			
合计				
工业合计				

单位:10^{15}焦耳

产　品					
气体能源				液体能源	
天 然 气	焦炉煤气	炼厂干气	其他煤气	原　油	液化石油气
174.58		9.06		13.74	4.11
174.58		**9.06**		**13.74**	**4.11**
174.58		**9.06**		**13.74**	**4.11**

6－34　能源使用表－原材料(热量表)(续2)

部门		能源		
		液体		
		汽油	燃料油	柴油
01	农业			
04	金属矿采选业			
05	其他非金属矿采选业			
06	食品制造业			
07	纺织业			
08	缝纫及皮革制品业			
09	木材加工及家具制造业			
10	造纸及文教用品制造业			
14	化学工业	3.16	46.23	3.95
15	建筑材料及其他非金属矿物制品业			
16	金属冶炼及压延加工业			
17	金属制品业			
18	机械工业			
19	交通运输设备制造业			
20	电气机械及器材制造业			
21	电子及通信设备制造业			
22	仪器仪表及其他计量器具制造业			
23	机械设备修理业			
24	其他工业			
25	建筑业			
26	货运邮电业			
	铁路			
	公路			
	水运			
	航空			
	管道			
	其他			
	邮电通讯			
27	商业			
28	饮食业			
29	旅客运输业			
	铁路			
	公路			
	水运			
	航空			
	其他			
30	公用事业及居民服务业			
31	文教卫生科研事业			
32	金融保险业			
33	行政机关			
RH	农村住户			
UH	城镇住户			
合计		**3.16**	**46.23**	**3.95**
工业合计		**3.16**	**46.23**	**3.95**

单位:10^{15}焦耳

产　品			电　力	热　力	其他能源
能　源					
煤　油	其他石油制品	其他焦化产品			
0.58					
0.58					
0.58					

6－35　能源使用表－运输动力

（1997 年）

部　门		能源		
		固体		
		煤	原　煤	洗　煤
01	农业			
04	金属矿采选业			
05	其他非金属矿采选业			
06	食品制造业			
07	纺织业			
08	缝纫及皮革制品业			
09	木材加工及家具制造业			
10	造纸及文教用品制造业			
14	化学工业			
15	建筑材料及其他非金属矿物制品业			
16	金属冶炼及压延加工业			
17	金属制品业			
18	机械工业			
19	交通运输设备制造业			
20	电气机械及器材制造业			
21	电子及通信设备制造业			
22	仪器仪表及其他计量器具制造业			
23	机械设备修理业			
24	其他工业			
25	建筑业			
26	货运邮电业	1005.35	998.25	0.52
	铁路	1005.35	998.25	0.52
	公路			
	水运			
	航空			
	管道			
	其他			
	邮电通讯			
27	商业			
28	饮食业			
29	旅客运输业	237.66	235.98	0.12
	铁路	237.66	235.98	0.12
	公路			
	水运			
	航空			
	其他			
30	公用事业及居民服务业			
31	文教卫生科研事业			
32	金融保险业			
33	行政机关			
RH	农村住户			
UH	城镇住户			
合　计		**1243.01**	**1234.23**	**0.64**
工业合计				

（实物量表）

单位:万吨

产品				
能源				
		焦　　碳	城市废物	工业废物
其他洗煤	型　　煤			
6.58				
6.58				
1.56				
1.56				
8.14				

6－35　能源使用表－运输动力(实物量表)(续1)

部　门		能　源		
		生物能源		
		秸　杆	薪　柴	沼　气 (10^4m^3)
01	农业			
04	金属矿采选业			
05	其他非金属矿采选业			
06	食品制造业			
07	纺织业			
08	缝纫及皮革制品业			
09	木材加工及家具制造业			
10	造纸及文教用品制造业			
14	化学工业			
15	建筑材料及其他非金属矿物制品业			
16	金属冶炼及压延加工业			
17	金属制品业			
18	机械工业			
19	交通运输设备制造业			
20	电气机械及器材制造业			
21	电子及通信设备制造业			
22	仪器仪表及其他计量器具制造业			
23	机械设备修理业			
24	其他工业			
25	建筑业			
26	货运邮电业			
	铁路			
	公路			
	水运			
	航空			
	管道			
	其他			
	邮电通讯			
27	商业			
28	饮食业			
29	旅客运输业			
	铁路			
	公路			
	水运			
	航空			
	其他			
30	公用事业及居民服务业			
31	文教卫生科研事业			
32	金融保险业			
33	行政机关			
RH	农村住户			
UH	城镇住户			
合　计				
工业合计				

单位:万吨

产　品					
气体能源				液体能源	
天 然 气（10^8m^3）	焦炉煤气（10^8m^3）	炼厂干气	其他煤气（10^8m^3）	原　油	液化石油气

6－35　能源使用表－运输动力（实物量表）（续2）

部门		能源 液体 汽油	燃料油	柴油
01	农业	176.36	2.88	1075.69
04	金属矿采选业	12.14		21.17
05	其他非金属矿采选业	33.56		33.80
06	食品制造业	73.30		55.78
07	纺织业	31.48		26.43
08	缝纫及皮革制品业	14.67		14.60
09	木材加工及家具制造业	8.88		6.00
10	造纸及文教用品制造业	18.39		25.40
14	化学工业	94.19		117.96
15	建筑材料及其他非金属矿物制品业	63.04		135.71
16	金属冶炼及压延加工业	48.93		84.66
17	金属制品业	17.63		21.29
18	机械工业	83.18		45.86
19	交通运输设备制造业	36.48		35.23
20	电气机械及器材制造业	26.40		20.71
21	电子及通信设备制造业			
22	仪器仪表及其他计量器具制造业			
23	机械设备修理业			
24	其他工业	13.34		16.13
25	建筑业	107.68		146.01
26	货运邮电业	950.33	243.99	965.14
	铁路	55.88		356.06
	公路	850.60		396.10
	水运	7.21	243.99	173.04
	航空	5.54		12.32
	管道	1.20		0.79
	其他	9.52		22.55
	邮电通讯	20.38		4.28
27	商业	210.14		142.82
28	饮食业	6.41		4.43
29	旅客运输业	227.98	259.95	413.56
	铁路	16.87		107.50
	公路	188.28		87.68
	水运	7.68	259.95	184.36
	航空	12.89		28.64
	其他	2.25		5.38
30	公用事业及居民服务业	492.02		466.81
31	文教卫生科研事业	83.54		79.26
32	金融保险业	37.62		35.69
33	行政机关	202.62		192.23
RH	农村住户	22.15		17.77
UH	城镇住户	72.07		21.41
合计		**3164.52**	**506.82**	**4221.56**
工业合计		**575.61**		**660.73**

单位:万吨

产　品			电　力 (10⁸kwh)	热　力 (10TJ)	其他能源 (10⁴tce)
能　源					
煤　油	其他石油制品	其他焦化产品			
125.11			66.34		
			66.34		
125.11					
290.99			17.93		
			17.93		
290.99					
416.10			**84.26**		

6－36 能源使用表－运输动力

(1997年)

部门		能源		
		固体		
		煤	原煤	洗煤
01	农业			
04	金属矿采选业			
05	其他非金属矿采选业			
06	食品制造业			
07	纺织业			
08	缝纫及皮革制品业			
09	木材加工及家具制造业			
10	造纸及文教用品制造业			
14	化学工业			
15	建筑材料及其他非金属矿物制品业			
16	金属冶炼及压延加工业			
17	金属制品业			
18	机械工业			
19	交通运输设备制造业			
20	电气机械及器材制造业			
21	电子及通信设备制造业			
22	仪器仪表及其他计量器具制造业			
23	机械设备修理业			
24	其他工业			
25	建筑业			
26	货运邮电业	210.49	209.34	0.14
	铁路	210.49	209.34	0.14
	公路			
	水运			
	航空			
	管道			
	其他			
	邮电通讯			
27	商业			
28	饮食业			
29	旅客运输业	49.76	49.49	0.03
	铁路	49.76	49.49	0.03
	公路			
	水运			
	航空			
	其他			
30	公用事业及居民服务业			
31	文教卫生科研事业			
32	金融保险业			
33	行政机关			
RH	农村住户			
UH	城镇住户			
合计		**260.25**	**258.83**	**0.17**
工业合计				

（热量表）

单位:10^{15}焦耳

产品				
能源				
其他洗煤	型煤	焦碳	城市废物	工业废物
1.01				
1.01				
0.24				
0.24				
1.25				

6－36　能源使用表－运输动力(热量表)(续1)

部　门		能　源		
		生物能源		
		秸　杆	薪　柴	沼　气
01	农业			
04	金属矿采选业			
05	其他非金属矿采选业			
06	食品制造业			
07	纺织业			
08	缝纫及皮革制品业			
09	木材加工及家具制造业			
10	造纸及文教用品制造业			
14	化学工业			
15	建筑材料及其他非金属矿物制品业			
16	金属冶炼及压延加工业			
17	金属制品业			
18	机械工业			
19	交通运输设备制造业			
20	电气机械及器材制造业			
21	电子及通信设备制造业			
22	仪器仪表及其他计量器具制造业			
23	机械设备修理业			
24	其他工业			
25	建筑业			
26	货运邮电业			
	铁路			
	公路			
	水运			
	航空			
	管道			
	其他			
	邮电通讯			
27	商业			
28	饮食业			
29	旅客运输业			
	铁路			
	公路			
	水运			
	航空			
	其他			
30	公用事业及居民服务业			
31	文教卫生科研事业			
32	金融保险业			
33	行政机关			
RH	农村住户			
UH	城镇住户			
合　计				
工业合计				

单位:10^{15}焦耳

产　品					
气体能源				液体能源	
天 然 气	焦炉煤气	炼厂干气	其他煤气	原　　油	液化石油气

6－36 能源使用表－运输动力(热量表)(续2)

部门		能源 液体 汽油	燃料油	柴油
01	农业	76.05	1.20	457.14
04	金属矿采选业	5.24		9.00
05	其他非金属矿采选业	14.47		14.36
06	食品制造业	31.61		23.70
07	纺织业	13.58		11.23
08	缝纫及皮革制品业	6.33		6.20
09	木材加工及家具制造业	3.83		2.55
10	造纸及文教用品制造业	7.93		10.79
14	化学工业	40.62		50.13
15	建筑材料及其他非金属矿物制品业	27.19		57.67
16	金属冶炼及压延加工业	21.10		35.98
17	金属制品业	7.60		9.05
18	机械工业	35.87		19.49
19	交通运输设备制造业	15.73		14.97
20	电气机械及器材制造业	11.38		8.80
21	电子及通信设备制造业			
22	仪器仪表及其他计量器具制造业			
23	机械设备修理业			
24	其他工业	5.75		6.85
25	建筑业	46.44		62.05
26	货运邮电业	409.82	101.58	410.16
	铁路	24.10		151.32
	公路	366.81		168.33
	水运	3.11	101.58	73.54
	航空	2.39		5.23
	管道	0.52		0.34
	其他	4.11		9.58
	邮电通讯	8.79		1.82
27	商业	90.62		60.69
28	饮食业	2.76		1.88
29	旅客运输业	98.31	108.23	175.75
	铁路	7.28		45.68
	公路	81.20		37.26
	水运	3.31	108.23	78.35
	航空	5.56		12.17
	其他	0.97		2.29
30	公用事业及居民服务业	212.18		198.38
31	文教卫生科研事业	36.03		33.68
32	金融保险业	16.22		15.17
33	行政机关	87.38		81.69
RH	农村住户	9.55		7.55
UH	城镇住户	31.08		9.10
合计		**1364.67**	**211.01**	**1794.04**
工业合计		**248.23**		**280.79**

单位:10^{15}焦耳

产　品			电　力	热　力	其他能源
能　源					
煤　油	其他石油制品	其他焦化产品			
53.95			23.89		
			23.89		
53.95					
125.49			6.46		
			6.46		
125.49					
179.44			**30.35**		

第七部分

主要指标解释

国内生产总值(GDP) 指按市场价格计算的一个国家(或地区)所有常住单位在一定时期内生产活动的最终成果。国内生产总值有三种表现形态,即价值形态、收入形态和产品形态。从价值形态看,它是所有常住单位在一定时期内生产的全部货物和服务价值超过同期投入的全部非固定资产货物和服务价值的差额,即所有常住单位的增加值之和;从收入形态看,它是所有常住单位在一定时期内创造并分配给常住单位和非常住单位的初次收入之和;从产品形态看,它是所有常住单位在一定时期内最终使用的货物和服务价值减去货物和服务进口价值。在实际核算中,国内生产总值有三种计算方法,即生产法、收入法和支出法。三种方法分别从不同的方面反映国内生产总值及其构成。

国民总收入(GNI) 即国民生产总值,指一个国家(或地区)所有常住单位在一定时期内收入初次分配的最终结果。一国常住单位从事生产活动所创造的增加值在初次分配中主要分配给该国的常住单位,但也有一部分以生产税及进口税(扣除生产和进口补贴)、劳动者报酬和财产收入等形式分配给非常住单位;同时,国外生产所创造的增加值也有一部分以生产税及进口税(扣除生产和进口补贴)、劳动者报酬和财产收入等形式分配给该国的常住单位,从而产生了国民总收入的概念。它等于国内生产总值加上来自国外的净要素收入。与国内生产总值不同,国民总收入是个收入概念,而国内生产总值是个生产概念。

三次产业 三次产业的划分是世界上较为常用的产业结构分类,但各国的划分不尽一致。我国的三次产业划分是:

第一产业是指农、林、牧、渔业。

第二产业是指采矿业,制造业,电力、煤气及水的生产和供应业,建筑业。

第三产业是指除第一、二产业以外的其他行业。

劳动者报酬 指劳动者因从事生产活动所获得的全部报酬。包括劳动者获得的各种形式的工资、奖金和津贴,既包括货币形式的,也包括实物形式的,还包括劳动者所享受的公费医疗和医药卫生费、上下班交通补贴、单位支付的社会保险费、住房公积金等。对于个体经济来说,其所有者所获得的劳动报酬和经营利润不易区分,这两部分统一作为劳动者报酬处理。

生产税净额 指生产税减生产补贴后的余额。生产税指政府对生产单位从事生产、销售和经营活动以及因从事生产活动使用某些生产要素(如固定资产、土地、劳动力)所征收的各种税、附加费和规费。生产补贴与生产税相反,指政府对生产单位的单方面转移支出,因此视为负生产税,包括政策亏损补贴、价格补贴等。

固定资产折旧 指一定时期内为弥补固定资产损耗按照规定的固定资产折旧率提取的固定资产折旧,或按国民经济核算统一规定的折旧率虚拟计算的固定资产折旧。它反映了固定资产在当期生产中的转移价值。各类企业和企业化管理的事业单位的固定资产折旧是指实际计提的折旧费;不计提折旧的政府机关、非企业化管理的事业单位和居民住房的固定资产折旧是按照统一规定的折旧率和固定资产原值计算的虚拟折旧。原则上,固定资产折旧应按固定资产的重置价值计算,但是目前我国尚不具备对全社会固定资产进行重估价的基础,所以暂时只能采用上述办法。

营业盈余 指常住单位创造的增加值扣除劳动者报酬、生产税净额和固定资产折旧后的余额。它相当于企业的营业利润加上生产补贴,但要扣除从利润中开支的工资和福利等。

支出法国内生产总值 是从最终使用的角度反映一个国家(地区)一定时期内生产活动最终成果的一种方法。最终使用包括最终消费、资本形成总额及净出口三部分,计算公式为:

支出法国内生产总值 = 最终消费 + 资本形成总额 + 净出口

最终消费 指常住单位为满足物质、文化和精神生活的需要,从本国经济领土和国外购买的货物和服务的支出。它不包括非常住单位在本国经济领土内的消费支出。最终消费分为居民消费和政府消费。

居民消费 指常住住户在一定时期内对于货物和服务的全部最终消费支出。居民对于货物的最终消费支出在货物的所有权发生变化时记录,对于服务的最终消费支出在服务提供时记录。居民消费按居民支付的购买者价格计算,货物的购买者价格是购买者取得交货所支付的价格,它包括购买者支付的运输和商业费用。居民消费除了直接以货币形式购买的货物和服务的消费支出外,还包括以其他方式获得的货物和服务的消费支出,即所谓的虚拟消费支出。居民虚拟消费支出包括如下几种类型:单位以实物报酬及实物转移的形式提供给劳动者的货物和服务;住户生产并由本住户消费了的货物和服务,其中的服务仅指住户的自有住房服务和付酬的家庭雇员提供的家庭和私人服务;金融机构提供的金融媒介服务;保险公司提供的保险服务。

政府消费 指政府部门为全社会提供的公共服

务的消费支出和免费或以较低的价格向居民住户提供的货物和服务的净支出,前者等于政府服务的产出价值减去政府单位所获得的经营收入的价值,后者等于政府部门免费或以较低价格向居民住户提供的货物和服务的市场价值减去向住户收取的价值。

资本形成总额 指常住单位在一定时期内获得减去处置的固定资产和存货的净额,包括固定资本形成总额和存货增加两部分。

固定资本形成总额 指生产者在一定时期内获得的固定资产减处置的固定资产的价值总额。固定资产是通过生产活动生产出来的,且其使用年限在一年以上、单位价值在规定标准以上的资产,不包括自然资产。可分为有形固定资本形成总额和无形固定资本形成总额。有形固定资本形成总额包括一定时期内完成的建筑工程、安装工程和设备工器具购置(减处置)价值,以及土地改良、新增役、种、奶、毛、娱乐用牲畜和新增经济林木价值。无形固定资本形成总额包括矿藏的勘探、计算机软件等获得减处置。

存货增加 指常住单位在一定时期内存货实物量变动的市场价值,即期末价值减期初价值的差额,再扣除当期由于价格变动而产生的持有收益。存货增加可以是正值,也可以是负值,正值表示存货上升,负值表示存货下降。它包括生产单位购进的原材料、燃料和储备物资等存货,以及生产单位生产的产成品、在制品和半成品等存货。

货物和服务净出口 指货物和服务出口减货物和服务进口的差额。出口包括常住单位向非常住单位出售或无偿转让的各种货物和服务的价值;进口包括常住单位从非常住单位购买或无偿得到的各种货物和服务的价值。由于服务活动的提供与使用同时发生,一般把常住单位从非常住单位得到的服务作为进口,非常住单位从常住单位得到的服务作为出口。货物的出口和进口都按离岸价格计算。

直接消耗系数 是指某一个部门生产单位总产出需要直接消耗各部门产品和服务的数量,也称为投入系数。它反映该部门与其他部门之间直接的技术经济联系和直接依赖关系。

机构部门 将相同性质的机构单位归并在一起,就形成机构部门。资金流量核算将常住机构单位划分为以下四个机构部门:非金融企业部门、金融机构部门、政府部门、住户部门。与常住单位发生经济往来关系的非常住单位组成国外部门,在资金流量核算中也视同机构部门。

非金融企业与非金融企业部门 非金融企业指主要从事市场货物生产和提供非金融市场服务的常住企业,它主要包括从事上述活动的各类法人企业。所有非金融企业归并在一起,就形成非金融企业部门。

金融机构与金融机构部门 金融机构指主要从事金融媒介以及与金融媒介密切相关的辅助金融活动的常住单位,它主要包括中央银行、商业银行和政策性银行、非银行信贷机构和保险公司。所有金融机构归并在一起,就形成金融机构部门。

政府单位与政府部门 政府单位指在我国境内通过政治程序建立的、在一特定区域内对其他机构单位拥有立法、司法和行政权的法律实体及其附属单位。政府单位的主要职能是利用征税和其他方式获得的资金向社会和公众提供公共服务。通过转移支付,对社会收入和财产进行再分配。它主要包括各种行政单位和非营利性事业单位。所有政府单位归并在一起,就形成政府部门。

住户与住户部门 住户指共享同一生活设施、部分或全部收入和财产集中使用、共同消费住房、食品和其他消费品与消费服务的常住个人或个人群体。所有住户归并在一起,就形成住户部门。

非常住单位与国外部门 所有不具有常住性的机构单位都是非常住单位。将所有与我国常住单位发生交易的非常住单位归并在一起,就形成国外部门。

初次分配总收入 初次分配是生产活动形成的净成果在参与生产活动的生产要素的所有者及政府之间的分配。生产活动的净成果是增加值。生产要素包括劳动力、土地、资本。劳动力所有者因提供劳动而获得劳动报酬;土地所有者因出租土地而获得地租;资本的所有者因资本的形态不同而获得不同形式的收入:借贷资本所有者获得利息收入;股权所有者获得红利或未分配利润;政府因直接或间接介入生产过程而获得生产税或支付补贴。初次分配的结果形成各个机构部门的初次分配总收入。各部门的初次分配总收入之和就等于国民总收入,亦即国民生产总值。

经常转移 转移是一个机构单位向另一个机构单位提供货物、服务或资产,而同时并没有从后一机构单位获得任何货物、服务或资产作为回报的一种交易。经常转移包括扣除资本转移外的所有转移。其形式有收入税、社会保险付款、社会补助和其他经常转移。

可支配总收入 在初次分配总收入的基础上,通过经常转移的形式对初次分配总收入进行再次分配。再分配的结果形成各个机构部门的可支配总收入。各部门的可支配总收入之和称为国民可支配总收入。

总储蓄　指可支配总收入用于最终消费后的余额。各部门的总储蓄之和称为国民总储蓄。

资本转移　指一个部门无偿地向另一个部门支付用于非金融投资的资金，是一种不从对方获取任何对应物作为回报的交易。资本转移具有不同于经常转移的两个特征：一是转移的目的是用于投资，而不是用于消费；二是资本转移其实物形式往往涉及除存货和现金以外资产所有权的转移，其现金形式往往涉及除存货以外的资产的处置。资本转移包括投资性补助和其他资本转移。

净金融投资　它反映机构部门或经济总体资金富余或短缺的状况。从实物交易角度看，它是指总储蓄加资本转移收入减资本转移支出减非金融投资后的差额；从金融交易角度看，它是金融资产的增加额减金融负债的增加额之后的差额。

通货　指以现金形式存在于市场流通中的货币，包括本币和外币。

存款　指金融机构接受客户存入的货币款项，存款人可随时或按约定时间支取款项的信用业务。包括活期存款、定期存款、住户储蓄存款、财政存款、外汇存款和其他存款等。

贷款　指金融机构将其所吸收的资金，按一定的利率贷放给客户并约期归还的信用业务。包括短期贷款、中长期贷款、财政贷款、外汇贷款和其他贷款。

证券（不含股票）　由债券购买者承购的或因销售产品而拥有的，可在金融市场上交易并代表一定债权的书面证明。包括政府债券、金融债券、企业债券、商业票据、支付固定收入但不提供法人企业残余价值分享权的优先股等。

股票及其他股权　指股票购买者及直接投资者对其投资企业净资产所拥有的权益。股票是股份公司签发的证明股东投资并按其所持股份享有权益和承担义务的权益性证券。其他股权是机构单位以直接投资的方式用除股票、债权性证券以外的土地、房屋及建筑物、机器设备、存货、资源资产等实物资产，商标、专利权、土地使用权、特许使用权、商誉等无形资产及货币资金直接向其他单位进行的投资。通常以股权证、出资证明书、参与证或类似的单据为凭证。

保险准备金　指对人寿保险准备金和养恤基金的净权益、保险费预付款和未结索赔准备金。

结算资金　指金融机构用于结算目的汇兑在途的资金。

金融机构往来　指各金融机构之间的资金往来，包括同业存放款和同业拆借款。

准备金　指各金融机构在中央银行的存款及缴存中央银行的法定准备金。

中央银行贷款　指中央银行向各金融机构的贷款。

经常项目　包括货物、服务、收益及经常性转移。

货物进出口　指通过我国海关进出口的货物。货物的进出口值都按离岸价格估价。离岸价格可视为进口商在出口商边境领取货物时支付的购买者价格。当进口商领取该货物时，该货物已装载到进口商自己的运载工具或其他运载工具，出口商已为该货物支付了出口税或获得了出口退税。

服务进出口　指常住单位与非常住单位之间相互提供的服务。包括运输服务、旅游服务、通讯服务、建筑服务、保险服务、金融服务、计算机和信息服务、咨询服务、广告、宣传服务、电影音像服务、专有权力使用费和特许费、其他商务服务、政府服务。

收益　指常住单位与非常住单位之间因相互提供生产要素而产生的收入，包括劳动者报酬和投资收益。其中投资收益包括直接投资、证券投资和其他投资的收益和支出，以及直接投资收益的再投资。

资本项目　包括移民转移、债务减免等资本性转移。

金融项目　包括直接投资、证券投资和其他投资。

直接投资　指外国、港澳台地区在我国和我国在外国、港澳台地区以独资、合资、合作及合作勘探开发方式进行的投资。

证券投资　指我国对外国、港澳台地区发行的股票、债券等有价证券和我国购买外国、港澳台地区发行的股票、债券等有价证券。

其他投资　指除直接投资和证券投资以外的所有对外金融资产与负债交易项目。包括外国提供给我国和我国提供给外国的贸易信贷、贷款、货币和存款以及其他资产。

储备资产增减额　指我国在黄金储备、外汇储备、在国际货币基金组织的储备头寸、特别提款权、使用基金信贷等方面本年末与上年末余额之间的差额。负号表示储备资产增加，正号表示储备资产减少。